The Frontier of Japanese Contemporary History

フロンティア現代史

ジープと砂塵

米軍占領下沖縄の政治社会と
東アジア冷戦 1945-1950

若林千代

有志舎

目　次

略語一覧　4

序　章　占領と政治社会 ― I
　　　　――東アジアのなかの沖縄――

 1　占領初期の沖縄現代史に関する研究　I
 2　政治社会と近代性　7
 3　沖縄と東アジアの冷戦　14
 4　本書について　19

第1章　戦闘から占領へ ― 24

 1　沖　縄　戦　24
 2　沖縄の国際的地位　27
 3　「ニミッツ布告」とCIC調査　31
 4　沖縄諮詢会の設立　40
 5　沖縄から朝鮮へ　48

第2章　猫　と　鼠 ― 56

 1　軍民関係の変化　56
 2　警察機構の集中と土地認定問題　63
 3　自治論争と沖縄民政府の設立　70
 4　沖縄民政府の設立　76

第3章　占領初期の社会変容 ― 86

 1　「復興」と「近代化」　86
 2　占領初期の社会変容　88
 3　「みなと村」の成立　97

4　敗者の労働　106
　　5　港湾自由労働組合　111

第4章　政治組織の形成 ──────────────── 120

　　1　冷戦下の出発　120
　　2　沖縄人連盟と沖縄建設懇談会　122
　　3　沖縄民主同盟の結成　128
　　4　沖縄人民党の結成　134

第5章　東アジア冷戦体制の形成と沖縄 ──────── 152
　　　　──NSC13の世界──

　　1　1948年の東アジア　152
　　2　ケナンのアジア視察──沖縄をめぐるコンセンサス──　156
　　3　NSC13の成立と東アジア　163
　　4　1948年の沖縄──食糧配給停止問題──　174

第6章　「シーツ善政」───────────────── 186
　　　　──朝鮮戦争前夜の沖縄──

　　1　「忘れられた島」の背景　186
　　2　琉球軍政課とグロリア台風　191
　　3　恒久基地化の政治経済　202
　　4　二つの沖縄視察──琉球と台湾──　211

第7章　自主沖縄 ───────────────────── 226
　　　　──占領初期沖縄における政治社会──

　　1　「政治的な子どもたち」の隠喩　226
　　2　「人民戦線」の背景　230
　　3　「人民戦線」　237
　　4　「人民文化」事件　244
　　5　群島知事選挙　253

終　章　「荒涼たる風景」のなかの問い ———————— 265
　　1　「黒ダイヤ」　265
　　2　群島知事選挙後の政治の再編　268
　　3　朝鮮戦争と沖縄　271

参考文献　277
あとがき　287
索　引　293

略 語 一 覧
（注における略語を含む）

CIA: Central Intelligence Agency　米国中央情報局
CIC: Counter-Intelligence Corps　対敵諜報部隊
CINCFE: Commander-in-Chief, Far East　米極東軍司令官
FECOM: Far East Command　米極東軍
F.O.: British Foreign Office　英国外務省
FRUS: *Foreign Relations of the United States*　米国外交文書
GHQ/SCAP: General Headquarters, the Supreme Commander for the Allied Powers　連合国最高司令官総司令部
G-2: Ground Intelligence　陸軍参謀本部情報部門
HCRI: High Commissioner of the Ryukyu Islands　琉球列島高等弁務官
ISCOM: Island Command　島嶼司令部
JCS: Joint Chiefs of Staff　米統合参謀本部
KORYU: Korean-Ryukyus Division　朝鮮・琉球局
MISLS: Military Intelligence Service Language School　陸軍情報語学学校
NACP: National Archives and Records Administration at College Park　米国国立公文書記録管理局カレッジ・パーク分館
NSC: National Security Council　国家安全保障会議
OBASCOM: Okinawa Base Command　沖縄基地司令部
OPA: Okinawa Prefectural Archives　沖縄県公文書館
OSS: Office of Strategic Services　戦略事務局
PHIL-RYCOM: Philippines-Ryukyus Command　フィリピン・琉球軍
POW: Prisoners of War　戦争捕虜
PPS: Policy Planning Staff　国務省政策立案室
PRO: Public Record Office　英国国立公文書館（現 National Archives）
RCAS: Ryukyus Civil Affairs Section　琉球民事課

RG: Record Group　記録文書グループ
RMGS: Ryukyus Military Government Section　琉球軍政課
RYCOM: Ryukyus Command　米琉球軍
SWNCC: State-War-Navy Coordinating Committee　国務・陸・海軍三省調整委員会
UNTCOK: United Nations Temporary Committee on Korea　国連臨時朝鮮委員団
USAMGIK: United States Army Military Government in Korea　在朝鮮米陸軍司令部軍政庁
USCAR: United States Civil Administration of the Ryukyu Islands　琉球列島米国民政府

序　章

占領と政治社会
―― 東アジアのなかの沖縄 ――

1　占領初期の沖縄現代史に関する研究

　1945年夏，戦闘が一応の終結をみたとき，沖縄島は，山原の深い亜熱帯の森林地帯を除いて，そのほとんどが廃墟となり，焼け野原となっていた．戦闘で多くの人の命が失われたが，そのうち，住民の犠牲は日米両軍の兵士をあわせた戦死者総数をはるかに上回るものだった．生き残った人びとは北部の民間人収容所に集められ，焼け野原となった中南部地域には遺骸が残されままであった．戦闘が終わったからといって沖縄に権力の空白はなかった．米軍は誰が土地の所有者かということなど構う様子はなく，日本軍が作った飛行場や軍事基地を再利用し，拡張整備し，あるいは，普天間飛行場のように新たな基地を築いていった．しばらくして郷里の町や村へ帰還する許可を米軍が出すと，人びとは荒廃した郷里で戦後の生活を始めたが，家屋敷や畑を米軍に占領されていた場合には，基地の周囲に張り付くようにして暮らさなければならなかった．人びとは，あたかも，軍用ジープが走り去った後の砂塵のように，巻き上げられては散り，踏みつけられては巻き上げられる不確かな生活を強いられながら，暮らしを再建しようと必死であった．ある時代の終わりは新しい始まりとともにあった．しかし，それは容易ならざる始まりであった．

　沖縄戦終結後の，あるいは米軍占領の最初の5年間の沖縄の政治と社会はどのようなものであったのだろうか，そして，それはどのような国際的な条件のなかにあったのだろうか．本書は，米軍占領の最初の5年間について，戦闘から占領の過程での社会変容，占領統治機構の形成と軍民関係，人びとの政治意

識の覚醒と自主的な政治の形成，民主と自治の課題といったことがらに焦点を当て，占領下の政治社会の形成を東アジアにおける冷戦の構造や力学との相互作用のなかで考察する．

　本書で沖縄戦後史の最初の時期区分を1950年までとするのは，対日講和条約の発効した1952年を考えればあまりなじみがないかもしれない．しかし，ここであえて1950年までの5年間を一つの区切りとしたのは，この年を境にして，アメリカの対沖縄政策，コミュニティを含んだ沖縄のローカルな政治社会，そして，東アジアの国際政治，これら三つの次元で変化が起きたからである．

　1950年末，アメリカは琉球列島米国民政府（United States Civil Administration of the Ryukyu Islands，以下，USCARと略す）を設立した．これによって，対日講和条約の締結を待つことなく，沖縄戦以来の占領の既成事実の上に沖縄の占領統治体制が確立された．講和条約第3条はこの既成事実をそのまま追認しようとするものだった．沖縄の政治社会が志向するもの，また，その行動のありようも変化した．沖縄の社会のなかでは，沖縄戦終結以来，その政治的な志向は必ずしも日本への「復帰」に収斂されるものではなかった．だが，1950年末を境にして，とりわけ講和問題に対する反応として急激に「日本復帰」という志向が強まった．沖縄現代史における，いわゆる「復帰運動」のはじまりの時期にあたる．

　そして，1950年前後，東アジアの地域（リージョン）の構造に大きな変動が起きた．沖縄をとりまく東アジア現代史の文脈の変容，すなわち，東アジアの冷戦体制の形成のインパクトは決して小さいものではなかった．1949年10月の中華人民共和国の成立や1950年6月の朝鮮戦争の勃発といった世界史的な事件は，アメリカの占領政策だけでなく，沖縄の政治と社会，さらに思想や意識の変容に影響を及ぼした．

　これまでの沖縄現代史研究を振り返ってみると，実は，1950年前後を時期区分とするのは本書が最初ではない．すでに，先駆的な沖縄現代史研究である国場幸太郎「沖縄の日本復帰運動と革新政党──民族意識形成の問題に寄せて──」では，最初の時期区分は1950年末となっている[1]．

国場幸太郎の議論は，戦後沖縄における「民族意識」とその変化に焦点を当て，1945年以後の沖縄現代史を整理したものである．国場は，戦前の「ウルトラ・ナショナリズム」が地上戦とともに崩壊した後，沖縄において「民族意識」が社会の内面から再構成される転機は1950年の群島知事選挙，そして，それとほぼ時期を同じくして日程にのぼってきた対日講和条約をめぐる問題，つまり，占領の長期化の危機だとする．この時期を境に，占領支配の経済的，文化的，政治的な矛盾に対する民衆の抵抗が徐々に顕在化するようになり，しかも，それが日常的な生活上の諸要求を「日本国憲法を積極的に擁護し，生かそうとする」政治的路線に結びつけられることによって，「アメリカ軍の占領統治から脱して，日本国民との連帯と結合を求める，いわゆる『民族主義（ナショナリズム）』の性格を帯び」るものになったとした．これが日本復帰運動のはじまりである．その結果，それ以前にあったより「郷党的色彩」の強い政治組織や言論は「大衆的基盤を失って消滅」し，「民族意識」による抵抗運動は島ぐるみ土地闘争のなかで頂点を迎えたとした．しかし，国場は，こうした「民族意識」に支えられた大衆運動もまた，1958年の通貨切替と軍用地問題の妥結，革新政党の分裂と停滞を経て，限界を迎えたとしている．そして，米軍支配を安定的に維持するための日米関係の変容，また，新たに形成されつつあった米軍支配に依存する沖縄の受益層の形成を考察しつつ，そうした停滞と変容の時期にあって，いかに「民衆の生活擁護のたたかいと広く深く結びつけて」社会変革のための「思想建設」をおこなうかという実践的課題を問題提起した．

　1950年代の民衆運動にかかわった経験を通して，国場の沖縄現代史の分析は，実践的で，人びと，彼の言葉で言えば，「人民」「民衆」「大衆」がいかに政治過程にかかわるのか，という点に焦点がおかれている．そして，人びとのもつ基本的な生存と民主という要求を軸として，支配者との媒介となる政党や社会エリートの思想と行動を動態的に分析しようとした．人びとがいかに政治過程に参加するのかという観点は，1960年代の沖縄現代史研究，たとえば1966年に出された宮里政玄『アメリカの沖縄統治』，また，1976年の『沖縄戦後史』に結実していく新崎盛暉のこの時期の諸論文も，それぞれ，前者はアメリカの対沖縄政策の分析に，後者は沖縄における民衆運動の形成に考察の焦点があてられていても，共通するものである．いずれもが当時，現実に進んでい

る復帰運動，ベトナム戦争を背景とした反戦運動，あるいは反基地運動といった沖縄の民衆運動に併走する形で書かれたものであった．運動へのかかわり方や視角は異なるものの，総じて，この時期，沖縄現代史研究は学術的成果として世に問われたという以上に，沖縄の，あるいは沖縄をめぐる政治と人びとの関係を理解するための，いわば「実践課題としての沖縄現代史」の考察であった[2]．なお，国場幸太郎は国場組創設者と同姓同名だが，別人物である．

　復帰後の1970年代に入ると，たとえば，1975年に宮里政玄が編集した『戦後沖縄の政治と法』では，島袋邦や比嘉幹郎らが占領初期の政治機構や群島知事選挙について，『琉球史料』や新聞記事等の資料を手がかりにしてさらに詳細にまとめている[3]．これらの考察は，米軍支配が終了した直後ということもあり，「復帰」によって変容する沖縄の政治と社会を問い直すという面があった．もちろん，米軍側の資料などの限界があり，分析が政治行政的，あるいは法的なさまざまな手続きの整理の段階にとどまる面もあるが，占領期の政治や行政に関する重要な先駆的成果であり，2010年以降に発表された多くの研究，たとえば，鳥山淳や平良好利らの実証研究に引き継がれるものである[4]．また，先にも触れた新崎盛暉『沖縄戦後史』は，沖縄の社会運動や民衆運動の動きに焦点を当てている．これも通史的叙述であるのと同時に，『沖縄戦後史』は，新書版という廉価で誰でも手に入り，平易な文体をもって，幅広い社会層の読者が沖縄現代史を学ぶ機会を提供した[5]．新崎盛暉は『沖縄問題基本資料集』，『戦後資料沖縄』，そして『ドキュメント沖縄闘争』という三つの戦後沖縄の資料集成を共同編集した[6]．

　1980年代になると，再び，1950年までの占領初期の時期が注目されるようになった．ただし，それは二つの対照的な方向性をもつものであった．一つは，米国陸軍歴史編纂所（U.S. Army Center of Military History）から刊行された『琉球列島の軍政（*Military Government in the Ryukyu Islands*）』である[7]．これはいわば米軍側の琉球統治の「正史（オフィシャル・ヒストリー）」にあたるものだが，しかし，本書は占領が終了して10年以上経過して，しかも沖縄の施政権が日本に返還される1972年よりもはるか前の，USCARの設立の時期に限定した叙述となった．その理由はわからないが，著者のアーノルド・フィッシュ〔Arnold G. Fisch〕がその序文でも記しているように，米軍は沖縄の占領統治について，「軍政

military government」と「民政 civil administration」に根本的な区別をしていなかった[8]. つまり,『琉球列島の軍政』は,その後,沖縄の統治の 27 年間について,それが破綻するずっと以前の部分に切り詰めて描こうとしたものであって,アメリカにとって,今日に至るまで依然として評価の定まらない（また,定まる保証もない）沖縄に対する支配を描いたというものである.したがって,1950 年に至るまでの時期という区切りは,あくまで USCAR の設立をゴールとするものである.

もう一つは,鹿野政直による『戦後沖縄の思想像』である.とくに,本書に収められた「沖縄と琉球のはざまで――戦後の出発――」は,必ずしも日本への「復帰」に収斂され得ない占領初期の沖縄における「自治」と「民主」という政治思想の発露についてとりあげている[9]. 1980 年代になると,「復帰」によって再び日本に統合された沖縄の抱える矛盾が顕著となり,たとえば,「系列化」という言葉に象徴されるように,中央集権的関係によって規定されるさまざまな条件がもたらされたこと,また,日米同盟の軍事的根幹として基地強化される現実を照射し,沖縄の固有の歴史に根ざした問いや関心が生じるようになった.鹿野の考察は,そうした 1980 年代の状況を背景として,日本復帰運動が始まる以前の時期に焦点をあて,米軍政府と住民の「自治」や「民主」の認識と両者のずれを検証したものであった.鹿野は,米軍統治の基調を「"Stateless"の固定化」であったとし,第二次大戦終結直後の沖縄を一方では「日本復帰」へ向かう方向と,他方,近代史に起因する日本国家とのせめぎ合いから生じる「独立」へと向かう方向があったとする.そして,鹿野はそれを「琉球」と「沖縄」という呼称の問いを通して,そのはざまにある意識の振幅,すなわち「アンビバレンス」（両義的）な思想状況として描いた.

こうした鹿野の評価に対して,我部政男は,1989 年の「占領初期沖縄における政軍関係」のなかで,鹿野と同じく,「自治」と「民主」に注目し,とくに占領の最初の 2 年間の政治過程を考察した[10]. 我部の考察は,鹿野のそれと比べて,より根源的に戦後沖縄における政治空間の意味を問い直した点で示唆的である.我部は,占領初期の沖縄には,「自治」と「民主」をめぐって,その方向を決定する余地は住民にはなかったとしながらも,しかし,米軍と拮抗する関係のなかで社会に生じた「政治的空間」に着目し,沖縄諮詢会記録や

戦後初期政党に関する琉球政府文書を用いて分析した．そして，占領初期の沖縄における「政治的空間」は，いずれもが「独立論」的傾向をもつ地方政治の場であると同時に，「政治学習の場」であったとした．

　この二つの成果は，分析と史資料の両面できわめて重要である．それまで十分に検証されていなかった琉球政府文書や米国公文書を整理し，沖縄現代史研究の資料的な段階を押し上げるものであった．

　これら二つの分析視角の差異から，さらに議論を進めてみたいと思う．鹿野政直は思想史の観点から，人びとが置かれていた状況を「他律的」なものとして，占領初期の意識や思想状況を「独立」と「復帰」の「はざま」にある「アンビバレンス」なものとしたのに対し，我部政男は，政治史の観点から，占領下の「民主」と「自治」をめぐるさまざまな葛藤や試練，可能性や不可能性を包括的に「政治的空間」「政治学習の場」とした．我部の政治のとらえ方は鹿野と比べて，動態的である．鹿野の分析は，被支配者が作り出す政治を静態的に捉えており，また，思想の方向性を見るのに，「独立」か「復帰」かという二つの求心軸から必ずしも自由ではなく，議論が規範的な次元に制約されている．それに対して，我部は，たとえ社会全体は「他律的」に米軍支配に規定されていたとしても，被支配者が自らの生存のために，「民主」あるいは「自治」といった価値を押し出した要求をおこない，そのために支配者が上から押しつけた機構，あるいは政党や社会エリートといったものをも媒介としながら，支配者に影響を与えながら，必要とされる「政治的空間」を作り出すという面に注目し，1950年代以降の政治過程へと結びつく開かれた結論を導いた．そして，その具体的な政治過程を「政治学習の場」と呼んだ．

　では，我部が示した，占領初期の「『独立論』的傾向」という点はどうだろうか．本書の考察の結論から言えば，当該時期は「復帰」志向が非常に弱い状態であることははっきりしている．国場幸太郎も指摘するように，占領初期には日本との「ナショナルな連帯意識」は失われており，むしろ，地域な社会の（ローカル）紐帯とそれに根ざした連帯意識が強く働いていたという状態である．占領下でさまざまな矛盾や制約を抱えつつも，戦争で破壊された生活を再生するために，その政治空間には必ずしもその後の日本への「復帰」志向に収斂されない多様

な意識や思想，行動が出てくる．しかし，かといって，日本との連帯意識が弱まれば，当然，沖縄自体のナショナルな結合に向かうだろうという期待をもって史資料にあたると，実際には，この時期，国家建設を目指した，いわゆる「独立運動」あるいは「建国運動」と呼び得る具体的な行動は見あたらないため，そうした願望だけではどうしても考察は行き止まりに至る．あるいは，「『独立論』的傾向」という不明確な表現にとどめておくか，あるいはナショナルな結合を先験的なものとして措定し，「はざま」あるいは「アンビバレンス」という形での解釈に収まるかということになる．

実際，この時期の沖縄の社会とその政治空間は，そうしたナショナルな結合を前提とする観点に立つと，一見，非常にアモルフな状態，つまり，はっきりとした形状をなしておらず，無定形な状態に映る．つまり，「独立」か「復帰」かというナショナルな結合を前提とすれば，無定形な民衆の動きはまさに「前政治」ということになる．それは，国場幸太郎が当該時期の政治組織を「郷党的」とした所以である．しかし，現実としては，人びとは具体的に生活を営み，そのなかから具体的に問題を提起するという，地域に根ざした地点からさまざまに交渉の領域を拡げようとしていた．ここが最も重要な点なのだが，地域に根ざした生活のなかから発せられる問題提起こそがこの時期の政治の原動力に他ならない．そして，それは，米軍支配の27年間と沖縄返還，さらにその後の40年以上にわたり，今日に至るまで，沖縄現代史の局面を変化させ，また，さまざまな政治過程を生んできた根源にある力である．

2 政治社会と近代性

本書で考えてみたいことの一つは，まさに，占領の最初の5年間に出てきた地域に根ざした問題提起とはどのようなものであり，また，その問題提起はどのような関係性のなかで，どのような過程を辿って政治の空間を作り上げたのかという点である．では，その際に，そこでの政治の担い手はどういう人びとであったのか，政治に働きかけ，その過程を変化させ，作り出す行為主体，また，国場幸太郎の言葉では「人民」「大衆」「民衆」とはどのような人たちだったのだろうか．これは，単純に社会構成や階級，共同体の特徴等をデモグラ

フィックに描写すれば済むものとは思われない．また，この問いは，代表性と主体効果の権力作用の問題を審判するためのものでもない．同じように，エスニックな主体に還元することの是非を問題にしようというわけではない．むしろ，ここで考えたいことは，政治の担い手の発生を理解するという意味で，沖縄において近代性がどのように歴史的に形成されたか，その機能や変化，諸状況との接合のあり方等にもかかわる問いである．それは，本書の主題である，米軍占領下でどのようにして政治社会が形成されたのかという問いと密接にかかわる．

　この点で，参照したいのは，新崎盛暉の議論である．新崎は，1977年の「沖縄戦後史論序説」という論考のなかで，「沖縄戦後史」を規定する要因を以下のように分類した．まず，新崎は，（A）アメリカの対沖縄政策，（B）日本政府の対沖縄政策，（C）沖縄民衆の動向，（D）日本本土の社会的な沖縄問題への対応の四つの要因を示し，さらに，（A）アメリカの対沖縄政策は，（A1）米国政府の政策と（A2）米軍政府やUSCARの政策に分けた．また，（C）沖縄民衆の動向を（C1）受益層の動向と（C2）沖縄の民衆の権利のための動きの二つに区分した．そして，1945年以後の特徴として，（C2）の「沖縄人民の闘いが主軸をなしていく」，すなわち，生活者である人びとがその闘争を通じて政治過程を動かす要因となる，あるいはその状況を作り出す主体となるとしている．新崎は歴史を動かす担い手に着目し，沖縄近現代史の局面を分析した．そして，「沖縄人民の闘い」が明らかに沖縄戦後史を1945年以前の歴史と異なるものにする重要な要因であるとしている[11]．

　1945年以前には，「琉球処分」以後の日本の「国民化」の過程で，国家から自己変化を強いられたとはいっても，実際には，大半の農民や漁民，一般の人びとは徴兵や動員の対象ではあったが，「国民」としては文化的位階秩序の下位に位置づけられる存在であった．琉球王府の支配層はといえば，「琉球処分」以後の「旧慣温存」の時期と秩禄処分を経て解体され，一方で国家権力の末端に位置しながら，他方で，それと沖縄社会を媒介する文化的社会的な指導層，言い換えれば，近代化の担い手として再編成された．しかし，権力の分配という点から考えれば，総体としては統治の媒介者として動員の対象と言わざるを得ない存在でもあった．1920年代までに沖縄における政治行政制度の近代化

が図られるが，大半の人びとは「国民」として近代化の担い手となったというよりも，天皇制国家に対する「臣民」に位置づけられた．

　沖縄戦による体制の破局の後，新崎の分析では，「戦後史」のなかで一般の「民衆」が政治の担い手となっていくが，しかし，かといって，それは自律的な個人を単位とする，いわゆる「市民社会 civil society」の概念を念頭におくと，沖縄の社会はそれとは異なるものと言わなければならない．戦後は，沖縄の人びと総体が「国民」ではなくなり，また，旧支配層も含めて，総体が国家の下の近代化から基本的に排除された存在となった．そして，（A）アメリカの支配の下で，権力の配分において，徐々に米軍支配の動員の対象となりつつ受益者となる社会エリートを中心とする層（C1）が出てきた．（C2）の民衆の課題は，こうした実際の米軍や社会エリートとの関係のなかで，いかに人権侵害から身を守り，生存のみならず，それと深くかかわる民主，権利あるいは自由といった近代的な諸価値を求める政治的空間を創造するか，というものであった．

　我部政男は，人びとのこうした課題への人びとの取り組みのことを「政治学習」，また，それがあらわれる活動領域を「政治学習の場」と呼んだ．しかし，それは「近代的な市民」による国家とのせめぎ合いでもなければ，また，新たな支配者から権力奪取をめざす革命的な植民地解放運動というものでもなかった．米軍が与えた行政機構や議会，選挙，メディア等々の枠組みや回路さえ使って自らの権利を押し広げようとするものであった．したがって，局面によっては，新たな支配者となった米軍への敵対性が明らかになったり，ならなかったりした．こうした極めて不安定で曖昧な状況下で歴史に介入する政治の領域の性格をとらえるのに，西洋近代を概念形成の基盤とした「市民社会」を当てはめて想像することは難しい．しかも，地上戦によって破壊し尽くされた後，大多数の人びとは衣食住すべてにおいて欠損しており，場合によっては郷里の村を基地に占領されているような状態であった．

　こうした点はさらに議論が必要なところだろう．先に示した米国陸軍歴史編纂所の『琉球列島の軍政』は，近現代史を通じて沖縄の「近代化」は米軍支配の下で最も迅速かつ本質的に進展したとしている．これに対して，与那国暹は『戦後沖縄の社会変動と近代化』のなかで，1945年までの沖縄社会の緩慢な資

本主義発展を考えてみれば，米軍支配下での「近代化」は歴然としたものであったが，しかし，『琉球列島の軍政』とは異なり，与那国は，その「近代化」の本質はまさに「軍事基地化」であり，人びとに抑圧的に作用するものであったとする．そして，米軍支配下での資本主義発展は急激で，大規模な軍用地土地接収にはじまり，それにともなう都市化，農民層分解，労働形態の変化等の社会変動の矛盾が人びとの抵抗を生み，その後の大衆運動と「市民意識」に結びつく政治意識の変容をもたらしたとした[12]．しかし，与那国の考察は局面ごとの構造と政治主体の相克による政治意識（市民意識）の形成という点がやや単純化されて強調されており，近代史における経験や政治的スペクトラム等の政治の動態的な分析や歴史的考察が十分とは言えない．また，鳥山淳は，こうした軍事基地化にともなう社会変容と政治意識の連関について，とくに米軍の統治政策に対する「協力の論理」を「自治と復興」という側面から考察した．だが，与那国と同様に，米軍側の資料による交渉の領域の検証が加えられる必要があるだろう[13]．

　議論を前に進めていくために，ここで参照として，インドの政治社会学者，パルタ・チャタジー〔Partha Chatterjee〕の提示した「政治社会 political society」を考えてみたい．チャタジーは，ポスト植民地社会のインドにおける政治を分析し，国家の近代化の外側におかれている「大多数」の民衆の政治を考察して，「定義が困難で法的規範が曖昧であるが，しかしそれなりの文脈や戦略をもって定められる」政治の領域を「政治社会」とした．大多数の民衆は，近代的な政治の回路（市民社会 civil society）からは排除されている．しかし，その大多数，あるいは被支配者（the governed）は，暴動から選挙に至るさまざまな様式で，集団としての「要求の政治」をおこなっている．それは必ずしも市民社会のように国家権力の奪取をめざす政治ではないが，交渉し，せめぎ合いを繰り返しながら，政治に介入する．「政治社会」とは，そうした交渉や協議，同盟や対立，せめぎ合い，妥協といったものが働く，その現場となる領域を指す[14]．

　チャタジーの分析は，基本的には独立後のポスト植民地社会を対象とし，インドの社会エリートが開発国家や近代化の担い手として位置づけられ，その意味で「国家 vs 市民社会」という構図を形成するのに対して，その両方に対峙

するものとして，大多数の人びとの活動領域＝政治社会を位置づけている．しかし，インドにおいて大多数の政治の領域をいかにとらえるのかという問いは，歴史的には植民地期に遡る．チャタジーは，19 世紀末のイギリス植民地統治の下，統治の対象としての「人口 population」として位置づけられていた人びとが，どのようにして近代的な価値観を希求した社会エリートと交渉したか，そのせめぎ合いの分析を通して，独立後も依然として統治の対象としてしかみなされない「大多数の被統治者」の政治，つまりは政治社会における問いが植民地期から独立後に引き延ばされていること，そして現在に至るものであることを論じている[15]．

　占領下の沖縄の場合，米軍は支配者ではあるが，国家の文脈では，沖縄は日本からの分離と軍事占領という，いわば「国家なき状態 stateless」におかれていた．これは，チャタジーが考察したインドのポスト植民地社会＝独立国家の下での政治社会という図式とは必ずしも同じではない．しかし，国家からも市民社会からも外側に押し出されている「大多数の被支配者」による「民主」の要求という点で，チャタジーの示した「政治社会」の概念は，戦後沖縄の政治と社会を捉えるのに有効に働くのではないか．本書のなかで具体的に触れるが，人びとは，米軍が一方的に占領の「恩恵」として与える選挙や行政組織，議会，登録された政治組織やメディアといった，いわば統治のための「公式的（フォーマル）」なシステムはもちろんのこと，労働者や住民のアソシエーション，新聞や雑誌といったメディア，あるいは街路での動きといった多様なチャンネルを通して，さまざまな方法で支配構造のなかに隙間を見つけては政治の領域を拡げ，さまざまな形の媒介の作用，対立や交渉，せめぎ合いのなかで「民主」という主題を追求していった．

　この「政治社会」という観点から，再び，担い手の問いに戻ると，新崎の示した（Ｃ）沖縄側の動きなかには，受益層となる層（Ｃ１）と権利のために闘う動き（Ｃ２）の二つの流れが含まれている．この二つの分類は近代性の問題と関連している．新崎は，1920 年代に政治行政制度における近代化が確立されると，国家は台湾や朝鮮，中国大陸，あるいはミクロネシアや東南アジアなど，植民地経営にその比重をより大きくかけるようになり，そのため，沖縄は日本の行政県であるといっても周辺化され，経済的に困窮したが，こうした状

況に対応するため，国家は沖縄県振興 15 ヵ年計画などをもって，再び国家主導の近代化をもって対応しようとしたとする．本書で考察するが，米軍支配下で活躍するようになる政治家や財界，教育界など，いわば社会エリートの指導層は，おおかたはこうした時期にそのキャリアをスタートさせている．こうした指導層は，もしも地上戦がなく，また，日本と分離されていなければ，そのまま国家に結びついたエリートとして存続していたかもしれない．しかし，米軍支配の下では，彼らは占領統治機構の末端を構成し，米軍が日本の作った機構を再利用して構築した支配体制の担い手として位置づけられた．ただ，新崎盛暉も指摘するように，彼らは「受益層」というには機構においても装置においても「独自の権力」が弱く，また，その「自覚に乏しい」．要するに，彼らのあり方は，沖縄の民衆の動向によって，あるいは支配権力の動向によって，どちらの局面にも変化し得るものであった．

　同時に，こうした指導層と伝統的共同体やさまざまな社会集団を通じて結びつきながらも，しかし，異なる近代の志向性をもつ傾向もまた，この時期に生まれてきた．新崎によれば，1920 年代の経済危機は先のような社会エリートも生むが，同時に，沖縄史の文脈では「ソテツ地獄」と呼ばれる困窮した社会のなかで，とくに青年知識層を中心として，「感覚的ではあっても，資本主義をこえようとする思想的潮流」が生まれることになった．それは，社会主義やアナキズムといったものから子どもや女性の人権，生活改善といった幅の広い関心によるものではあったが，総じて，国家に対して周辺化されてきた沖縄のあり方に問題意識をもち，社会変革にかかわる思潮への共感をもつものであった．こうした変化の影響を受けた人びとは，戦後，先にも示したように，占領下の多様なチャンネルを通じて，そして，さまざまな方法や形式で政治の領域を押し広げる担い手となった．彼らは，大多数の民衆を代弁しようとしたという意味では（Ｃ２）権利のために闘う動きを牽引するが，同時に，伝統的共同体やその他の社会的紐帯によって（Ｃ１）の社会エリートとも関係を持ち，社会エリートと民衆の関係を媒介しつつ，権力関係を垂直的で分離的というより，むしろ水平方向に連結して動かそうとした．こうした人びとの存在が，占領初期の政治社会を単純な「支配─被支配」の構図ではなく，さまざまな交渉やせめぎ合いによって変動する歴史的で動態的なものにしていった．

序章　占領と政治社会

　それでは，そうした政治社会ではどのような課題が問われたのだろうか．「地域に根ざした問題提起」と一言でいっても，それは，食糧や住居，教育，あるいは労働など，多岐にわたる生活の個別の問題でもある．同時に，そうした多様な問題提起は，占領下の「無権利状態」という条件の下で必然的に「民主」という問いに向かった．正確には，それは一つの問いというよりも，生の条件の向上を総体としてあらわす意味で，「2つにして1つの問い」と言わなければならないだろう．つまり，鹿野や我部が示したように，占領下の政治社会は「民主」は「自治」という主題と密接に結びついて展開した．この主題は，占領下のさまざまな実践を呼び起こし，発展させる原動力であった．占領下の具体的な社会変容や占領体制の形成，軍民関係の展開，政治意識や自主的な政治組織の形成，民主の課題など，占領の構造と政治社会に関するさまざまな資料から見えてくるのは，この時期，人びとは「独立」か「復帰」かという主題以上に，「民主」あるいは「自治」という主題をより現実的かつ根源的な課題としてとり扱っているということである．

　しかし，それがある一定の凝集力をもつものであったとはいえ，「民主」や「自治」の課題は，占領者であるアメリカに対する直接的な敵対性によって必ずしも特徴づけられるものではなかった．アメリカへの敵対性が簡単には剥き出しにならないと言うと，意外に思う読者も多いかもしれない．あるいは，占領支配の下では弾圧があるのだから当然だと感じるかもしれない．しかし，事態はもう少し複雑なものである．この時期，こうした「民主」にかかわる主題は，それが意志的なものであったか否かは別として，まず，沖縄社会の歴史的現在を内在的に問い直すことによって喚起されるものであった．

　これはまさに近代性の問いである．占領初期の沖縄では，近代日本国家の下で作り上げられた権力意識は日本からの分離によって断絶されたわけではなかった．むしろ，米軍占領のなかに入れ込むために変形あるいは置換された．たとえば，本書で取り上げる沖縄諮詢会や沖縄民政府といった行政機関の記録にあらわれた権力関係のさまざまな思考方法，発想や行動，あるいは，米軍と占領がもたらすさまざまな「恩恵」への人びとの接近の様態は，そうした戦前からの権力関係が惰性的に表出したものでもあった．そして，占領の構造あるいは権力が人びとを抑圧している問題となった場合，まず人びとのあいだで批

判の対象となっていったのは，米軍よりも前に，まず戦前までの時期に沖縄の内部にできあがったさまざまな行動様式や価値意識であった．そうした旧い構造と格闘し，克服しようとする過程のなかではじめて米軍の占領に対する具体的な批判や抵抗の端緒が生まれてきた．言い換えれば，占領初期の沖縄において，「民主」という主題は，まず沖縄の内面的な問いとして内在的批判をともなって発生し，そして，その過程で占領者への批判として展開していった．本書で取り上げる戦後初期の政治組織や「人民戦線」，議会や言論空間，あるいは首長の公選の動きなどを通して，そうした問いはさまざまな形で表面化した．

　先ほどのインドの場合，近代性という面で，大多数の人びとが西洋近代の「市民社会」の外部におかれ，そこから排除されているという条件は，イギリス植民地期からポスト植民地社会，あるいは開発国家という体制の下でも連続しているというパルタ・チャタジーの指摘に触れた．植民地支配の下では社会エリートの近代性が問われたのに対し，ポスト植民地社会ではそこからこぼれ落ちてきた「大多数」にとっての政治，つまり，「民主」が争点となった．言い換えれば，政治社会という観点が単に市民社会という西洋概念の非西洋社会における代替物ではないのは，政治社会という領域を開いてみることによって，近代性を限定的で規範的なものというよりも，社会のなかで不断に問いなおされ，学習しなおされ，鋳造しなおされる極めて動態的なものとして捉える機能があるからである．踏み込んで言えば，「政治社会」とは，西洋近代の枠組みではとらえきれない，地球上の大多数の人びとにとっての民主と政治空間を考察する助けとなる概念であり，近代性を多元化して理解する方法を提供している[16]．沖縄において，まさに，喰うや喰わずの地上戦の後の荒廃した状況の下でさえも「民主」が問われたことの意味を考えなければならない．

3　沖縄と東アジアの冷戦

　ここまで，沖縄の政治と社会に焦点を当てて整理してきたところだが，しかし，これらすべての動きは真空のなかで起きたのではなかった．ここに，本書のもう一つの主題である東アジアの冷戦の問いがある．冒頭にも触れたように，地上戦が終わっても，沖縄には権力の空白はなかった．現実としては，米軍が

占領体制を作り上げるために，アメリカ本国の役人や政治家，現地の米軍は常に人びとの「民主」への意志や自治能力を過小評価し，あるいは高度な政治的自治を達成するさまざまな可能性の芽を摘み取ろうとした．東アジアにおける冷戦の深まりとともに，彼らは沖縄の恒久基地化と排他的統治を欲していたからである．

　まず，新崎の整理に戻ると，これは（A）アメリカの対沖縄政策，あるいは（A1）米国政府だけでなく，（A2）米軍政府と人びとの関係がどのようなものであったのかという問いと関係している．アメリカの対沖縄政策については，これまで，必ずしも本書が取り上げる占領のはじまりの5年間に限らないが，より幅広く米軍による27年間の占領全体の分析の対象とするものとして，現代沖縄研究総体からみても，質的にも量的にも研究蓄積に厚みがある部分である．宮里政玄によるアメリカの対沖縄政策の決定過程に関する先駆的な多くの研究，宮城悦二郎による米軍の対沖縄観の検証，経済政策に関する松田良孝や琉球銀行調査部による研究，また，大田昌秀，我部政明，河野康子，ロバート・エルドリッヂ〔Robert Eldridge〕，平良好利らによる新たな検証を通じた米国公文書による政策決定過程の研究など数多くの研究がある[17]．

　当該時期については，とくに，日本外交史・日米関係史の観点から，エルドリッヂが第二次大戦末期からサンフランシスコ講和条約にいたるアメリカの対沖縄政策の形成や日米関係史からアプローチした．しかし，新崎の示した（A2）米軍政府の動向や沖縄社会の実態，政治社会との関係についてほとんど触れられていない[18]．これと比較して，宮里政玄の『日米関係と沖縄』は，エルドリッヂ同様，アメリカの対沖縄政策の形成にアプローチしつつも，アメリカの「民主主義」と人びとが実際に求めた「民主主義」の間の矛盾，占領者と被占領者のせめぎ合いを前提としたものとなっている[19]．

　これらの研究成果を参照としながら，本書では，まずは前述した戦後沖縄の政治社会の形成と（A）アメリカの対沖縄政策の関係について議論を進めていきたいと思う．先に参照した新崎盛暉の考察に戻ると，新崎は（A）アメリカの対沖縄政策を（A1）米国政府の動向と（A2）現地の米軍政府の動向の二つに分けた．しかし，この二つのレベルだけでなく，いくつかの分析の対象のレベルを加える必要がある．実際には，GHQ/SCAP（連合国最高司

令官総司令部 General Headquarters, the Supreme Commander for the Allied Powers. 以下，GHQ/SCAP と略す）や米極東軍（Far East Command. 以下，FECOM と略す）が（Ａ１）と（Ａ２）の間にあり，また，ワシントンでも国務省と軍部，他省庁，あるいはホワイトハウス，軍人や官僚個々人など，分岐する多様なレベルが存在している．しかも，被支配者の政治社会との関係となれば，政策決定過程論とは異なる意味で，交渉やせめぎ合いに関する複合的な考察が必要となる．本書では，沖縄の政治社会に軸足をおきながら，こうしたアメリカとの関係について，多様に分岐しつつ絡み合ったアメリカ側の行為主体のあり方を資料からできるだけ明らかにしてみたい．

そのうえで，これが本書の二つめの主題であるが，沖縄の政治社会の動きがどのように東アジアの冷戦体制の形成と戦後の世界史的条件の構造変動と直接的，あるいは間接的に連関していたのかという問いである．ここまで触れてきた先行研究は，沖縄社会に焦点を当てたものも，またアメリカの対沖縄政策に焦点を当てたものも，いずれにせよほとんどすべてが東アジアという地域についてほとんど言及していないか，あるいは枠組みとして日米関係に大きな比重がある．本書では，東アジアという地域の同時代性の把握のなかに沖縄を位置づけて考察したい．

本書では，「東アジア」というとき，空間的には，沖縄と同じように米軍占領下におかれた，しかし分断状態におかれた朝鮮半島，また，アメリカと密接な関係にあったフィリピン，そして，日本，台湾，中国といった隣接する地域を扱う．しかし，「東アジア」と一言で言っても，当時も，また今日も，それぞれの地域や国家，民族は対等な関係として横並びになって地域(リージョン)を構成しているわけではない．むしろ，同じ空間を構成していながら，そのなかは不均等で，いくつかの抑圧移譲の関係がある．

こうした東アジアの地域的な性格と沖縄の位置を考えるために，ここではとくに，韓国の歴史家の白永瑞(ペク・ヨンソ)による「連動する東アジア」という問題提起を参照してみたいと思う．白は，東アジアという地域を考察する際に重要なのは，地域を「二重の周辺の視点」で問い直すことだと述べる．白の言う東アジアの「二重の周辺の視点」とは，「西欧中心の世界史の展開において非主体化の道を強要された東アジア」という視点と，「東アジア内部の位階秩序において抑圧

された周辺」という視点を同時に持つということである．このとき，これら二つの視点をばらばらにとらえるのではなく，これら二つは同時に必要とされるというのが白の問題意識の特徴である．そのうえで，白は，東アジアは「重層的な中心と周辺へと分けられ得る立体的で非均質的な地域」であるとし，なかでも，朝鮮半島や両岸関係をかかえる台湾，あるいは，米軍支配や日本国家のなかで周辺化を余儀なくされてきた沖縄など，地域（リージョン）の歴史的矛盾が凝縮する場所を「核心現場」と呼ぶ[20]．白の理解は，もちろん，東アジア近現代史の長期的な歴史把握に基づく認識論的なものであるが，どのような世界史的条件のなかに占領初期の沖縄の政治社会の課題が存在していたのかということを考えるうえで，白の問題提起は示唆的である．

　戦後の東アジアでは，それぞれ様態が異なるものの，社会変革や解放の課題があり，それまでの植民地支配と帝国主義のなかでできあがった体制と社会のシステムをいかに克服するかが課題となっていた．しかし，そこに冷戦が折り重なっていくことによって社会が分裂し，葛藤を起こし，政治暴力の発生を含めてきわめて激しい政治変動が起きた．しかも，それは単にそれぞれの地域のなかだけで完結するものではなく，互いに連動しあって地域の構造変動を引き起こした．そして，そうした変動は絶えず，冷戦とアメリカの覇権主義的な介入の影響を受けていた．沖縄に関して言えば，アメリカの対アジア政策における冷戦の「封じ込め」（主に中国革命に対する）と「巻き返し」（朝鮮戦争として現実となる）は，沖縄を「日本攻略のための拠点」からアメリカの「キーストーン・オブ・ザ・パシフィック（太平洋の要石）」へ，すなわち，軍事基地の固定化に向けた動きの契機となった．

　さらに踏み込んでみると，これには，まず，日本の占領との関係がある．沖縄がアメリカの単独支配と排他的統治の下での軍事拠点となっていく過程は，帝国主義が崩壊した後の日本が「平和国家」として再建される過程と併行していた．この時期，日本社会自体もいわゆる「逆コース」と呼ばれた対日占領政策の転換のなかで，敗戦後の社会と政治の変革における「民主化」と「非軍事化」，ないしは「平和」をめぐる深刻な分岐点にあったが，沖縄は日本から事実上分離され，日本の大半の人びとの視界から抜け落ち，米軍の単独支配の下におかれていた．この分断された状況を既成事実として，日米安保体制形成の諸条件

が醸成されていく時期であった．これについては，すでに数多くの戦後沖縄に関する文献において繰り返し指摘され続けてきたことである．

　こうした日本との関係を含め，さらに隣接する東アジア諸地域との関係のなかで沖縄はどのような位置にあったのか．先の白永瑞の議論を参照すれば，沖縄はまさに東アジアにおける「二重の周辺」の「核心現場」であり，日本とのあいだではもちろん，朝鮮半島の分断と中国と台湾の両岸関係，あるいは独立後の内戦状況にあるフィリピンといった，他の「核心現場」とも深層において連動し，近代化をめぐるそれぞれの葛藤につけ入りながら東アジアに関与するアメリカの軍事的な機能が集積される場所とされた．このような東アジアの内部にはらまれた不均等な抑圧移譲と位階性の上に成り立つ関係は，アメリカの対アジア政策の下で「冷戦の東アジア」として枠づけされた．そして，朝鮮戦争，対日講和条約，そして日米安保条約は，こうした，いわば冷戦によって押しつけられた地域枠組みを固着化する作用として働いた．

　こうした観点による考察は，単にこれまでの研究史の欠落を埋めるためのものではない．そうした学術的な独創性という意味ではなく，それ以上に，今日的な問題意識と深く結びついた動機によるものである．今日，東アジアの国際関係において，依然として近現代を通して醸成され続けてきた抑圧移譲の問題が克服されないまま，帝国主義から今日を冷戦が仲立ちする形で長期的に不均等な構造が維持され，容易には解決不可能な地域の分裂した状況が固着し続けているという問題意識による．そのなかで，現状の沖縄における過重な軍事基地負担と軍事化にともなう長期にわたる先の見えにくい民衆生活への負荷がある．

　今日なお，沖縄でしばしば言われるように，戦闘から占領体制の形成の時期，人びとは戦争によって喪われた肉親を思いながらも，悲嘆に暮れたままではいられず，生きることに必死であった．その困難な，しかし，きわめてエネルギーに満ちた歴史は，私たちに何を教えているだろうか．人びとは，ただジープに巻き上げられて散らばる砂塵であったのか，それとも，必死に地面を掻き分け，自らの場所を創造する歴史的主体であったのか．しかし，そうした極度に低下した生の水準のなかにおいても，人びとはなぜ占領のすべてを受け入れず，また，なぜ自らの具体的な地域に根ざした課題として「民主」と「自

治」を志向したのか．こうした問いとともに，私のなかにあるのは，そうした過去の具体的で困難な生が歴史のなかで意味あるものとなるには，やはり，現在のなかで修復され，回復されなければならないことがあるという問題意識である．基地問題に関する沖縄の人びとの原則的な要求（軍事によらない平和）は，日本のなかでは，依然として無視し得る，取るに足らないものだという扱いを受けている．しかし，日本の社会全体にとっても，こうした沖縄の根源的な要求に正面から取り組むことによって，まさにその延長に，すべての人びとの生存の条件である東アジアの平和の姿が具体的に見えてくるはずである．そして，また，それを引き裂くことで利益を得るものの姿を確認することができるだろう．

沖縄は，白永瑞の言うように東アジアの「核心現場」であり，東アジア近現代史の縮図である．本書の試みの最深部にある意図は，「実践課題としての東アジア」という問題意識によって沖縄の政治社会の形成を再考し，現在の東アジアにおける沖縄の存在と人びとの葛藤の意味を考え直すことである．もとより，本書だけでその複雑に縺れ合ったすべての脈略を解明することはできないが，資料を紐解きながら，現実に有効に分け入る考察の可能性を拡げたいと思う．

4　本書について

本書で用いた史資料は，大きく分けて，沖縄側の史資料と米国側の史資料の二つに分けられる．本書では，戦後沖縄における占領の構造を明らかにするために，同時期の，あるいは同じ主題に関する沖縄側と米国側双方の史資料をつきあわせ，照合させながら考察を進めたい．

まず，沖縄側の史資料については，公文書，新聞雑誌類，そして個人回想録に分けられる．公文書については，主に，現在沖縄県公文書館に所蔵されている琉球政府文書のうち，当該時期の沖縄民政府関連の公文書を用いた．このなかには，政治組織の綱領や名簿，演説記録，労働組合の記録，各市町村からの陳情書が含まれている．また，それに関連して，『琉球史料』や『戦後資料沖縄』等，過去に集成されたいくつかの資料集，また，沖縄県教育委員会が刊行した

沖縄諮詢会や沖縄民政府の議事録を利用した．こうした公文書に残された記録を軸にして，そこで重要となるさまざまな事実を確認していくため，新聞雑誌類，また，個人の回想録等と照合した．

米国側の史資料は，米国公文書と個人文書，新聞類に分けられる．まず，米国国立公文書記録管理局に所蔵されている公文書については，大きく分けて，国務省関係，ワシントンの陸軍省や統合参謀本部関係，そして直接軍政にかかわっていた琉球軍や極東軍関係の三つを利用した．このうち，国務省関係の公文書は，Foreign Relations に収録された公文書を基本として，さらに極東局や東北アジア課といった地域毎の部門，政策企画室，各エグゼクティブのファイル，さらに，東京の政治顧問等の資料を利用した．また，琉球軍や極東軍関係の公文書については，主に，沖縄の住民の動向に関する情報資料，琉球軍司令部と極東軍司令部および琉球軍政課の通信記録や回覧文書を用いた．こうした米国公文書に対して，さらに沖縄の軍政に関与した軍関係者個人が保管していた公文書，また，新聞資料によって補完した．

こうした作業のうえで，沖縄側と米国側の資料双方をつきあわせて分析した．とくに，沖縄側の資料から読み取れるさまざまな動きや事件について，琉球軍や極東軍の情報資料のなかで裏付け，双方が共通して記録している事実とともに，認識や情報の差異などに注意を向けた．

これまで，沖縄側の公文書については，いくつかの先行研究がとりあげてきたが，米軍の現地レベルの情報資料を利用し，また，沖縄側の記録と照合した．これによって，これまで沖縄側の資料では曖昧にされていたいくつかの点が明確になり，また，占領の構造のなかでの米軍と住民のさまざまなやりとりや力学が明らかになった．

本書は7つの章で構成されるが，扱う時期によって，大きく前半と後半に分けられる．

前半は，主に沖縄戦から1947年頃までの時期を扱う．まず，第1章では，戦闘から占領への過程を，沖縄戦の過程，軍事基地化や人口変動，そして，沖縄諮詢会記録をもとに軍民関係の形成について論じる．第2章では，1947年7月に結成された沖縄人民党を中心として，占領初期の政治組織の形成と特徴

について考察する．第 3 章は，主に占領初期の社会変容を扱う．また，戦後那覇の「復興」の中心であった「みなと村」，労務管理とフィリピン・スカウト，さらに労働組合について考察する．第 4 章は，占領初期の政治組織の形成について考察する．

後半は，1948 年から 1950 年までの時期を扱う．まず，第 5 章では，沖縄の戦後の最初の転換点として，主に 1948 年の国家安全保障会議文書 NSC13 シリーズにおける沖縄について，アメリカの対アジア政策のなかで考察し，また，「沖縄の恒久基地化」を東アジア冷戦体制の形成のなかで再検討する．そして，1948 年の沖縄における食糧停止問題を扱う．第 6 章は，1949 年から 1950 年に至るシーツ施政の時代を取り上げる．そして，第 7 章では，占領初期沖縄における民主主義のさまざまなありよう，あるいはその政治的空間に焦点をあて，とくに「民主」という主題について，1949 年の沖縄議会の動きや「人民戦線」，さらに群島知事選挙の過程を考察する．

1) 国場幸太郎「沖縄の日本復帰運動と革新政党――民族意識形成の問題に寄せて――」『思想』1962 年 2 月号．国場幸太郎は，1929 年生．米軍占領下の沖縄から留学生として東京大学経済学部で学び，1953 年に沖縄に戻り，米軍政下で人民党員となる．米軍による拉致・拷問等を体験．1960 年に上京．著作として，本文で紹介したものの他に，「沖縄とアメリカ帝国主義」『経済評論』1962 年 1 月号，『沖縄の歩み』牧書店，1973 年他．また，加藤哲郎他共編『戦後初期沖縄解放運動資料集全三巻』不二出版　2004～2005 年がある．また，自伝的な著作として，「回想・私の沖縄経験から」東京大学経友会『経友』1994 年 10 月，「沖縄の人びとの歩み――戦世から占領下のくらしと抵抗――」森宣雄・鳥山淳編『島ぐるみ闘争はどう準備されたか』不二出版，2013 年所収がある．
2) 宮里政玄『アメリカの沖縄統治』岩波書店，1966 年，新崎盛暉『沖縄戦後史』岩波書店，1976 年．また，拙稿「沖縄現代史の展望と方法をめぐって――国際関係研究における一つの理解の試み――」沖縄大学地域研究所『地域研究』第 1 号，2005 年を参照．
3) 宮里政玄編『戦後沖縄の政治と法　1945-1972』東京大学出版会，1975 年．
4) 平良好利『戦後沖縄と米軍基地――「受容」と「拒絶」のはざまで，1945～1972――』法政大学出版局，2012 年，鳥山淳『沖縄／基地社会の起源と相克，1945～1956』勁草書房，2013 年を参照．
5) 新崎が参照した史資料は，1972 年までの沖縄資料センターの資料は，法政大学沖縄文化研究所中野好夫文庫に収められている．また，新崎盛暉の個人所蔵の資料および蔵書は，沖縄大学図書館新崎盛暉文庫に収められている．
6) 南方同胞援護会編『沖縄問題基本資料集』南方同胞援護会，1968 年，中野好夫編『戦

後資料沖縄』日本評論社，1969 年．新崎盛暉『ドキュメント沖縄闘争』亜紀書房，1969年．また，南方同胞援護会の『沖縄問題基本資料集』の成立については，新崎盛暉「私が生きた沖縄史，そして世界史⑧」季刊『けーし風』82 号，2014 年 3 月を参照．

7) Arnold G. Fisch, Jr., *Military Government in the Ryukyu Islands, 1945-1950*, Washington, D.C.: Center of Military History, U.S. Army, 1988. 日本語訳は，沖縄県文化振興会公文書管理部史料編集室編『沖縄県史　資料編 14　現代 2　琉球列島の軍政，1945-1950』宮里政玄訳，沖縄県教育委員会，2002 年．

8) *Ibid.*, p.5. および，同上書，11 ページ．

9) 鹿野政直『戦後沖縄の思想像』朝日新聞社，1987 年．

10) 我部政男「占領初期沖縄における政軍関係」日本政治学会編年報政治学『近代化過程における政軍関係』岩波書店，1989 年．

11) 新崎盛暉「沖縄戦後史序説」法政大学沖縄文化研究所『沖縄文化研究』第 4 号，1977 年．

12) 与那国暹『戦後沖縄の社会変動と近代化――米軍支配と大衆運動のダイナミズム――』沖縄タイムス社，2001 年．

13) この他，社会経済史的な考察としては，松田賀孝『戦後沖縄社会経済史』東京大学出版会，1981 年，川平成雄『沖縄　空白の一年　1945〜1946』吉川弘文館，2011 年等をあげることができる．

14) Partha Chatterjee, *The Politics of the Governed: Reflections on Popular Politics in Most of the World*, New York: Columbia University Press, 2004. とくに，本書に収められている，コロンビア大学における 2001 年度の The Leonard Hastings Schoff Memorial Lecutres の 3 つの講義録は，チャタジーの「政治社会」の理論的な整理をしたものとして参照．

15) Partha Chatterjee, "On Civil and Political Society in Postcolonial Democracies," in Sudipta Kaviraj and Sunil Khilnani, eds., *Civil Society: History and Possibilities,* Cambridge: Cambridge University Press, 2001, pp. 165-178.

16) 知的生産における西洋の参照枠とその転換の課題について，陳光興『脱帝国――方法としてのアジア――』（丸川哲史訳，以文社，2011 年）所収の論文「アジアを方法とする――『脱亜入米』を超える知識状況――」を参照．チャタジーの「政治社会」の理解とその参照の方法について，陳の議論から多くの示唆を得た．

17) 代表的な研究書として，宮里政玄『日米関係と沖縄』岩波書店，2004 年，宮城悦二郎『占領者の眼――アメリカ人は〈沖縄〉をどう見たか――』那覇出版社，1982 年，松田賀孝『戦後沖縄社会経済史』東京大学出版会，1981 年，琉球銀行調査部編『戦後沖縄経済史』琉球銀行，1984 年，河野康子『沖縄返還をめぐる政治と外交――日米関係史の文脈――』東京大学出版会，1994 年，我部政明『戦後日米関係と安全保障』吉川弘文館，2007 年，ロバート・エルドリッヂ『沖縄問題の起源――戦後日米関係における沖縄――』名古屋大学出版会，2003 年，平良，前掲書等を参照．

18) ロバート・エルドリッヂ『沖縄問題の起源――戦後日米関係における沖縄――』名古屋大学出版会，2003 年．

19) 宮里政玄『日米関係と沖縄』岩波書店，2004 年．
20) 白永瑞「連動する東アジア，問題としての朝鮮半島」『世界』2012 年 6 月号および「『核心現場』で見いだす東アジアの共生の道」MAT アジア現代思想計画那覇事務局『沖縄／アジア現代思想』第 1 巻，2015 年秋刊行予定を参照．

第 1 章
戦闘から占領へ

1　沖　縄　戦

　第二次世界大戦は，世界史において類例を見ない膨大な数の犠牲者を生み出した戦争であった．日中戦争を含め，6000万以上ともいわれる犠牲者は，その数の多さもさることながら，そのうちの半数以上が民間人であることを考えれば，いかに第二次世界大戦が歴史的に重く，その後の社会発展のみならず，一般民衆の歴史意識や記憶に影響を及ぼすものであるかがわかる．沖縄は，その大戦の最終局面に日米両勢力が激突した戦場であった．

　沖縄戦の最も深刻な特徴は，「軍民一体」化された戦場における甚大な住民被害の規模と多様性にある．「軍民一体」とは，軍事組織と住民が対等な関係において単純に「一体」となるということではない．むしろ，その真逆であり，上意下達の関係を極限にまで突き詰めたものであった．今日なお，沖縄戦の犠牲者とその実相は正確に把握されているとは言い難く，徹底した上意下達の権力関係のなかでの沖縄の住民の死亡は，日米両軍の正規軍人の死亡者総数をはるかに上回るものであった．また，日本軍による住民虐殺や「集団自決」，餓死，疎開中の遭難，強制移住にともなうマラリア禍など，その死のありようも複雑であった．

　日本軍が沖縄戦のなかで沖縄住民に強いたイデオロギーは，「天皇の軍隊」の戦争を支える「軍官民共生共死」であった．夥しい数の住民の犠牲は，沖縄の近代経験，とりわけ「皇民化」のもたらした人間疎外の結果とも言えるだろう．沖縄戦が日本にとって「捨て石」の戦闘であり，「本土決戦」を控えた前哨戦として，「国体護持」を絶対的条件とする戦争終結を前提とした長期的な

持久戦であったことが問題の根本から消えることはない[1]．天皇を中心とする日本国家の同心円的権力関係のなかで周辺に位置づけられた沖縄は，そうであるがゆえに，逆に強力にそのイデオロギーに結びつけられた．そして，日本の対外関係における勢力の緩衝地帯として位置づけられることによって，日本帝国主義の敗北が実現された場となった[2]．

しかし，米軍は沖縄を「解放」するためにやってきたわけではなかった．米軍にとって沖縄はあくまで日本降伏に向けて多大な費用と人員を注ぎ込んで攻め上がった太平洋戦線の到達地点であり，新たな拠点であった[3]．激しい戦闘の末，はっきりとした権力交替をもって米軍は沖縄の新しい統治者となった．従って，沖縄には，日本が敗れたからといって「権力の空白」はなく，住民は米軍との新たな権力関係に直面した．米軍は上陸と同時に，米国海軍軍政府布告，いわゆる「ニミッツ布告」を発布し，「南西諸島及其近海並ニ其居住民」に対する日本政府のもつすべての行政権の停止と，北緯30度以南の政治および管轄権を米軍が掌握したことを宣言した．

ここで，沖縄戦から米軍支配への連続性について，二つの根本的な問題を提出しておきたい．一つは，大戦末期に日本軍守備隊配備により始まった「全島要塞化」である[4]．米軍による沖縄の軍事要塞化は，大戦末期，日本軍が琉球諸島各地に建設した日本軍飛行場を基礎とし，その開発によって作り上げられた．日本軍による沖縄の軍事要塞化は，1943年中旬頃から始まり，1944年3月，日本軍大本営が北緯30度以南の南西諸島を守備範囲とする日本軍第32軍設置を発表したことにより本格化した．第32軍の任務は，「南西諸島」全域での飛行場建設と周辺海域の防衛であった．このとき作られた飛行場は，北飛行場，中飛行場，南飛行場，東飛行場，小禄飛行場，および伊江島飛行場であった．日本軍は，飛行場建設にともなう労働力を住民の動員によって調達し，勤労奉仕隊を組織し，また，朝鮮から軍夫が動員された[5]．

米軍は，1945年4月の上陸直後から，日本軍が作り上げた基盤の上にさらに大規模な飛行場修復・拡張工事をおこなった．とりわけ，読谷，北谷，嘉手納，伊江島の飛行場には力が注がれた[6]．米軍による沖縄の軍事要塞化は，軍事的技術が空軍力にその主軸を移していく第二次大戦から冷戦の移行期において，日本軍から米軍に，いわば引き継がれたようなものである．

二つ目に，戦後沖縄の社会変動は，米軍基地の存在をその主要な規定要因としており，その起源は大戦末期の日本軍による「全島要塞化」の過程にさかのぼる．戦闘にともなう兵力強化，住民の疎開や避難，死亡，そして収容所への移動といった大規模かつ急激な人口と社会の変動である．沖縄に投下された日本軍の兵力は，当初，地上部隊は少数であったが，1944年6月，米軍のサイパン島上陸を契機として守備強化され，同年7月には，実戦部隊の配備によって，陸海軍あわせておよそ12万人が配備された．日本軍が沖縄の物質的空間的社会的地位を占めるようになると，住民は脇へおいやられ，1944年10月の十・十空襲で那覇が被害を受けたことから，さらに疎開が進められた．沖縄戦直前までにおよそ8万人が日本本土および台湾へ疎開したが，いよいよ沖縄戦が不可避なものとして認識されると，1945年2月には，県外への住民疎開は停止された．そして，住民の北部地域へ移動が代替として計画されるが，それも十分ではなかった．十・十空襲直後，泉守紀知事が「出張」の名目によって沖縄を脱し，そのまま県外へと転任したため，戦時体制下の沖縄県の行政機構は停止したも同然に放置されていた．1945年1月，後任の島田叡は，もっぱら「兵糧攻め」を予想した住民の食糧や避難経路の確保に追われ，その作業も十分でないまま，米軍上陸に至った．結果，多くの住民は戦場にとり残され，戦闘に巻き込まれて命を落とした[7]．

　1945年4月，米軍は，沖縄島中部西海岸上陸後，そこから東海岸に抜ける線を起点として島を南北に分断する形で戦闘を開始し，沖縄は北上する戦線と南下する戦線によって，戦況の異なる二つの位相に分けられた．北部への掃討作戦において，米軍は4月7日には名護，16日には本部半島と伊江島に到達し，21日には伊江島が占領下に入った．また，13日には沖縄島最北端の辺戸岬に到達し，米軍は上陸後わずか3週間で北部地域を占領した[8]．一方，南部地域は，4月19日，首里の日本軍司令部の外郭を埋める拠点であった牧港・浦添の攻撃を皮切りに激戦となった．5月14日，米第10軍の主力部隊であった米陸軍第24軍団が首里に到達し，さらに南部方面への戦闘を開始した．5月22日，日本軍第32軍沖縄守備軍は首里の司令部放棄を決定，南部方面に移動した．このため，戦闘は南部全域に拡大し，住民は島の南端に閉じこめられる形となり，甚大な数の民間人犠牲者を出した．米軍は，6月20日，最南端の摩

文仁に到達し，6月23日，司令官牛島満陸軍中将の死亡をもって日本軍第32軍の組織的戦闘（米軍の「アイスバーグ作戦 Operation Iceberg」）は終了したとされるが，その後も敗残兵の拿捕や住民の保護が続いた[9]．

沖縄県援護課による沖縄戦戦没者数は，沖縄県以外の出身の日本兵6万5908人，沖縄県出身の軍人軍属（学徒隊等を含む）2万8228人，一般住民およそ9万4000人，米軍人1万2520人，総数20万656人とされており，うち沖縄県出身者総数が12万2228人で，全体のおよそ6割を占める．このなかで，米軍及び日本軍については，比較的戦没者数は信用できるものとされるが，一般住民についてはあくまで推定であり，また，戦時マラリアによる死亡，戦闘終結後の餓死，病死などを含めると，およそ15万人に上るであろうとも言われている．さらに，日本植民地支配下に置かれていた朝鮮から日本軍に徴用された軍夫や慰安所にいた女性たちが1万から2万人ほどいたと見られるが，その戦没者は概数すらもはっきりとしておらず，依然として調査は不十分である．

米軍は日本軍第32軍との戦闘と併行して，占領下におさめた地域に漸次軍政を布いた．1945年4月，米第10軍司令官サイモン・B・バックナー〔Simon B. Buckner, Jr.〕陸軍中将が軍政長官に就任したが，6月18日，バックナーが前線視察中に死亡し，後任にロイ・S・ガイガー〔Roy S. Geiger〕海兵少将が軍政長官に就任した．「アイスバーグ作戦」の遂行と併行して，4月以降，米軍政府は沖縄島各地の軍政地区での活動を始めた．7月，米陸軍のジョセフ・W・スティルウェル〔Joseph W. Stilwell〕大将が軍政長官に就任し，9月には日本軍と米軍の間で終戦調印式が行われた．その間，住民は主に北部地域に設置された民間人収容所に隔離された．

2 沖縄の国際的地位

ここで，沖縄戦に至るまでの米国政府における戦後の沖縄に関する討議はどのようなものであったのかについて触れてみたい．代表的な研究である宮里政玄の研究等を参照すると，それは日米開戦の翌年，1942年半ばまでさかのぼることができる[10]．43年，国務省特別調査部の極東班は，戦後対外政策諮問委員会（Advisory Committee on Postwar Foreign Policy）の下部委員会

であった領土小委員会（Territorial Subcommittee）に二つの草案を提出した．

今日，「マスランド文書」として知られるこれら二つの文書は，本来領土小委員会の管轄事項とされた日本の領土処理に関して，政治史及び戦略的な観点から関心を持った政治問題小委員会（Political Subcommittee）と安全保障小委員会（Security Subcommittee）の二つの小委員会における42年8月の結論を踏まえ，沖縄の戦後処理について三つの案を提示している．

第1案は，琉球が日本との間に文化的，行政的，経済的紐帯を有することを認め，日本を武装解除することを条件として，日本の主権のもとに残すという案であった．第2案は，安全保障上の要請に基づいて，琉球を日本の主権から切り離し，国際機関の管理下に置くことであった．しかし，マスランド文書では，日本からの沖縄の分離は日本との間で将来の問題の原因となると予想し，安全保障上の分離が正当化し得るかどうか疑問であるとして，分離には消極的な見解を示した．第3案は中国への委譲を提案していたが，これについては，マスランド文書では，中国の琉球の返還要求の歴史的根拠は薄弱なものとして，かなり消極的であった．

こうした国務省での戦後処理に関する検討が断片的ではあるが進められると同時に，この時期，アメリカの軍部でも戦後の安全保障に関する検討がおこなわれた．軍部の関心は，特に日本の委任統治下に置かれていた太平洋諸島に注がれていた．43年，統合参謀本部（Joint Chiefs of Staff, 以下，JCSと略す）では，太平洋諸島に海軍及び航空基地を求める内容の検討がおこなわれた．しかし，ヘンリー・L・スティムソン〔Henry L. Stimson〕らがそれら島嶼に対する主権獲得を主張したのに対し，フランクリン・D・ルーズベルト〔Franklin D. Roosevelt〕大統領及び国務省は，大西洋憲章における「領土不拡大原則」は，太平洋諸島における軍事基地建設を妨げるものではないものの，その方法は主権の獲得によるのではなく，信託統治によると主張していた．

琉球諸島は，必ずしも明確にこうした信託統治の具体的な検討の対象地域となっていたわけではない．もちろん，軍部は戦後の基地計画を検討するなかで琉球に関して言及している．だが，依然としてその「戦略的重要性」の指摘はなく，日本委任統治領であったマーシャル諸島やマリアナ諸島等とは異なり，米国の排他的管理ではなく，あくまで国際管理下を想定するものであった．

第1章 戦闘から占領へ

　1943年11月，ルーズベルト大統領，ウィンストン・チャーチル〔Winston Churchill〕英首相，そして蔣介石〔Chiang Kai-shek〕中華民国国民政府主席はカイロ会談をおこなった．1943年の戦局の変化は，大戦の重心がアジアに移っていく段階であり，米英にとっても，ソ連への牽制，また日本との関係において，中国の存在は重要なものとなりつつあった．

　カイロ宣言では，戦後の日本の領土について，次のように記されている．

　　右同盟国〔米英中〕ノ目的ハ日本国ヨリ一九一四年ノ第一次世界戦争ノ開始以後ニ於テ日本国カ奪取シ又ハ占領シタル太平洋ニ於ケル一切ノ島嶼ヲ剥奪スルコト並ニ満州，台湾及澎湖島（ほうこ）ノ如キ日本国ガ清国人ヨリ盗取シタル一切ノ地域ヲ中華民国ニ返還スルコトニ在リ
　　日本国ハ又暴力及貪欲ニ依リ日本国ノ略取シタル他ノ一切ノ地域ヨリ駆逐セラルヘシ [11]

　カイロ宣言のなかでは琉球に関する言及はない．しかし，この会談のなかで，ルーズベルト大統領は，中国が琉球の保有を要求する意図があるかどうか，蔣主席に問い，蔣はこれに対して，米中共同委託管理を提案し，保有を主張しなかった．これはカイロ宣言正文には盛り込まれなかった．蔣はアメリカに配慮した受動的態度であったとされるが，具体的には，蔣とルーズベルトはこのとき，琉球問題と同時に，東北四省，台湾，澎湖諸島について議論するなかで上記の発言をしている．これらの地域と琉球の差異は，前者は中国が直接行政管轄していたのに対し，後者は朝貢関係における宗属関係であり，また，同じく朝貢国であった朝鮮やベトナムとは異なり，琉球には強力な独立運動が存在していなかったという理解から，朝鮮問題の扱いとも異なっていた．

　また，カイロ会談では，アメリカとの間でのやりとりと同時に，中国にとってより直接的に権益に関わる香港・九龍（きゅうりゅう）問題やチベット問題等をめぐる，戦後も帝国統治と植民地支配を維持ないしは回復しようとするイギリスとの交渉に確執が生じていた [12]．

　戦況が進む1944年暮れになると，米国では，枢軸国の政治・軍事に関する戦後処理を話し合う国務・陸・海軍三省調整委員会（State-War-Navy Coordinating

Committee，以下，SWNCC と略す）が設置された．

　沖縄戦の始まる直前の 1945 年 3 月中旬，「極東における政治・軍事問題─領土調整」と題された文書，SWNCC59 が承認された．この文書のなかに，台湾，朝鮮，南樺太，小笠原，旧日本委任統治領などの戦後処理とあわせて，琉球に関する討議が勧告されていた．三省調整委員会は国務省に文書の起草を要請し，同時に統合参謀本部に対してもこの問題を討議するための代表を求めた．

　このように国務省と軍部の間での討議手続が進められたが，実際には，国務省が文書を起草し，提出するのは 1946 年 6 月まで待たなければならなかった．そして，その間に，それまでの国際機関のもとでの基地建設の主張は徐々に退けられ，軍部の側では，沖縄戦を契機として，日本からの分離と沖縄の排他的統治が方向づけられていくことになった．

　米軍が沖縄島に上陸すると間もなく，JCS はダグラス・マッカーサー〔Douglas MacArthur〕元帥に日本本土攻略戦の計画と準備の指令を出し，そこでは日本の範囲から北緯 30 度以南の南西諸島は除外された．また，ジョージ・C・マーシャル〔George C. Marshall〕陸軍参謀総長は，沖縄戦の終結宣言の後，ポツダム会談の直前，1945 年 7 月 3 日，ハリー・トルーマン〔Harry S. Truman〕大統領に対して，琉球と小笠原に米軍基地を置き，その他の日本の領土は非軍事化されるべきであると伝えている．マーシャル参謀総長は，琉球がフィリピンやマリアナ諸島など，米国にとって「死活的戦略的重要性を有する地域」に対する攻撃を阻止し，また，戦後に紛争が予想されるアジア地域に近接する基地として，琉球に軍事基地を配備することが望ましいと考えていた．

　しかし，ポツダム宣言の日本の領土に関する条項には，直接，琉球，あるいは沖縄に言及する文言は含まれていない．国務省は，この時点でも，依然，さきに言及した「マスランド文書」に示された立場を保持し，沖縄を日本の一部とみなしており，沖縄の分離が，非軍事化を基調とする日本の戦後処理に不可欠なものであるとは考えていなかった．むしろ，沖縄の分離がよほどの戦略的重要性があるという根拠がなければ，将来の日米関係に対して問題を残すものとなる可能性があり，それは外交的には避けるべき事柄であると考えていた．

　従って，ポツダム宣言の文言では，第 7 項で「日本国ノ戦争遂行能力カ破砕

セラレタルコトノ確証アルニ至ルマテハ聯合国ノ指定スヘキ日本国領域内ノ諸地点ハ吾等ノ茲ニ指示スル基本的目的ノ達成ヲ確保スルタメ占領セラルヘシ」とされてはいるものの，日本の領土のうち，琉球ないし沖縄に言及はなく，また，「吾等ノ決定スル諸小島」に琉球が含まれているかどうかについても，言及を避けるものとなっている．

しかし，現実には，第二次世界大戦末期，太平洋戦線で日本との戦争を戦ってきた軍部は，ジョージ・マーシャルをはじめとして，沖縄の軍事基地としての価値を主張した．そして，沖縄における戦闘と併行して，日本本土攻略戦の前線基地として開発を始め，徐々に既成事実を積み上げていった．

3 「ニミッツ布告」とCIC調査

再び，沖縄戦に戻ると，戦闘の過程で，米軍に保護された住民は北部地域へと移された．住民の収容人数の推移は，沖縄戦の戦況を如実に反映したものである．首里が米軍の占領下に入った5月末までは，週毎に1000人単位の比較的緩やかな増加であるが，6月以降，戦線が南下するに従い，1万人単位の急激な収容人数の増加が見られるようになった．沖縄戦が一応の終結をみた6月下旬にはおよそ22万人，そして7月末には戦闘後の生存者数にほぼ近づくおよそ33万人が北部に集中して収容された．

民間人収容所は，胡座，真栄原，石川，田井等，辺土名，宜野座，漢那，古知屋，久志，瀬嵩，大浦崎の11ヵ所と周辺離島に設置された．民間人収容所が集中した北部地域は，戦前期には総人口の2割，およそ10万人が居住していたが，戦闘から占領の過程で，その3倍以上の人口が集中した．北部地域は，面積的には沖縄島の3分の2近くを占めるものの，そのほとんどが深い森林地帯であり，増加した人口を養い得る余地はなかった．しかし，人口稠密であった中・南部地域は焦土化し，また米軍戦闘部隊の占領地域となったため，米軍は住民に居住を許可しなかった．

また，日本軍の軍人・軍属は，一般住民とは区別され，戦争捕虜として屋嘉の収容所に集められた．しかし，住民の物理的あるいは社会的空間における劣勢に変化はなかった．沖縄戦から占領の過程で，米軍が配備した兵力の規模は，

写真1 民間人収容所に向かう家族．1945年．（沖縄県公文書館所蔵米空軍コレクション第二次大戦8 [0000013377/16-08-1]）

　米陸軍省の沖縄戦正史によれば，上陸直後の4月30日にはおよそ20万人，我部政明が米陸軍西太平洋軍の報告書から明らかにしたところによれば，沖縄戦終結後の9月段階ではおよそ28万9000人であった[13]．その後，米軍は，除隊・復員，さらに日本や朝鮮への兵力移動に伴い，兵力の規模を1945年末までには9万7000人にまで縮小したが，この数字は，沖縄戦が始まる前までに日本軍が沖縄に配備していた兵力とほぼ同規模であった[14]．つまり，沖縄の空間に存在する軍隊の割合は戦闘時期を除き，変わらなかったということになる．
　米軍は，各地区に軍政要員を配置した．軍政要員らのなかには，米海軍語学学校や陸軍情報語学学校（Military Intelligence Service Language School．以下，MISLSと略す）等を通じて日本語を学んでいた者が含まれていた．沖縄に関する情報に関しては，沖縄戦に備えて，1944年11月，米海軍作戦本部が『琉球列島民事ハンドブック（Civil Affairs Handbook）』を作成．さらに，戦略情

報局（Office of Strategic Services．以下，OSSと略す）も『琉球列島の沖縄人——日本の少数民族——』を作成している[15]．

　すでに述べたように，米軍は沖縄上陸に当たって，米第10軍総司令官米海軍提督であったニミッツ元帥の名前で米国海軍軍政府布告第1号，いわゆる「ニミッツ布告」を公布した．戦闘の経過に従い，米軍が制圧した地域が軍政の適用される地域となるが，そうした戦闘と占領が併行する状況の反映として，「ニミッツ布告」は，その公布の日付が空欄となっている．「ニミッツ布告」は次のとおりである．

　　米国軍占領下ノ南西諸島及其近海居住民ニ告グ
　　日本帝国ノ侵略主義並ニ米国ニ対スル攻撃ノ為，米国ハ日本ニ対シ戦争ヲ遂行スル必要ヲ生ゼリ．且ツ是等諸島ノ軍事的占領及軍政ノ施行ハ我ガ軍略ノ遂行上並ニ日本ノ侵略力破壊及日本帝国ヲ統轄スル軍閥ノ破滅上必要ナル事実ナリ．
　　治安維持及米国軍並ニ居住民ノ安寧福祉確保上占領下ノ南西諸島中本島及他島並ニ其近海ニ軍政府ノ設立ヲ必要トス．
　　故ニ本官米国太平洋艦隊及太平洋区域司令長官兼米国軍占領下ノ南西諸島及其近海ノ軍政府総長，米国海軍元帥シー・ダブリュー・ニミッツ茲ニ左ノ如ク布告ス．
　一，南西諸島及其近海並ニ其居住民ニ関スル総テノ政治及管轄権並ニ最高行政責任ハ占領軍司令長官兼軍政府総長，米国海軍元帥タル本官ノ権能ニ帰属シ本官ノ監督下ニ部下指揮官ニ依リ行使サル．
　二，日本帝国政府ノ総テノ行政権ノ行使ヲ停止ス．
　三，各居住民ハ本官又ハ部下指揮官ノ公布スル総テノ命令ヲ敏速ニ遵守シ，本官麾下ノ米国軍ニ対シ敵対行動又ハ何事ヲ問ハズ日本軍ニ有利ナル援助ヲ為サズ，且ツ不穏行為又ハ其ノ程度如何ヲ問ハズ治安ニ妨害ヲ及ボス行動ニ出ズ可カラズ．
　四，本官ノ職権行使上其必要ヲ生ゼザル限リ居住民ノ風習並ニ財産権ヲ尊重シ，現行法規ノ施行ヲ持続ス．
　五，爾今総テノ日本裁判所ノ司法権ヲ停止ス．但シ追テノ命令アル迄，該

地方ニ於ケル軽犯者ニ対シ該地方警察官ニ依リテ行使サルル即決裁判権ハ之ヲ継続スルモノトス．

六．本官又ハ本官ノ命令ニ依リ解除サレタル者ヲ除ク総テノ官庁，支庁及町村又ハ他ノ公共事業関係者並ニ雇傭人ハ本官又ハ特定サレタル米国軍士官ノ命令ノ下ニ其職務ニ従事ス可シ．

七．占領軍ノ命令ニ服従シ平穏ヲ保ツ限リ居住民ニ対シ戦時必要以上ノ干渉ヲ加ヘザルトス．

八．爾今，布告，規則並ニ命令ハ本官又ハ本官ヲ代理スル官憲ニ依リ逐次発表サレ，之ニ依リ居住民ニ対スル我要求又ハ禁止事項ヲ明記シ，各警察署並ニ部落ニ掲示サル可シ．

九．本官又ハ本官ヲ代理スル官憲ニ依リ発布サレタル本布告，他ノ布告並ニ命令又ハ法規等ニ於テ英文ト其他ノ訳文ノ間ニ矛盾又ハ不明ノ点生シタル場合ハ英文ヲ以テ本体トス[16]．

本布告により，米軍は占領した沖縄群島地域における日本のすべての政治行政権の停止（権限の停止）を宣言した．

ポツダム宣言受諾によって敗北した日本では，フィリピンのマニラにいた米陸軍のマッカーサー元帥が連合国最高司令官に任命された．日本降伏の翌日，1945年8月16日，マニラの連合国軍総司令部は「即時停戦」を命じた．そして，降伏受理の調整のため，日本政府・大本営から全権委員がマニラに送られ，日本軍の武装解除や占領軍の日本進駐開始時期，降伏調印の準備などが行われた．

8月30日，マッカーサー元帥は厚木飛行場に到着し，9月2日には，東京湾に停泊する米軍艦船ミズーリ号上において，連合国への降伏文書の調印がなされた．この過程で，マニラに送られた日本政府全権委員，また，マニラからのマッカーサー初め連合国要員は，すべて米軍占領下にあった沖縄・伊江島飛行場を経由した．

日本軍の武装解除は，8月末のマニラにおける会談で連合国から日本政府に手交され，9月2日の降伏調印の際に公布された一般命令第1号に沿って行われた．琉球諸島に関する記述のある項目は次のとおりである．

日本国大本営並ニ日本国本土，之ニ隣接スル諸小島，北緯三十八度以南ノ朝鮮，琉球諸島及「フィリピン」諸島ニ在ル先任指揮官並ニ一切ノ陸上，海上，航空及補助部隊ハ合衆国太平洋陸軍部隊最高司令官ニ降伏スヘシ[17]

　琉球諸島における降伏調印は，1945年9月7日，嘉手納基地内にあった米第10軍司令部にておこなわれた．日本軍第32軍は牛島満司令官が死亡していたため，守備軍を代表して宮古島にいた第28師団長納見敏郎陸軍中将，奄美群島陸軍司令官高田利貞陸軍少将及び加藤唯雄海軍少将らが召還され，降伏文書に署名し，米第10軍司令官であったスティルウェル陸軍大将が受託した．
　一般命令第1号によれば，琉球諸島は「日本国本土」や「之ニ隣接スル諸小島」と同様の項目の中に明記され，また，同じ米太平洋陸軍の部隊及びその司令官に対して降伏すべき地域とされている．しかし，琉球諸島は決してそれらの一部としてではなく，「日本国本土」とは別に，「北緯三十八度以南ノ朝鮮」「フィリピン」とともに併記されている．さきにも述べたように，「日本本土」の占領は，米軍が中心であるとはいえ，あくまで連合国によるものであり，また，ポツダム会談におけるチャーチル英首相の修正により，占領改革は日本政府を通じた「間接占領」となったが，琉球諸島については，一般命令第1号に見るように，その国際的地位は不明瞭なまま，「日本国本土」とは切り離され，降伏調印と日本軍の武装解除後も，米軍はそのまま軍政を継続した．
　沖縄の戦闘後の状況に戻ると，軍事占領と北部地域への住民人口の集中という条件の下，米軍政府は，7月上旬より中央機構の計画および住民代表者の選定をおこなった．中央機構については，米軍政府内部でいくつかの案が提出されたが，住民との関係では，7月7日の「沖縄中央会議 Central Okinawan Council」が最も早く取り組まれたものであった．
　この会議は，北部地域の各軍政地区からの住民代表者によって構成され，緊急課題として，衛生問題や住居，食糧供給および生産，離散家族の対応，潜伏中の日本兵の捕縛などが話し合われた．また，7月21日にも同様の会議が開催された[18]．記録によれば，米軍政府は，これらの会議の実践が「新しい全島的評議会 new island-wide assembly and council」の基礎となり得ると判断し，

また，中央機構については，実行委員（警務，衛生，救済，商工，農業の五部門）と「公衆代表者」，村長，各地区警察長からなる会議を構想した[19]．

　しかし，同時に，米軍政府では，軍政の遂行上のより効率的な方法として，中央機構については15名の委員で構成される諮詢委員会を設立し，これを米軍政府に対して「純粋に諮詢する」機関として位置づけ，また委員会の長が「民間人代表 civilian chairman」として米軍政府副長官に直結するという案が提出された[20]．これが沖縄諮詢会の設立に結びついていくが，実践としては住民による「沖縄中央会議」について先行して住民に情報が与えられており，米軍政府はこの実践をまったく無視する訳にはいかなかった．後に触れるが，沖縄諮詢会設立においても，諮詢会執行部の他に，「民意を代表する機関の設立」という課題が中心議題として扱われた．

　住民代表者の選定は，占領当初から住民に対しておこなわれていた対敵諜報部隊（Counter-Intelligence Corps，以下，CICと略す）による尋問をもとに，7月上旬より各軍政地区で遂行された．各軍政地区で選定された人物は，米軍政府でさらにふるいにかけられ，最終的に128名が決定された．

　ここで，CICによる調査がどのようなものであったか，少し触れておきたい．その尋問項目は，沖縄諮詢会の社会事業部長となり，後に沖縄民主同盟を結成した仲宗根源和の記録から引用すると，以下の通りである．

　1．氏名（漢字及び片仮名）
　2．住所（郡町村番地）
　3．職業
　4．会社の名称
　5．勤務別詳細
　6．教育程度
　7．外国に行ったことがあるか．何時行って，何時帰ったか（何れの国に居たか）
　8．外国に親類が有りますか
　9．内地に行った事があるか．何時行って，何時帰ったか．何をして居たか
　10．外国語を話しますか

第 1 章　戦闘から占領へ　　　　　　　　　　　　　37

11. 日本陸海軍に夫か兄弟または親類が有りますか．その氏名，部隊名，階級
12. 結婚しているか．子供は幾人あるか
13. 兵役に服したか．何故兵役に服しなかったか
14. 其の村に防衛隊がありますか．隊長の階級，氏名，隊の人数武器等
15. 在郷軍人に就いて
16. 愛国婦人会に就いて
17. 憲兵隊に就いて
18. 青年団に就いて
19. 日本軍情報部に就いて
20. 労働組合，農業会，商業組合，或は他の団体の会員でしたか
21. 其の村の偉い人を知っているか（村長か医者か郵便局長か）
22. 此の安全地帯に友だちが有りますか．其の氏名 [21]

　CIC による尋問は，基本的に日本軍第 32 軍沖縄守備隊の作戦に関する情報を収集し，また住民を日本軍から引き離すことを目的としていた [22]．沖縄戦は「軍民一体」の地上戦であり，日本軍の組織と住民の距離は近く，米軍は住民からの情報を重視した．例えば，司令官牛島満の死後，知念半島に潜伏していた第 32 軍高級参謀八原博通大佐の捕縛は，住民の情報が決め手となった [23]．尋問項目で言えば，11，13，14，19 がこの目的にそったものである [24]．

　尋問項目のなかで，住民代表の選定に関連するのは，3 から 6，20，21 の，戦前の職業や地域での役割，7，8，10 といった海外移住の経験に関わる項目，さらに 15 から 18 のような，「愛国婦人会」「憲兵隊」とのかかわりなど，戦時体制への協力を問う項目である．

　しかし，沖縄戦が一応の終結をみた 7 月以降も，CIC 調査はそれほど順調であったとは言い難い．すでに触れたように，北部地域一帯は，住民地区や民間人収容所が米軍管理下にあるとはいっても，日本軍の遊撃隊の敗残兵が多く潜伏したままであり，住民は CIC 調査への積極的な協力に応じることに躊躇する場合があった．これは，潜伏する敗残兵から「対米協力者」としてスパイ嫌疑を受けることを恐れたためだが，とくに，海外移住の経験をもつ者の場合は，

その語学の能力を隠したり，経歴を明かさないなどの慎重さが見られた[25]．だが，米軍政府は，住民管理の効率化の必要から，英語を解するハワイや北米移住の経験をもつ者に対して，住民と軍政との間のコミュニケーション・ギャップを埋める役割を期待し，学識経験がなくても，具体的な通訳や治安維持の役割が与えられた[26]．このとき，米軍政府がハワイ・北米移住経験者に「アメリカ合衆国への忠誠」を求めた形跡はなく，また，「反日的」「親米的」という基準もなく，むしろ，「軍政に協力的」かどうか，あるいはその可能性を基準とした．

　ここで，戦後沖縄において指導層を形成した人物に関するCIC調査と選定がどのようなものであったかについて，いくつか触れておきたい．まず，沖縄諮詢会で工務部長となり，1960年代には琉球政府行政主席を務めた松岡政保について，この時点での米軍政府の松岡に対する信頼はそれほど大きいものではなかった．松岡政保は，1897年に金武に生まれ，15歳で父とともにハワイに渡り，サトウキビやパインのプランテーションで労働した後，住み込みのボーイなどをしつつ，米本土のカリフォルニアやインディアナで就学し，電気工学のエンジニアとなった．1933年，松岡は帰国し，本来の「宜野座」姓から「松岡」へと改姓し，日本本土で軍需工場の製造課長などを務めた．そして，1936年からは沖縄製糖に勤務していた[27]．沖縄戦終結時，松岡は宜野座の住民地区におり，松岡に関する地区担当の米軍政府将校のコメントは，「彼は大変能力があり，英語の知識はD-4（米軍政府の宜野座地区分遣隊：引用者注）との交渉能力に生かされている．しかし，彼の信頼性は十分には確立されていない」というものであった．また，別の記録では，松岡は「多少日和見主義的」，さらには，「コロンビア大学大学院で教育を受けた」という自己申告について「調査の結果，確認できない」と記されている[28]．しかし，こうした評価があったとしても，米軍政府にとって，経歴や能力からいって松岡政保以上の語学能力を他に見いだすことはできなかっただろうし，松岡は十分米軍政府に対して協力的な姿勢を示していた．

　沖縄諮詢会で社会事業部長となった仲宗根源和は，1945年5月という早い時期に米軍に接し，CIC調査の補助員を務めている．7月10日付の米軍政府田井等地区の分遣隊の報告によれば，仲宗根は中央機構形成のための人物選定

の筆頭にあげられており，それは，CIC 調査への協力が理由となっている[29]．仲宗根は，1895 年国頭村本部に生まれ，沖縄師範学校卒業後上京，教員や出版業に関わる一方，徳田球一らとともに第一次共産党結成にかかわった．しかし，1925 年，共産党の一斉検挙で投獄され，1927 年の特赦出獄後は共産党の活動からは遠ざかった．1939 年に沖縄に戻り，1942 年には沖縄県議会議員に当選した[30]．こうした経歴は CIC の知るところであり，仲宗根は，CIC が，尋問のなかで徳田や志賀義雄といった日本共産党幹部に関する質問をしたとしている[31]．しかし，CIC は，こうした尋問から多くの有用な情報を得られたとは思われない．松岡政保にせよ，仲宗根源和にせよ，住民代表者選定における CIC の評価の最も重要な基準は，米軍政府への協力の度合いによってはかられていたと言えるだろう．

　では，沖縄の指導層のうち，大政翼賛会に関与した，いわば「対日協力」と見なされる人物についてはどうだろうか．米軍政府は，戦前沖縄県の大政翼賛会幹部を務めた人物として，當間重剛や平良辰雄を住民代表者の選定候補から除外した[32]．當間重剛は，1950 年代後半に，松岡政保同様，琉球政府の任命主席を務めた人物であるが，1941 年から沖縄戦まで，沖縄県の大政翼賛会支部事務局長であった．當間は，1895 年に那覇に生まれ，京都帝国大学を卒業後，神戸，長崎，沖縄の裁判所で判事として勤務した後，1925 年から那覇で弁護士として開業した．1933 年から 1939 年まで那覇市助役を務め，さらに 1939 年から 1942 年まで那覇市長であった[33]．當間に対する米軍政府分遣隊の評価は，「この人物は，真栄原地区において，高い価値を有し，また能力があるように思われる」というものであった．経歴から言っても，當間は戦前の沖縄の政治行政に関する知識や経験が最も豊富な人物の一人であることは確かであり，分遣隊は，彼が大政翼賛会幹部であったにもかかわらず，住民代表者選考の候補者として指名した[34]．しかし，8 月 6 日付の記録によれば，米軍政府の軍政本部がおこなった人物選定では，「仮沖縄人諮詢会」参加予定者名簿から「除外」とされた[35]．

　1950 年に沖縄群島知事となり，また，沖縄社会大衆党結成に参加した平良辰雄もまた，當間重剛と同じく「除外」の対象となった．平良は，1892 年大宜味村に生まれ，沖縄第一中学校を卒業した後，進学のために本土に行くが，

中途退学して沖縄に戻り，1918年から国頭郡の官吏となり，主に農業関係の行政指導に当たっていた．第二次大戦末期には，當間同様，大政翼賛会幹部であった[36]．平良もやはり米軍政府の分遣隊での住民代表者選定で指名を受けていたが，軍政本部での選定の際に「除外」された．しかし，平良辰雄は，住民のなかでの影響力は大きく，9月には住民の一般選挙による田井等地区の市長に選出され，市長会などを通じて米軍政府との交渉に関与した．

當間重剛も平良辰雄も，その「除外」の理由は戦前の大政翼賛会への関与にあるが，その後の米軍政府の扱いは異なっている．沖縄諮詢会の議事録のなかで，當間重剛の名前が確認できるようになるのは，1946年春，沖縄民政府設立目前の時期である．これは，法律の専門家としての當間を中央行政機構のなかに登用するという内容であり，事実上，公職から「追放」されていた當間は，ここでその「追放」を解除されたということになるだろう．一方，平良辰雄は，市長会を通じて沖縄諮詢会や沖縄民政府と住民との交渉に関与したが，中央行政機構の設立そのものには影響力をもたなかった．

後に，実際にCIC調査から住民代表者選定をおこなった米軍政府将校の一人である日系人マルモト・マサジは，政治力から言えば，圧倒的に平良辰雄と當間重剛の支持が大きかったと証言している[37]．しかし，誰を「対日協力者」と見なし，また誰を「除外」するのか，そこに沖縄の歴史的文脈や認識を考慮し，あるいは，住民自身が主体的に関与し，その判断をするためのチャンネルは用意されていなかった．それは，後に触れるが，住民が住民自身による自主的な政治を作り出すための民主的な議決機関，あるいは「知事公選」といった民主主義の実現の機会が与えられず，沖縄諮詢会，あるいは沖縄民政府といった暫定的な代表機関が米軍政府と上意下達的に連結され，さまざまな政治の諸決定が「軍民協議会」「軍民連絡会議」の名の下でおこなわれたということと表裏の関係にある．

4 沖縄諮詢会の設立

1945年8月15日，米軍政府は，沖縄戦で破壊された政治行政機構を構築するため，沖縄諮詢会（The Advisory Council of Okinawa）を設立した．沖縄

写真2　第1回仮沖縄人諮詢会，1945年8月15日．同じ場面の映像が「一フィート映像でたどる沖縄戦」(1995年）に収められている．映像では，米軍兵士が「日本の降伏に喜びをあらわす」住民を撮影するため，人びとにポーズを演出する様子が残されている．（沖縄県公文書館所蔵米海兵隊写真資料14 [0000112257/133492]）

諮詢会は翌1946年4月，沖縄民政府が設立されるまでのおよそ8ヵ月間，過渡的な住民の中央機構として位置づけられた．沖縄諮詢会は，占領統治の円滑化を目的に，米軍が一方的に「上から」準備したものであり，「米軍政府に同調的」な「占領行政の補助機関」であった．しかし，同時に，今日残されている沖縄諮詢会の議事録を精読してみると，第二次大戦終結直後の沖縄における軍民関係の形成とその論理，占領体制と，住民の自主的な政治の創造のせめぎ合いの現場でもあった．

　議事録に繰り返しあらわれるのは，米軍が住民自身による政治の途を制限しようとする態度である．米軍政府の認識は，占領下の沖縄における最適な政治行政機構は，日本との関係のなかで形成された「戦前の体制」であり，「上意下達」の関係であるというものであった．しかし，こうした米軍政府の住民の

自主的な政治に対する認識や態度の背景には，沖縄をアメリカの戦後戦略のなかの「主要基地」とし，自由な軍事的展開を可能にし，なおかつ効率的な占領統治をおこなうという政治的軍事的要求の醸成がある．

第1回仮沖縄人諮詢会が開催されたのは，1945年8月15日であった．これが日本の降伏と同じ日であったという事実について，何らかの米軍側の意図があったかどうかについては不明である．仮沖縄人諮詢会の開会式における軍政副長官 C. I. ムーレー〔Charles I. Murray〕の挨拶によれば，沖縄諮詢会を計画する段階では，早期の日本の降伏を予想できなかったとし，また，ポツダム宣言を受諾した後も天皇は存続し，日本は連合国による占領となるが，沖縄の「復興」は促進されるので心配はない，というものにとどまった．この場で，沖縄の国際的地位，あるいは戦後処理に関する言及はなかった[38]．

米軍政府は，住民代表者に対して「仮沖縄人諮詢会設立と軍政方針に関する声明」を発表し，政治，経済，衛生，労働，教育などに関する方針を示した[39]．そのなかで，とくに住民の自主的な政治については，「自己の問題に就き漸次現在以上の権利を得べき社会，政治，経済組織を可及的迅速且広範囲にわたり設立すること」を主眼とし，米軍政府は「住民に於て此の大なる責任を負担する決意と能力がある事を期待」し，「沖縄の住民が漸次生活の向上と自己の問題に対する自由の回復を期待し得る安定した生活の向上と自己の問題に対する自由の回復を期待し得る安定した制度の設立」をめざすとした．そして，米軍政府の役割は「指導と物質的援助」にあるとし，さらに「然し責任と管理は漸次沖縄の住民に委譲されなければならない」とした[40]．これを文字通りに受け取るならば，住民の自治能力の評価は，単に物質的あるいは社会事業的な範囲を超え，また，「制度」，すなわち行政的領域においても「権利」あるいは「自由」といった政治的領域における課題を伴うものとして理解されていたことになる．さらに具体的には，「住民の政治機関」「住民相互間の関係を律する法規条例」「司法区域」「民間法廷制度」の確立があげられた[41]．

これに加えて，米軍政府は，沖縄諮詢会について，諮詢委員は専門的知識を有し，「各社会階級」を代表する者を選出すること，また「日本の軍部や帝国主義と密接な関係を有する者は望まない」，「御都合主義で米軍の気嫌（ママ）のみを取って自己の利益を考えて居る者は排したい」，「誠心誠意沖縄の福祉に対して

強硬に率直に述べることの出来る」者を希望するとした[42]．これを先の軍政方針とあわせてみると，ここでの米軍政府の施政は，内実は別としても，過去における日本との関係，あるいはアメリカとの関係において，住民が主体的な決断と施政をなし得ると判断していると受けとめられるものであった．

　この第一回の諮詢会において，米軍政府はすでに示した「沖縄中央会議」の計画のうち，「民意を代表する機関」の設立を指示し，その組織機構について成文化するよう求めた．これは沖縄諮詢会のみの主題ではなく，住民代表者全体の討議主題であり，さらに各軍政地区において「住民と共に討究」することを前提としていた[43]．また，米軍政府はその組織方法，代表選出方法などについては，住民からの提案を受け入れるとした．

　これに対して，住民代表者のなかからは，民間代表機関を「民意の反映機関」と位置づけるならば，代表選出方法は一般選挙にすべきであるとの意見が出され，その理由として，「今回の戦争に於て日本の敗戦したる原因は民間の意志を封じた」ことをあげ，「公選の必要」が強調された[44]．これは，沖縄現代史における政治的自主の課題として，歴史的文脈を踏まえつつ，「公選」という具体的課題を提出したものとして重要である．

　一方，沖縄諮詢会について，米軍政府は，15名の執行委員を決定することとしたが，これは米軍政府内部での見解の不安定さを反映するものであった．そして，その選出方法は，住民代表者全員による一般投票ではなく，議長と議長が指名した代表者5名が20名の選定委員を指名し，さらにそれらの選定委員が24名の諮詢委員候補を指名し，そして全体で投票をおこなうというものであった[45]．選出された諮詢委員は，戦前期において沖縄県庁幹部や県会議員を務めていたり，また，公衆衛生や警察などの行政に関する専門的知識を持つ者が多かったりした．ここには，住民主体の決定は優先されておらず，米軍政府の意向が反映されている．そして，こうした選出について，住民代表者の一部から異議があがった．しかし，先に見たような「民意を代表する機関」としての政治機関の設立が全体の目標に掲げられており，これが直ちに米軍政府と住民の深刻な対立的課題にはならなかった．

　こうした手続きについて，住民の側からは「民意を強く反映せしむる」目的から定員増が求められた．また，「軍政府に協力して成績を上げたる比較的若

き人々より」候補者をあげるべきとの意見が出された．これは，単に年齢の問題ではなく，日本の国家主義や軍国主義との関係において問われた疑問と思われる[46]．また，米軍政府の担当将校の一人は，住民の代表の人選について，落ち度があることは予想できたとし，「真に沖縄人を代表して居ないかもしれないが現状に於て出来るだけの努力はした」と述べ，率直に米軍政府の限界を認めた．そして，米軍政府の命令ではなく，住民自身による機関の組織化を促した[47]．

沖縄諮詢会の構成は以下の通りである．括弧内に示したのは，戦前の役職である．

委員長	志喜屋孝信	（開南中学校校長）
幹事	松岡政保	（沖縄製糖幹部）＊工務部長を兼務
総務部	又吉康和	（琉球新報主筆）
財務部	護得久朝章	（沖縄興業銀行重役）
法務部	前上門昇	（県会議員）
教育部	山城篤男	（県立第三中学校校長）＊文教部に改称
文化部	当山正堅	（県会議員）
公衆衛生部	大宜見朝計	（県衛生課長）
社会事業部	仲宗根源和	（県会議員）
労務部	知花高直	（県会議員）
商工部	安谷屋正量	（県工業指導所所長）＊工務部と商務部に分離
水産部	糸数昌保	（県会議員）
農務部	比嘉永元	（県会議員）
保安部	仲村兼信	（那覇警察署長）＊警察部に改組
通信部	平田嗣一	（美里村長）[48]

沖縄諮詢会は，発足後直ちに中央政治行政機構に関する討議を始めた．ここで重要なのは，まず，警察機構の改革が課題とされたことである．1945年までの沖縄の警察機構は，基本的に日本の他府県同様，県庁組織の一部であった．米軍政府は，この段階では，地方行政の完備に重点をおき，警察機構について

写真3 沖縄諮詢会委員とワトキンス．撮影年月日不明．（沖縄県公文書館所蔵エドワード・フライマス・コレクション［0000036621］）

も，戦前まで権限が中央におかれていたとしても，地方行政として委任することを提案していた．また，これは，警察署長の権限は，行政の長から分離するとの提案を含んでいた[49]．

諮詢会での議論は，まず「戦前に於ける日本の警察制度の批判」を出発点とし，警察の非集中化の主張が見られた[50]．こうした展開は，沖縄諮詢会が単に米軍政府の言う「純粋に諮詢する」という範囲に留まっていたというより，沖縄側の主体的な認識として「民主化」が意識されていたことを意味する．また，これは，米軍政府による，警察署長を行政庁より分離して地方行政として委任するという提案とも一致した[51]．ところが，諮詢委員のうち，旧沖縄県警察幹部であった仲村兼信は，警察権をあくまで中央に集中させるという見解を提出した[52]．

仲村兼信は，1896年に北谷に生まれ，1930年代を通じて，沖縄県警察部の

特高課，刑事課，与那原警察署長，首里警察署長を務め，1939年には那覇警察署長という，鹿児島閥の強かった沖縄県の警察人事において，沖縄出身者として最高の地位にまで上り詰めた．1942年7月には，島尻地方事務所長の役職に就き，その後，総動員体制の強化のため，日本軍第32軍沖縄守備隊の受け入れや物資の供出，飛行場建設のための労働力動員にかかわった．また，沖縄戦直前の1944年秋には，国頭地方事務所長となり，疎開業務に従事した[53]．

　結果から言えば，1946年1月には，警察機構は民間警察として，米軍憲兵隊本部に直属する形で再建されたが，この段階では，警察機構の討議はあくまで政治行政機構全体の議論のなかにあり，警察の集中化は承認されなかった．これについては次章で扱う．

　9月上旬，日本の降伏調印，また，米陸軍第24軍団が北緯38度線以南の南朝鮮に上陸したことによって，在沖縄米軍の人員が大幅に削減された．この時期から，米軍政府は沖縄における行政機関および民間代表機関の確立，そして，その基礎となる地方行政機構の整備を加速化させた．米軍政府は沖縄諮詢会の協議に対して，「国際法上の原則として米軍の方針，利害に関しない」ことについて，既存の体制を放棄し，「日本の規則に押へられてできなかった沖縄の慣習」を活かしてよいとの見解を示し，そして「委員会及最高機関」については「承認と権利を与へられるかもしれない」とした[54]．

　この見解で問題となるのは，米軍政府が「米軍の方針，利害」による限定をどのように認識していたかということである．すでに見たように，米軍政府には，この段階では住民の自治能力を行政能力に限定せず，民主的な意思決定を重視する方向が見られた．しかし，日本降伏後，こうした米軍政府の政策の根拠は不安定なものであった．米軍基地化に関連して，沖縄の戦略的位置づけによっては，とりわけ北部地域に集中している住民の旧居住地域への移動や土地収用の問題において，さまざまな米軍政府と住民との間に食い違いやせめぎ合いが生じる可能性があった．すでに諮詢委員等は，全島視察などを通じて，中・南部地域が米軍基地化し，その残りの土地での復興の可能性を危惧しており，また，住民からの旧居住地域への移動および農耕自給回復の陳情を受け，早急な移動開始を希望していた[55]．

　これに対して米軍政府は，米軍基地の動向として，米海軍が計画している太

平洋地域の 9 カ所の基地のうちに沖縄が含まれ，そのため，中城湾地域の村落の居住が困難になる場合があるとの声明を出していた．しかし，同時に，本国の決定はあくまで非公式であると断り，軍政官個人の認識としては，基地は島の一部に限定され，旧居住地域への住民の帰還は促進され得るとも述べた[56]．

こうした発言は，米軍政府の対応が柔軟であったと評価されるべきものではなく，根本的には，沖縄の国際的地位の問題が最も重要な条件として米軍政府を規定していたことのあらわれである．しかし，軍政官のなかには，対日講和条約において，沖縄における実践や意志が考慮に入れられるだろうとの個人的見解を述べた者もおり，諮問会に対して，沖縄の将来について楽観的な印象を与えた[57]．現場にある軍政官は，在沖縄米軍全体のなかの位置づけや米国政府との関係のなかで制約を受けつつ対応していたと考えられるが，しかし，沖縄側にとってみれば，米軍政府の見解は，たとえ個人的な見解と断りがあったとしても，眼前に出てきたものをアメリカを代表するものとして受けとめたとしても何ら不自然なことではない．こうした米軍政府の一連の対応によって，住民のなかに政治的自主や自治の議論を促進したことは想像に難くない．

事実，その直後から，地方行政選挙の準備と中央機構構築の議論が活発化した．地方行政選挙は，市議会議員は 9 月 20 日，市長は 25 日に投票日が定められ，9 月 13 日には「地方行政緊急措置要項」が発表された[58]．この要項によれば，「市」は軍政地区とされ，選挙権および被選挙権は 25 歳以上のすべての男女とされた．また，被選挙権は，警察官と選挙管理委員は除外された．選挙の結果，12 の市の市長と市議会議員が選出され，軍政地区という枠の制約はあったものの，地方行政レベルの意思決定・疎通の経路が一応確保された．

また，中央機構の構築に関する議論は，当初戦前の県政機構を一応の参考としつつ始められたが，議論が進むにつれ，徐々に「県政」が後方に退き，代わりに「憲法」「立法機関」「国家」といった，言葉が出てくるようになった．首長をいかなる制度の下におき，また選出するかが議論の中心であったが，その過程で立法機関設立，司法権の確立などを要求する意見が提出された．例えば，「米大統領の如き制度」「沖縄の自由についても憲法を作りたい」，また民意を反映させるために，「二院制」を検討したいなどの意見があがった[59]．米軍政府も「立法・執権両機関を設くること」との提案をおこない，そこで英・

米・ソ連などの機構との比較を示すなど，先の議論を促進する発言を繰り返した[60]．

しかし，同時に，徐々に対外的な交渉を意識した機構が求められているとの自覚も生じた．しかもその交渉は多角的な交渉ではなく，アメリカとの二者協議を前提としたものとして自覚された．例えば，アメリカから「総督」が来れば，単独の知事よりも委員合議制の方が交渉に有利である．また，逆に単独知事であれば米軍政府との連絡が効率的であるとの見解が出された[61]．つまり，一方で民主的な意思決定を求めながら，他方，目の前の占領者である米軍政府との権力関係を濃厚に意識するというものであった．

人びとの意思がどのようなものであったかということとは無関係に，10月6日，担当軍政官ジョージ・P・マードック〔George P. Murdock〕の突然の本国帰還をもって，議論は打ち切られた[62]．次章で検証するが，以後，9月段階での議論はいっさい不問とされ，また，言論の自由が制限されたことにより，軍民関係は硬化していった．

5　沖縄から朝鮮へ

こうした沖縄における戦後の政治行政機構の再建とその過程を別の角度から，ここでは，同じく，米国の直接占領の下におかれた北緯38度線以南の朝鮮半島をめぐる状況との関係から検討してみたい．1945年8月10日，米国のSWNCCは，朝鮮半島を北緯38度線を境界として，以北をソ連が，以南を米国が管理することを決定した．そして，沖縄に配備されていた米陸軍第24軍団（U.S. Army 24th Corps）が朝鮮半島の占領の任務にあたることを決定した．

米陸軍第24軍団は，嘉数高地，首里，南部戦線における火砲部隊を中心とした，沖縄戦（アイスバーグ作戦）における米軍の主力部隊であった．本来は戦闘部隊であり，軍政を担当する訓練をまったく受けていなかったばかりか，1945年8月の時点では，沖縄での戦闘で疲弊し切っていた部隊であった．しかし，米第24軍団が北緯38度線以南の朝鮮半島における占領の任務を担うことになった．対日参戦後のソ連の南下の速さと首都ソウルの重要性から，最も朝鮮半島に近接する部隊である米陸軍第24軍団が沖縄から「緊急発進（スクランブル）」した

第1章　戦闘から占領へ

のである．この時点で，米国は「カイロ宣言」により，朝鮮の人びとを「解放国民」とする認識を維持していたとされる．

　しかし，米陸軍第 24 軍団の認識のなかでは，朝鮮の「解放国民」の存在を「独立国家建設」と必ずしも結びつけてはいなかった．このことは，1945 年 8 月 22 日付の，創刊されたばかりの戦後沖縄の新聞『ウルマ新報』の記事からも推し量ることができる．この日の紙面には，8 月 15 日の日本の降伏と同時に開催された沖縄諮詢会（第 1 回仮沖縄人諮詢会）の報告があり，その裏面に「発信元及び発信地不明」として，以下のような記事が掲載されている．

> 朝鮮は 1910 年（明治 43 年）に日本に侵略され，爾後数十年に亘って日本の統治を受けた．アジヤ（ママ）諸国の中で独立を失ったのは，朝鮮が初めてであった．それが今次の日本の降伏に依って再び自由を取戻すことが出来るであらう．<u>併しながら朝鮮が独立国として自治政府を樹立するには時期尚早である</u>．あれは三十五年間も日本が統治してゐたので朝鮮人が政治に参与してゐたのが極めて少数であり，従ってこれから指導者が立ち上がり，又民衆が適当な指導者を選定するには尚数年を要するからである．（下線強調，引用者）[63]

　この記事は「発信元及び発信地不明」とされているものである．朝鮮の独立を「時期尚早」とする認識は，『ウルマ新報』の記者のなかから自発的に出てきたものではない．沖縄の記者が書いたものには，わざわざ「発信元及び発信地不明」とは書かれないからである．また，これは他の記事のような外電の翻訳でもなかった．つまり，米第 24 軍団の沖縄から朝鮮への移動に際した情報が米軍側から『ウルマ新報』記者に与えられたものである確率は高い．

　この記事内容は，客観的な情報というよりも，むしろ沖縄社会に向けて発せられたものだった可能性が高い．後に触れるが，沖縄諮詢会の議論のなかで，米軍政府との関係の濃かった委員長の志喜屋孝信や又吉康和らは，沖縄における自主的で民主的な政治機構の確立を「時期尚早」と述べたことを想起すれば，日本の支配を受けていた朝鮮について，その政治主体の自立的な政治が「時期尚早」とされる認識は，朝鮮に対して与えられたものであると同時に，その記

事を通じて沖縄社会を牽制するものとして発せられたのではないかという疑いは，完全には拭えないものである[64]．

　8月30日，連合軍総司令部の指令により，沖縄の米陸軍24軍団とソウルの日本軍とのあいだで無線交信が開始された．ここから9月8日の仁川上陸までの10日間ほどの間に，米軍から日本軍へ35通，日本軍から米軍45通，計80通の電信の往来があった．

　この交信を通じて，朝鮮総督府と日本軍は，解放後朝鮮の治安を日本の憲兵警察に担当させるよう米軍に働きかけ，さらに植民地統治機構を米軍に継承させることで，有利な条件で自ら朝鮮から引き揚げようとし，さまざまに朝鮮人が米軍に対して敵対的であるという先入観を植え付けようとした．

　9月1日の日本軍第17方面司令官上月良夫からの電信では，「朝鮮人中ニハ共産主義或ハ独立運動者アリテ此ノ機会ニ治安ヲ乱サント企ツルモノ」あり，「主トシテ軍隊ヲ以テ治安ヲ維持」する必要を示した．すなわち，現状維持を主張したのである．これに対して，第24軍団司令官のジョン・ホッジ〔John Reed Hodge〕は，「日本軍ハ米軍ガソノ責任ヲ引継グ迄ハ北緯三十八度以南ニ於ケル朝鮮ノ治安ヲ維持スル」こと，そして行政機関の存置を認可した．

　9月3日，米国務省の在朝鮮政治顧問に任命されたメレル・ベニンホフ〔Merelle Benninghoff〕が沖縄に到着し，朝鮮占領の本格的な準備が整えられるが，このときホッジは，朝鮮は「敵国」，つまり「合衆国の敵」であり，「降伏の諸規程と条件が適用される」と述べた．米第24軍団は9月5日に沖縄を出発し，9月8日に仁川に到着した．同日，在朝鮮米陸軍司令部軍政庁（USAMGIK, United States Army Military Government in Korea. 以下，USAMGIKと略す）が設置された．8月12日，軍政長官に就任したアーチボルト・アーノルド〔Archibold V. Arnold〕には，朝鮮総督府の通訳官だった小田安馬の補佐がついた．

　こうした朝鮮総督府と米第24軍団の関係は，解放後の朝鮮人にとっては容易には納得しがたいものでもあった．9月15日，ベニンホフは国務省に対して，次のような政治報告をおこなっている．

　　即時独立と日本人の一掃が実現しなかったために大変な失望がわき上がっ

ている．（略）日本人官僚の排除は世論の見地から望ましいものであるが，当分その実現は難しい．名目的には彼らを職位から解除することができるが，実際には仕事を続けさせなければならない．（略）日本人の下で高級職に就いていた朝鮮人がいても，彼らは親日派と見なされ，ほとんど彼らの主人と同じように憎まれている．総督と警察局長の2人の日本人の追放と，ソウル地域の警察官全員の配置転換は，たとえこれが政府機関を強化することにはならなくても，激怒した朝鮮人をなだめる効果はあると思われる[65]．

沖縄において，こうした朝鮮の状況はどのように報じられていたのだろうか．9月19日付の『ウルマ新報』は，9月15日京城発の情報として，以下のように伝えている．

> ホッヂ米陸軍中将は昨日阿倍信行朝鮮総督を罷免した．ホッヂ中将は又警視庁の日本人の責任者もその職を去るように通告した．日本の統治期間中日本官憲の圧迫に抗して来た朝鮮人はこの移動を欣んでゐる．マッカーサー元帥は既に日本官吏は可及的速やかに米人又は朝鮮人管理におき替えるよう命令を発してをり，<u>ツールーマン（ママ）大統領は聯合国の朝鮮に於る統治策がやがて発表されるであらうが，その時迄は米軍の手に依って統治されるであらうと言明した</u>（下線強調，引用者）[66]．

『ウルマ新報』記者の朝鮮に対する関心は，いつ，どのようにして朝鮮において朝鮮人による政治がおこなわれるか，あるいは，より本質的には，米軍がいつまで朝鮮を管理するつもりなのかという点に注がれている．当然それは，沖縄を見るときの参照となるものである．

米軍のアーノルド軍政長官は，10月8日，解放後各地で自生的に起こった人民委員会や人民共和国声明といった朝鮮人による建国運動を否定した．ちょうど時を同じくして，沖縄における軍政の方針もまた，沖縄諮詢会における議論をみると，「民主的決定機関」に関する議論が軍政府によって否定され，占領統治機構に上意下達的に結びつけられた沖縄民政府の構想を「戦前の体制の

再建」として位置づけるという方向へと変化している[67]。

1) 沖縄戦については，琉球政府編『沖縄県史』第 8 巻各論編 7「沖縄戦通史」琉球政府，1971 年，大田昌秀『総史沖縄戦』岩波書店，1982 年，大城将保『沖縄戦』高文研，1995 年他参照。
2) 近現代史における沖縄の位置づけについては，我部政男「日本の近代化と沖縄」『岩波講座　近代日本と植民地 1　植民地帝国日本』岩波書店，1992 年等を参照。
3) アメリカ側の沖縄戦史としては，代表的なものとして，米陸軍戦史編纂所がまとめた，Roy E. Appleman, et.al., *Okinawa: The Last Battle*, Washington, D.C.: Center of Military History, U.S. Army, reprinted edition, 1991 [original edition, 1947] を参照。
4) 日本軍による「全島要塞化」については，大田，前掲書，30～35 ページ，また，大城，前掲書，93 ページ参照。
5) 沖縄戦における日本軍による朝鮮人の徴発と動員については，福地曠昭『哀号・朝鮮人の沖縄戦』月刊沖縄社，1986 年，金元栄『朝鮮人軍夫の沖縄日記』岩橋春美訳，三一書房，1992 年他参照。
6) Historical Record, Island Command, Okinawa Gunto, Ryukyus, 13 December 1944-30 June 1945, G-2, ISCOM, RG 407, Pacific Theater: World War II Operations Reports 1940-1948, National Archives and Records Administration at College Park. 以下，NACP と略す。
7) 住民の疎開については，『沖縄県史』第 8 巻，および，大城，前掲書，98～102 ページ参照。
8) もちろん，この戦闘と占領の過程で，北部地域における日本軍勢力が一掃されたわけではなかった。この地域が日本軍第 32 軍の作戦上「遊撃隊」が配備されたことから，山林に潜伏する日本兵による米軍に対する斬り込み，また，すでに米軍に保護されていた住民への虐殺行為などが繰り返された。大城，前掲書，102～108 ページ。
9) 沖縄戦の戦況の過程については，大田，前掲書，236～245 ページ，また，大城，前掲書，113～142 ページ等を参照。
10) 沖縄戦終結前後の沖縄の帰属に関しては，宮里政玄『アメリカの対外政策決定過程』三一書房，1981 年，同『アメリカの沖縄政策』ニライ社，1986 年，同『日米関係と沖縄』岩波書店，2000 年，ロバート・D・エルドリッヂ『沖縄問題の起源』名古屋大学出版会，2003 年，我部政明『戦後日米関係と安全保障』吉川弘文館，2007 年他参照。
11) 外務省編『日本外交年表並主要文書　1840～1945 下巻』原書房，1966 年，595 ページ。
12) Chiang Kai-Shek, Diaries, Box no. 43, Folder 10 (November 1943), the Chiang Kai-Shek Diaries, Hoover Institute Archives, Stanford University.
13) Appleman, *op. cit.*, pp.488-489.
14) 我部政明『日米関係のなかの沖縄』三一書房，1996 年，72～74 ページ。
15) 沖縄県立図書館史料編集室編『沖縄県史　資料編 1　民事ハンドブック』沖縄県教育

委員会，1995 年，同編『沖縄県史　資料編 2　琉球列島の沖縄人・他』沖縄県教育委員会，1996 年他参照．また，ダグラス・マッカーサー陸軍元帥を司令官とする南西太平洋方面軍司令部（SWPA：Southwest Pacific Area）やチェスター・W・ニミッツ海軍元帥を司令官とする太平洋艦隊兼太平洋方面軍司令部（CinCPac-CinCPOA：Pacific Fleet-Pacific Ocean Areas）が鹵獲した資料を通じた情報収集も行われていた．

16）月刊沖縄社編『アメリカの沖縄統治関係法規総覧Ⅳ』月刊沖縄社，1983 年，17 ページ．
17）外務省，前掲書，641 ページ．
18）"Central Okinawan Council, report of first meeting of.," 7 July 1945; "Central Okinawan Council, report on 2nd meeting of.," 21 July 1945, Military Government Headquarters Northern Okinawa District, Tean D-4: Jinuza File: Okinawan Government, 1945-46, Edward Freimuth Collection, Okinawa Prefecture Archives（沖縄県公文書館）．以下，OPA と略す．
19）"Okinawan Assembly and Advisory Council, Comments on the Establishment of.," 24 July 1945, Okinawan Government, 1945-46, Edward Freimuth Collection, OPA.
20）James T. Watkins, IV., "Rehabilitation: Political (I).," Box 8, James T. Watkins Papers, Hoover Institute Archives, Stanford University.
21）仲宗根源和『沖縄から琉球へ──米軍政混乱期の政治事件史──』月刊沖縄社，1977 年［初版，1955 年］，250～251 ページ．これは，仲宗根がかかわった田井等市の民間人収容所での尋問の場合としている．
22）"Operational Directive number 7 for Military Government of the Commanding General Tenth Army, short title: GOPER," file no. 2-VI-1, Box no. 4, James T. Watkins Papers, Hoover Institute Archives, Stanford University.
23）上原正稔『沖縄戦アメリカ軍戦時記録──第 10 軍 G2 レポートより──』三一書房，328～332 ページ．
24）CIC の尋問については，仲宗根，前掲書の他，我部政男「占領初期の沖縄における政軍関係」日本政治学会編年報政治学『近代化過程における政軍関係』岩波書店，1989 年，53 ページも参照．
25）琉球政府文教局編『沖縄県史　第 8 巻各論編 7　沖縄戦通史』琉球政府，1971 年，397～432 ページの「スパイ嫌疑と虐殺」を参照．ここでは，比嘉義雄の事例が紹介されている．
26）"Nomination of Members for the Okinawa Advisory Assembly," Military Government Detachment C-18-X, 25 July 1945, File : Okinawan Government, 1945-1946, Freimuth Collection, OPA のなかの "KIUNA, Chojo" の場合や，"Prominent Okinawans–Location of," Military Government Detachment C-6, 15 July 1945 における "SHIMABUKU, Haru" や "ARAKAKI, Doris" の場合等．
27）松岡政保『波乱と激動の回想──米国の沖縄統治二十五年──』上原謹三郎，1972 年，3，13，25～39，51～55 ページ．改姓の理由について，松岡は「宜野座は，しばしば

朝鮮人の姓と間違えられた」としているが,「米国の日本人のように,日本では朝鮮人が排斥され」ていると述べているように,松岡自身の米国での生活経験から来る差異と差別,被差別の意識からも来るもののように思われる.

28) "Nomination for Okinawan Advisory Assembly," Military Government D-4, 25 July 1945, File: Okinawan Government, 1945–1946, Freimuth Collection, OPA. また,宮城悦二郎「初期軍政（1945-1946）——ワトキンズ・コレクションより——」『琉球大学法文学部紀要　地域・社会科学系篇』創刊号,1996 年,86 ページの米軍政府の CIC 調査分析を参照.

29) "Selected Okinawan Civilians for Assisting Military Government," Military Government Headquarters Taira, 10 July 1945, File: Okinawan Government, 1945–1946, Freimuth Collection, OPA.

30) 新崎盛暉による仲宗根源和へのインタビューを参照.新崎盛暉編『沖縄現代史の証言』上巻,沖縄タイムス社,1982 年.

31) 仲宗根,前掲書,45～48 ページ,および,沖縄タイムス編『沖縄の証言——激動の二五年誌——』沖縄タイムス社,1971 年,85 ページ.

32) "List of Persons Selected for Provisional Okinawan Advisory Assembly," 9 August 1945, Army Service Command I, Military Government Headquarters Okinawa, Okinawan Government, 1945–46, Edward Freimuth Collection, OPA.

33) 當間重剛『當間重剛回想録』當間重剛回想録刊行会,1969 年参照.

34) "Nomination of Members for the Okinawan Advisory Assembly," Military Government Detachment C-6, 26 July 1945, File: Okinawan Government, 1945–1946, Freimuth Collection, OPA.

35) "List of Persons Selected for Provisional Okinawan Advisory Assembly," 9 August 1945, attached with "Clearance of Civilians for Advisory Assembly," 6 August 1945, Army Service Command I, Military Government Headquarters Okinawa, File: Okinawan Government, 1945–1946, Freimuth Collection, OPA.

36) 平良浩『父・平良辰雄を語る』父・平良辰雄を語る刊行会,1972 年参照.

37) 宮城悦二郎『占領 27 年・為政者たちの証言』ひるぎ社,1993 年,11～25 ページ.

38) 沖縄県沖縄史料編集所編『沖縄県史料　戦後 1　沖縄諮詢会記録』沖縄県教育委員会,1986 年,4～5 ページ.

39) 声明の全文は,同上書,12～17 ページ.

40) 同上書,12～13 ページ.

41) 同上書,16 ページ.

42) 同上書,5～6 ページ.米軍政府政治部長ジョージ・P・マードック George P. Murdock の発言.

43) 同上書,7,13～14 ページ.

44) 同上書,25 ページ.発言者名は不明.

45）同上書，6〜7ページ．
46）同上書，18〜19ページ．
47）同上書，25ページ．
48）照屋栄一編『沖縄行政機構変遷史』照屋栄一，1984年，125ページ．
49）前掲『諮詢会記録』33，40，43〜44ページ．
50）同上書，44〜45ページ．前上門昇，および仲宗根源和の発言．
51）同上書，33，40，43〜44ページ．
52）同上書，44〜45ページ．仲村の他，松岡政保も同様の発言をしている．
53）仲村兼信『沖縄警察とともに』仲村兼信，1983年，35〜46ページ．
54）前掲『諮詢会記録』54〜57ページ．マードックの発言．
55）同上書，36ページ．沖縄諮詢会による全島視察は，9月2日と4日におこなわれた．
56）同上書，56ページ．加えて，那覇都市部の復興についても検討するように命じた．
57）同上書，57ページ．マルモトの発言．
58）「地方行政緊急措置要項」の全文は，同上書，576〜581ページを参照．この要項は，市長，市議会議員，および職員の選挙，選出方法，職務権限などをさだめ，62条から構成されていた．
59）同上書，71ページの仲宗根源和の発言，75ページの又吉康和，および，前上門昇の発言．また，82ページの又吉の発言など．
60）同上書，71，84ページ．
61）同上書，81，98ページ．
62）同上書，110ページ．10月6日の諮詢会の日誌には，「モードック中佐帰米あいさつのため来訪」とのみ記され，その内容や諮詢会側の対応は省略されている．
63）『縮刷版　ウルマ新報』第1巻，不二出版，1999年．
64）沖縄諮詢会における議論については，拙稿「占領初期沖縄における米軍基地化と『自治』，1945〜1946年」日本国際政治学会編『国際政治』第120号，1999年を参照．
65）李圭泰「植民地支配から分断国家へ――朝鮮総督府の『八・一五』政策を中心に――」『季刊戦争責任研究』第34号，2001年を参照．
66）『縮刷版　ウルマ新報』第1巻，不二出版，1999年．
67）前掲論文，拙稿参照．

第2章
猫 と 鼠(ネズミ)

1 軍民関係の変化

　マードック軍政官が米軍政府を去った後，沖縄諮詢会はそれまでの会議と異なる空気に包まれていた．諮詢会は議論の内容以前に，まず行動から管理対象となり，米軍政府は「上意下達」の構図を徹底しようとした．

　米軍政府は諮詢委員が各地に出かけて会議の内容を話すことを禁じた[1]．収容所生活では許可を得ない収容所の外への「外出」は禁じられていたが，諮詢委員の場合は必ずしもその範囲ではなかった．しかし，これも禁止された．また，諮詢委員のみで進められていた協議会にも軍政官の出席が目立つようになった．1946年10月23日に開催された地方行政選挙で選出された市長会議の席上，米軍政府は改めて沖縄諮詢会の地位と役割と地方行政の命令系統について確認するとして，徹底されるべき命令系統は，軍政本部の軍政副長官を頂点に，市長は米軍政府の地区隊長を通じて「命令によって政治を行ふ」と述べた．諮詢会の仕事はあくまで「諮詢すること」であり，諮詢会は「行政府」ではなく，従って市長への命令権をもたないとした[2]．

　諮詢会の議論は9月の活気を失い，実務面を中心に進めようとする米軍政府に対して不信感があらわれるようになった．先の市長会議の席上，田井等市長に当選した平良辰雄は，米軍政府に対して，「中央機関は当分置かないのか」と質問している．その回答は，中央機関はしばらく設置されず，なぜなら「沖縄の帰属が平和会議によらなければならない」からであるとして，「行政府を作ることは出来ない．只軍政府を作ることは出来る」というものであった[3]．また，志喜屋孝信も，米軍政府の話を総括すると「中央行政府構成の進歩は早

急に出来兼ぬる事と思ふ」と述べた[4].「自治」をめぐる議論を取り巻く環境が急激に冷え込み,また,諮詢委員が一同に介して話し合い,行動することが少なくなっていった.他方,幹事兼工務部長の松岡政保は,米軍政府の要請により軍政本部に貼りくようになり,諮詢会の協議会の欠席が目立つようになった[5].志喜屋孝信や又吉康和は,松岡からの情報を頼りに米軍政府の動向を探りながら議事を図るようになった.松岡政保は米軍政府が中央機関の設立を急いでいないということは承知であり,それよりも経済の復興がなにより急務だとして,「内所(ママ)であるが産業から先にして生活する様にせよ.働かすには如何にすればよいか.中央機関は今の所先にする必要はない」と説いた[6].松岡が何を秘密にしたいのかはわからないが,これは松岡が自ら状況判断した結果得られた見解ではなく,米軍政府の政策をそのまま説いただけのことであった.

　米軍政府の新しい方針のなかで「経済」は重要な位置を占めていた.米軍政府も「産業が一番です.産業を先にして下さい.経済・工業が統一しなければならない」と繰り返すが,諮詢委員の多くは,住民の元の村落への帰還と農業生産の回復を前提としていたため,容易にそれに従うことができなかった.また,住民の多くが労務者として,土木工事など「軍作業」にかり出されていたため,賃金の問題をまず何とかしなければならなかった.しかし,賃金制を導入し通貨制がしかれても帰還ができないうちは不安定であると考えられた.なによりも優先されなければならないのは,住民の元の村落への帰還であった.

　しかし,諮詢委員の足並みは揃わなくなっていた.志喜屋は,それまでは諮詢委員同士でも討論をしていたようなことでも,協議会では,まずは軍政官に話させ,それに合致しないものは内輪で取り下げるという方法をとるようになった[7].こうしたなか,諮詢委員のあいだから言論の場を求める声があがった.11月14日,諮詢会は,『ウルマ新報』のなかに「沖縄人の意見も書かして(ママ)貰いたい」と要求した[8].『ウルマ新報』は1945年7月,米軍政府の指導で創刊された戦後初めての沖縄の新聞であった.この当時の『ウルマ新報』には,沖縄の住民生活に引きつけた記事はほとんど見当たらず,その記事のほとんどが外電,国際ニュースで構成されたものであった[9].米軍政府は,『ウルマ新報』は「軍政府の公式」のものであり,掲載したいことがあれば,英語に翻訳して提出すればよいと答えた.また,諮詢委員のなかから,他の新聞も

許可してほしいとして，たとえば，田井等地区で発行された『新沖縄』は「人民の知り度い事が書いてあってよい新聞」であるとして，「本土にも送りたい」と要求した[10]．これに対して米軍政府は，「新沖縄については隊長の許可もなかった．軍で監督したい．新聞の意見は軍政府の意見」であるとした．

　先に述べたように，諮詢委員は各地の人を訪ねたりすることは許されなくなり，広範な言論の場も持てなかった．外部と結ばれる経路が切断されたことから，諮詢会ではたびたび日本本土にいる沖縄からの疎開者らとの通信と帰還の促進が求められた．米軍政府は，これは日本政府とマッカーサーとの間の問題であるとして，権限としては沖縄の米軍政府は関知しないとした[11]．また，米陸軍が管轄しているため，海軍の米軍政府では手を出すことは難しく，通信についても国務省の管轄であると述べた[12]．

　米軍政府の住民管理の強化は，さらに警察機構の問題としてあらわれた．11月2日，警察機構の確認として，仲村兼信は「警察は中央制度にしたいと中央に出したが未決定」であり，当分は各地区隊長に任せた状態であると報告した[13]．一方，平良辰雄田井等市長からは，「警察権は市長に任」せてほしいという旨の質問状が届いた[14]．これへの回答として，仲村は，警察機構が中央集権になるか否かは未決定であるが，住民には「ニミッツ布告を知らせたい」と述べ，平良辰雄の問いにまともに応じなかった[15]．これは単なる機構の問題というよりも，先に触れた『新沖縄』の発行を含めて，言論の自由の制限をめぐる問題，沖縄における「権利」や「自由」，あるいは自治の要諦に何があるのかという問題でもあった．

　「ニミッツ布告」は占領にあたっての米軍の権限の範囲を示す米国海軍軍政府布告第1号を指している．しかし，実際には，第1号から第10号までの一連の布告である．とりわけ警察に関して重要なのは，その第8号「一般警察及安全ニ関スル規定」である．この布告は8条から構成され，そのほぼ全内容が言論手段の制限にかかわるものであった．第1条「私用通信ニ関スル規定」では，無線機等の通信機器の使用を禁止し，第2条「写真術ノ禁止及写真機具ノ申告」では，写真機具，望遠鏡など，視覚による情報収集を禁止した．また，第3条「新聞及印刷物ニ関スル規定」では，米軍政府による「許可ナキ新聞ノ発行及印刷物ノ禁止」が示され，また，それらの輸出入が禁じられた．さらに

第4条「集会及集合」では,「如何ナル者モ戸内又ハ戸外ヲ問ハズ許可証ヲ与ヘラレザル公衆ノ集会,演劇,活動写真又ハ他ノ演芸,興行,或ハ一般集会及集合又ハ行列及示威運動ヲ企画シ或ハ之ニ出席ス可カラズ」とされ,米軍政府が「集会解散権」を持っているとした.これらに違反した場合は,第7条「刑罰」において,罰金,禁錮が示された[16].同時に,布告第2号「戦時刑法」の第1条「死刑罪」の規程には,「米国軍又ハ其ノ連合軍ニ関スル如何ナル情報ト雖モ之ヲ如何ナル場所ニ於ケル如何ナル者ニ如何ナル通信ヲモ為シタル者ハ斯ル情報ヲ受取リタル場合,直チニ我ガ軍政府ニ報告スル事ヲ怠リタル者」,「信号又ハ他ノ通信ヲ為ス通信機類ヲ所持スル者」,「軍当局ニ対シ占領地内ノ住民ノ反乱ヲ煽動シ又ハ煽動セシムル者或ハ反乱ノ目的ヲ以テ示威運動又ハ会合ヲ組織指導シ又ハ組織指導セシムル者」という規程が含まれており,違反者に対する最高刑罰は死刑であった[17].

住民の旧居住地域への移動や帰還が停滞していることへの不満は,徐々に表面化しつつあった.米軍政府は,10月9日,米国海軍軍政府指令第19号「住民の行動取締り」によって,住民の収容地区の域外への外出および自由行動を禁止した[18].住民が管理域外に出るのは,食糧調達や自らの土地・家屋の確認,あるいは離散家族を探したりするためであった.米軍政府はこうした住民の行動は,軍事基地として地域へ進入することになり,米軍の戦闘作戦部門の「感情を害」するため制限されるべきものとした.そして,移動計画についても,作戦部門との協議の上,それを各軍政地区隊長から市長に命令する過程を取るとした[19].

しかし,そうした命令によっても住民の食糧調達目的などの占領地域への進入は押しとどめることはできなかった.諮詢会でも,住民の社会状況の改善を訴える異議申立が頻繁になされた.諮詢会は主に各地区の市長から提出された陳情書をもって議論された.10月11日には,田井等地区および今帰仁から「帰村促進の陳情」が提出され,17日の諮詢会協議会では,「食糧問題に関し各市長及び市議長より緊急協議会開催要請」がなされ,漢那地区からの食糧問題に関する陳情書が提出された[20].また,10月23日に開催された市長会議では,田井等市長と辺土名市長から食糧供給の要求がなされた[21].さらに,古知屋市長からは,農耕のための土地がない地区を優先して移動させてほしい旨の要

求があった[22]．食糧問題は住民の旧居住地域への帰還・移動要求に直結していた．

住民の移動がまずおこなわれたのは，本部など主に北部地域であった．しかし，那覇は壺屋以外は未許可のままで，北谷，勝連，与那城，読谷，浦添，宜野湾も未許可だった．また，帰還が促進されないため，元住民以外の人びとも移動した場合も発生し，土地の占有問題が生じつつあった[23]．さらには，各収容地区や軍政地区はさまざまな沖縄の地域からの住民の寄せ集めで成り立っており，食糧問題をめぐって「地元民と疎開民の不和」という形で問題が生じ，深刻さが増していた[24]．沖縄島周辺の離島地域からも久米島，慶良間諸島，伊平屋島，粟国島の住民より，それぞれの島への帰還陳情書が提出された[25]．

米軍政府が住民の移動許可が可能だと考えていた地域は，北部地域と中南部東海岸の一部に限られていた．とりわけ，陸軍の占領地域は移動許可が出にくいこと状況にあった．南部地域では，糸満は未許可であり，読谷から那覇まで「将来使用出来ないから其所は考慮に入れない様に」と述べている[26]．那覇は許可は無理で，宜野湾は「住民の移動は出来ないが農耕は出来る」としている．また，「仲泊から南部小禄国民学校付近までを境界とする西海岸一帯は移住できない」と述べ，また，名護や与那原は港湾として使用されるとした[27]．

11月下旬，各地区の市長は，このような状況に対処するため，市長会議を開催しようとした．しかし，住民の移動・帰還が全体の懸念するところであるにもかかわらず，諮詢会の協力を得ることはできなかった[28]．諮詢会は，市からの陳情については，陳情書を諮詢会が仲介することを「都合が悪い」とした．そして，あくまで，命令系統は軍政本部から地区隊長，市長という経路を辿るという意見が多勢を占めた[29]．つまり，諮詢会は，住民の移動・帰還，あるいは食糧や農耕といった問題をめぐって，各地区住民と米軍政府の間に立って面倒な交渉事には巻き込まれたくなかったということである．ここで，仲宗根源和は，改めて軍政府に対し，そのような命令系統のなかで，諮詢会は「市長の申言を通達することができるか」と確認した．これは，諮詢会の位置づけを改めて問うものであった．米軍政府は，市長に命令する権限を有しているのはあくまで軍政地区隊長であるとして，諮詢会は「沖縄の代表でなく諮問に答へる機関で代表機関として県民に意見を述べてはいけない．現在の機構は

代議員と云ふ機関でない」と述べた[30]．つまり，諮詢会は「下」からの声に耳を傾ける必要などない，というのが米軍政府の見解であった．

また，11月26日，米軍政府は，諮詢会に対して，「村 township」による行政計画を発表した．これによれば，現在の「市」は「中間」的なものであって，これに代わるものとして，「地区隊長をして移動の期間中住民の政治をなさしめ，同時に戦前の地方行政の単位として準備をなしつゝある」とした．米軍政府は「前村吏員」を軍政府が基本的に再任命する形をとり，役職の選挙については，米軍政府の命令があるまで無期限に延期した．また，地区隊長は，「任命に当りては戦前及現在の社会的地位を考慮する」とし，「元村長を任命する建前だが而し軍政府の命ずるものでなければならない．此の暫定機構は村会の必要を認めない」とした[31]．これによって，9月におこなわれた地方行政選挙で選ばれた市長，および市会議員が事実上無効とされた．

米軍政府は，住民の旧居住地域への機関・移動をめぐる制限，そして諮詢会や市長会における「自治」的な行動の制限をしたうえで，さらに，12月5日，諮詢会の席上において，「土地所有権」調査をおこなうと伝えるに及び，沖縄の軍民関係，占領と「自治」は新たな段階に入った．米軍政府は，土地所有権調査は戦災による土地台帳の紛失や所有者の死亡，また，「道路も広くなり飛行場も出来たので容易の仕事ではないだろう」と述べた．この段階において，米軍政府は，土地所有権調査は「軍が全面引上ぐれば各所有者に帰へすべく」なされるのだと伝えている[32]．そして，翌日から，諮詢会は「土地所有権認定措置要項」の話し合いに入った[33]．議事録では，この内容については明らかではないが，戦前の民法に照らし合わせつつ，とくに土地認定における異議申し立ての余地を持たせるところを重視して話し合ったと思われる．12月12日，これを米軍政府に提出した[34]．こうした1945年秋に起きた一連の事態は，1950年代の土地闘争の前史にあたるものであり，また，今日まで続く軍用地問題の起源として考えられなければならない．

ここで，軍民関係，つまり占領下の権力関係を象徴する三つの出来事をあげておきたい．一つは，12月初旬，田井等市でおきた「ショウランド事件」である．12月6日，諮詢会に「昨五日田井等市区長会議に於て，ショウランド及ニコラス大尉臨席し，ショウランド曰く，『三ヶ月前から生産を勧めてゐる．

何度補給が絶つか分からない．敗戦国に配給するしないは吾々の勝手である』と，各地の配給状況を見て悪ければ配給をするとのことで調査に参った」との報告がなされた[35]．翌7日，諮詢会は，田井等地区の配給状況が悪化しているとの報告がなされ，10日には田井等地区から「依然として食糧配給が悪く若し之が継続すると近日中に不穏の状態を醸す様な内容を含んだ書面」の陳情書が提出された[36]．これは，市と地区隊長の関係をあらわすものであった．

　二つ目に，1945年12月，ジェームス・ワトキンスが政治部長に就任し，自分の仕事は，混乱した米軍政府を整理し，住民との関係を「正常化」させることだと述べたことである．ワトキンスは就任挨拶において，改めて「諮詢会の立場は諮詢だけである」と述べ，そして，これまで「布告が徹底され」てこなかったので，「もっと徹底する方法はないか」との諮詢をおこなった[37]．これに対する志喜屋孝信の答は，「此の布告は市長―区長―班長―住民へと徹底する様にさせたい」というものであった[38]．これが，1945年末の，諮詢会の「諮詢」の最も典型的なものである．諮詢会は，すばやく権力を認識した．そして，12月7日，ワトキンスは「布告を徹底さすべく各地区隊長に（略）通達す」と述べた[39]．

　三つ目は，呼び名，名付けについてである．諮詢会議事録のなかで，新しい政治部長のワトキンスと松岡政保の会話が残されている．ワトキンスは松岡に対して，「沖縄人の名称はまちまちになって，オキナワン，島人（トウジン），グークス，シビリアンと呼んで居るが，沖縄と琉球と孰れがよいか」と尋ねている．これに対し，松岡は「オキナワン（人），オキナワ（島）と云った方がよい」と応えている．さらにワトキンスは「土人，島人と孰れがよいか」と質問し，松岡は「島人と称した方がよい」と応えている[40]．確かに，松岡は，ここではっきりと自らの集団を「オキナワン」と位置づけた．しかし，この問答は，米軍と諮詢会の関係の変化を踏まえて考えてみる必要がある．沖縄諮詢会の議事録では，委員たちが自らを「日本人」と位置づけたものはなく，当初から「沖縄人」という呼称が使われてきた．ここでは，松岡の前に出された選択肢をよく見なければならない．「オキナワン」以外に，松岡が何を選択し得たかということを考えなければならない．「島人（トウジン）」「グークス」「シビリアン」は「名称」というより，占領下での米軍政府との関係を表すもので

あった.「グークス gooks」とは,アジア人全般に向けられた蔑称であり,松岡が「オキナワン」を選択することはワトキンスにはわかりきったようなことであっただろう.そして,その後,ワトキンスは間髪を入れずに「土人,島人と孰れがよいか」と問うている.「土人」は英語では何と言われたのかははっきりとしないが,「文明」とかけ離れているという意味がある言葉が選ばれたのだろう.この問いがワトキンスの無邪気さの表れなのか,それとも何らかの理由で松岡に屈辱を与え,牽制しなければならない理由があったのかどうか,それはさだかではない.しかし,松岡は極めて屈辱的な対話を強いられた.松岡の「オキナワン」の選択は,何の制約もなくアイデンティティを表明したものではない.なぜなら,松岡に「グークス」の含意が理解できなかったとは到底思われないからである.

2　警察機構の集中と土地認定問題

　1946年1月から2月の沖縄諮詢会の議論は,1945年10月以降の軍民関係の変化を踏まえ,米軍の占領統治機構の権力関係が徐々に浸透していく過程を示している.まず,警察機構の集中化が問題となった.
　警察機構の中央集権化は,1月4日の協議会の席上,ワトキンスによる次のような通告によって始まった.「本日,カールドウェル少佐,憲兵隊長,松岡委員,仲村委員四人が打合せをした.沖縄の中央警察部を組織し之を憲兵隊長の下に置く.警察部長を置き四課を設く.地方警察の命令は中央から受け,憲兵は憲兵本部から受く.一方は民事,一方は軍部となる」[41].この期日より以前に警察機構に関する説明は議事録には見当たらない.また,米軍政府と憲兵隊,松岡と仲村両諮詢委員との協議についても事前には知らされていない.諮詢会はあくまで「諮詢」に限定され,前年9月までの警察機構に関する議論,つまり,中央警察の廃止と分権化,任命権に関する行政長と警察長の分離等は一切無視された形となった.しかも,この急な決定について議論がほとんどなされないうちに,事態はなし崩し的に動いていった.
　1月5日,松岡政保は諮詢委員に対して,先のワトキンスの通告について更に具体的な説明をおこなった.この説明によれば,民間警察(CP, Civilian

Police）と憲兵隊（軍警察，MP, Military Police）は相互監視するが，民間警察はあくまで米軍憲兵本部に直属する．CPが住民地区，MPが軍管理地区に振り分けられた．そして，警察の権限は「ニミッツ布告」に依拠するとされた[42]．これは，米国海軍軍政府布告第8号「一般警察及安全に関する規定」に示されたものである．

　警察機構における指揮系統と権限の一元化に対して，警察署長の任命はどうだろうか．これはおそらく警察機構の案が諮詢会協議会に提出される以前に，米軍と松岡・仲村の間の協議において，すでに保安部長仲村を中央警察の長にもっていくことは決定されていたであろう．警察機構案を提出した松岡は，諮詢委員のなかから警察部長を推薦することに賛同し，「仲村委員を第一候補者に」と推挙した[43]．議論では，諮詢会が三人の部長候補を挙げ，部長以下の課長・署長他は部長に一任するという方向が示された．実際，第二第三の候補者の指名もここでおこなわれたが，松岡は「（部長の）任命権は憲兵隊長にあるから若し又時によっては諮詢会に諮詢されるかも知れないから仲村委員に一任した方がよいと思う」と述べ，警察機構の責任者・構成員の任命もまた，あくまで米軍憲兵本部にあることを強調した[44]．

　仲村兼信は，戦前，那覇警察署長という，鹿児島閥の強かった沖縄県警察人事において，沖縄の人間として最高の地位を得た人物であった．後年，仲村は，戦前から戦後の沖縄警察の根本的な変化は，「陛下の警察官」から「人民による人民のための警察」へというものであったと述べているが，しかし，「陛下の警察」からの変化は，機構そのものの改革として受け止められていたわけではなかった．むしろ，米軍政府との「密接な連携プレー」によって，旧い支配機構を新しい支配機構へと内的な連関性において連続させることに苦慮していたというべきだろう[45]．仲村は，米軍政府の警察・保安担当者であったポール・スキュース〔Paul Skuse〕との関係について，「まさに彼と私の関係は，二人三脚の同伴者であり，形影相添うコンビ」であったと述べている．スキュースは，ボストン警察の出身で，沖縄戦から1956年までの十年余りのあいだ，沖縄における警察関係の責任者であった[46]．

　具体的な地区警察等の人事は，仲村による案が諮詢会に提出され，協議された．これは，1945年以前の警察人事を大いに取り入れたものであった．仲村

は「退職者署員中にも優秀の人物あるも殊に現役者を以て充当した理由は警察事務行政に詳しく通じて居るからである」と述べ，また他の委員からは「戦前の若手新進気鋭の者を抜擢したら如何」との対応もあり，会議ではこれを承認し，警察人事は即時に辞令が出された[47]．機構から人事に至るまで，1945年8月から9月におこなわれた議論はまったくかえりみられることのないまま，年明けからほぼ1週間で決定された．

1月8日には，米軍憲兵隊長から仲村兼信に対して辞令が交付された．この間，仲村以外の候補者に関する諮詢がおこなわれた形跡はない．仲村に任された仕事は，無論，警察機構の構築であるが，辞令交付の同日におこなわれた諮詢会における議論は，警察機構の成立の背景にあるものを如実に反映している．ここで，松岡政保は，米軍政府の管理の下で「言論の自由」をいかに考えるべきかといった内容の「注意」をおこなっている．

> 「軍政府下に於ては言論の自由を認めず，法的には<u>沖縄は未だ敵</u>である．（中略）軍政府で認めてない言論の自由，及び印刷物発行も認められて居ない．田井等市で発刊された新沖縄（新聞）は軍政府の認めてないものであったから停止された．隊長は其責任を以て免職された．石川市で然るべき新聞がある然も<u>従来左傾思想を帯びた人々が居たと</u>．」（下線強調，引用者）[48]

この時期，諮詢会の社会事業部は週報を発行しており，また，文化部等でも週報を発刊する希望が出ていた．それら週報と『ウルマ新報』が公認，あるいは「黙認」されているのに対して，「新沖縄」は発行停止とされた．そして，その理由には，「左傾思想」があげられている．しかし内容はどのようなものであれ，ここでは，松岡はそれらが米軍によって「只許可になったかならないかの問題」だと述べている[49]．また，「左傾思想」の人物とは，そもそも米軍政府がそのように判断して警戒したものであるかもわからない．米軍政府は，どの人物の戦前の経歴についても，実際には強い信憑性をもって確信をもっていたわけではない．むしろ，周囲からの情報に左右される他ない面があり，人物の過去にまで及ぶ理解は難しいものであった．例えば，ワトキンスの

個人的な日誌には，この日，志喜屋，松岡，そして仲村との非公式の協議のなかで，「新沖縄」の背景に「左翼知識人グループ the leftist intellectual group」があると言われ，松岡は，放置しておけば「偏向的 tendentious」になると警告したとある[50]．つまり，明らかに志喜屋と松岡，そして仲村がワトキンスにこれらの情報を与えたということである．また，「言論の自由」の行使をすぐさま「左傾思想」に結びつけ，それが米軍政府にとって不利であると見なしたところに，これらの諮問委員の権力認識が，戦前からのある内的な連関性をもって持続していたことを示している．

警察機構が米軍憲兵隊を中心に中央集権化され，また「言論の自由」の制限が明確にされ，そして，諮問会が広範な住民の意思を汲み取る回路や意思を放棄し，そこでの司法に関する議論はさらに追い詰められたものとなった．先に見たように，警察の権限を定めるのは「ニミッツ布告」とされ，米軍が文字通り全能として立ち現れてくる．1月2日，諮問会の席上，法務部長前上門昇は，裁判及び司法制度について次のように述べた．

> 裁判長，検事長を統一し之を判事，検事としたい．大審院の終審院まで考えたい．裁判官は行政官の下位に置きたくない．司法・立法・行政を別にしたい．司法官を行政官と同等に認めたい[51]．

こうした前上門の見解は，すでに1945年9月の議論のなかで明らかにされており，彼は一貫して三権の分立を基礎に主張し続けてきた．しかし，この時期以降，司法制度そのもの，あるいは，司法・立法・行政の三権の位置づけはおろか，諮問会の与えられた役割について何ら議論のないまま放置された．1946年1月の警察機構の確立に関する議論の時点で，司法制度の方向は限定的な範囲でしか議論されないものとなっていた[52]．

米軍政府の統治の方向は，ここに来て，土地所有認定の作業を中心に進展し始めた．まず，米軍政府は1月4日，沖縄の町村制度を復活させ，また，小規模となった村落については合併の可能性も示唆した[53]．そして，1月25日には，米軍政府は「土地所有権認定等は無事通過した」として，ほとんど何も諮問をおこなわないまま土地認定作業を開始した[54]．土地認定の方法として示され

たのは，米軍政府が戦前の町村長を新たに任命し直し，その各町村長が土地に関する認定委員を任命し，土地所有者は，認定を受けるために認定委員2名の承認をもって土地所有の認定を受け，それを町村長に報告するという手続きであった．また，そこで問題が生じた場合は，町村で調停委員を組織し，所有者が死亡または行方不明の場合は，近親関係にある者が申請することが示された．さらに，各村落における認定作業については，最終的に諮詢会の総務部長（又吉康和）へ報告することとされた[55]．

この認定に関する諮詢において問題となったのは，米軍が民間人の使用・進入を禁止している地域をどうするのか，ということであった．これに対する米軍政府の回答は，何の理由説明もなく，ただ「無理」という一言で片づけられた．また，諮詢会からの「道路等に使用された土地・宅地について」の質問に対しても，米軍政府は「判然としない」とし，戦前では土地収用法や賠償，交換によって何らかの措置がとられていたとしても，これらについても，道路や飛行場になった土地に関する賠償は未定であると述べた．そして，これらについて，諮詢会が納得していないことを見て取ると，一連の土地認定作業が「所有権を確認する意ではなく，所有者を調査するためである」と述べた[56]．諮詢会が土地から発生する「権利」を中心に据えた議論を重ねようとしたのに対し，米軍政府はそうした権利意識を認めることはなかった．

議事録には，繰り返し，こうした対立はあらわれている．諮詢会では，米軍政府の態度に対して，「中央土地認定委員」を設置することで対抗しようとした[57]．しかし，米軍政府はこれに関心を示さなかったばかりか，認定を急ごうとして，「土地調査を早くやらなければならない理由は，記憶に残って居る時に処理しなければ困る」という一点張りであった．係争中の土地や係争可能性のある土地について想定したうえで話を進めようとする諮詢会とはズレが生じていた[58]．

さらに，米軍政府は，2月15日，村長が任命されていなかった村落を確認した．そこには，読谷山，北谷，宜野湾，浦添，中城，越来，美里，勝連，与那城，具志川および那覇があげられている．つまり，これらの村落は陸軍を中心とする米軍戦略作戦部門の管理下にある村落であった．これらの村落について，米軍政府は「村長の居ない所は如何なる理由か」との質問を諮詢会にお

こなった．これに対して，総務部長の又吉康和は，それは「移動等の未完成の村である」と回答し，まだ決まっていない場合には「（現行政長の）市長が責任を持ちます」とした[59]．そして，その後，米軍基地が集中した読谷山，北谷，宜野湾，越来については地方総務による責任の下に管理するとした．これは，米軍政府が占領地域に関する情報に通じていなかったのではなく，土地所有認定や村落制度の復活について，そもそも米軍政府が町村制度に取り組むうえで，住民中心に動いていたのではなく，軍事的な都合に合わせて展開していたのであって，無理矢理にでも村長または村長代理の者を見いだせということである[60]．しかし，諮詢会の側も，土地をめぐる権利の問題に熱心ではあっても，米軍政府との関係をこじれさせるつもりはなかった．又吉康和は，先の米軍政府の要求に答えて，村長の任命については米軍上陸前の村長に戻す方向を示しながらも，旧村長のなかに「適任」とは言えない人物がいるとした[61]．ここで又吉が「適切でない」と見なしたのは，首里地区の仲吉良光である．又吉は，村長が軍政府の地区隊長の任命になることについて，「中間機構の間は任命でよいと思う」と述べ，米軍政府の意向を認めていたが，ここで仲吉の問題に触れた．仲吉良光は占領当初から「日本復帰」を主張し，米軍政府にも陳情していた．

　こうした状況の下，各地の住民からの旧居住地域への帰還・移動の陳情が続々と諮詢会に寄せられていた．1月4日には久米島，慶良間から移動の陳情があり，1月21日には伊江島や本部の住民から慶良間諸島からの帰還要請の陳情があった．また，1月25日にも，慶良間にいる伊江島と那覇の住民の帰還要請があった[62]．

　伊江島の問題は深刻なものとして浮かび上がった．伊江島の場合，1945年4月に米軍占領下に入り，全面的な米軍の使用のため，住民は慶良間諸島をはじめ各地に移動させられた．しかし，移動先での問題は食糧問題をはじめ，さまざまな問題に結びついた．慶良間諸島のような小諸島が新たな人口を養うことは困難であり，また，渡嘉敷や久志に移動させられていた伊江島住民の食糧事情も悪化していた．諮詢会では，「伊江島に移動が出来なければ，本部，今帰仁に移動させて貰いたい」と要求したが，米軍政府はその可能性は小さく，島に住民を帰還させることは困難であるとし，なぜなら，そうした対処は「米国

中央政府では二重の移動になるから認める可能性はない」からであると答えている[63]．

　これに対して，諮問会は，沖縄島南部の真和志村のように，さらに南部の摩文仁に移動している事例があるとして，「二重の移動」は理由にはならないと反論した．しかし，米軍政府は「国頭方面は人口稠密であったから移動させた」とし，また，北部地域から南部への移動は，「軍労働者を得るためである」として，「本部，今帰仁には軍労務もないから伊江島の住民を移動させる事は出来ないだらう」と答えた[64]．ここには，米軍政府の住民移動に対する基本的な姿勢が端的にあらわれている．これ以前，米軍政府は，農務部長の比嘉永元の「飛行場や軍事施設のため農業を失ふ者があるが之等の者に対し何とか仕事を与へる方法を講じて貰ひたい」との要求に対して，「目下斯子計画もないが多分社会救済部に属するのではないか．可能と思はれるのは所有者のない土地（日本の土地，官有地）に移動させる事である」と述べ，救済をたらい回しにする内容の回答をおこなっている[65]．つまり，米軍政府は，住民の移動は，第一に米軍戦闘作戦部門の基地展開にそうものでなければならず，次に，基地建設や道路整備の労務者の調達は住民からおこない，その都合がつくものから順次移動をおこなうというものである．伊江島の場合は，島全体が占領地であり，すでに飛行場は東京とフィリピンを結ぶ重要な拠点として全面的に稼働していた．米軍はそこに住民を住まわせる余地も意思もなかった．

　社会事業部長の仲宗根源和は，慶良間諸島などに居住する伊江住民に関する問題は，まず伊江住民から代表を出し，諮問会が移動先との間を仲立ちするかたちで交渉を進めることができるのではないかと提案した．しかし，米軍政府はこれには反応しなかった．逆に，こうした仲宗根の提案に対して，沖縄から「軍政府がなくなると如何なるか」と恫喝する態度をとった．仲宗根はこのような米軍政府の対応に対して，米軍政府がなくとも「自治で出来る」と答えた[66]．この仲宗根の発言が，米軍政府とワトキンスを逆なでし，その後の「自治」をめぐる論議の発端となったのではないかと思われる．

　仲宗根は，その後も伊江住民への対策を諮問会に提案し続けた．2月18日，仲宗根は慶良間の伊江住民に関して，その陳情によれば，慶良間は戦前5000人余りの人口があったのに対し，戦後伊江島から2100人が移動させられ，死亡

した者を差し引いて，およそ 6000 人あまりが居住しており，このままでは 2 月中に食糧危機が起ると予想されると述べた．しかし，諮詢会全体に，その提案は受け止められることはなかった．むしろ，又吉康和の，伊江島からの「陳情が最初のものであったらよかったがワッキンス少佐（軍政府）と諮詢会との話合が伊江島住民は移動が出来ないとの事になった」との対応に見られるように，仲宗根の問題提起はかえりみられなかった[67]．こうした又吉の対応もまた，「自治」をめぐる論議の引き金になったと思われる．

3 自治論争と沖縄民政府の設立

1945 年 10 月の軍政方針の転換が，ワトキンスの示した「方針の逆動」であるならば，46 年 1 月の警察機構の集中や土地所有認定の始まりは，具体的な実践上の転換点と言えるだろう．1945 年秋から 46 年はじめにかけて，「自治」の方向性は著しく変化した．米軍政府と諮詢会のやりとりは米軍政府の態度の変化でもある．ワトキンスは「大学教授」「インテリ」「知日家」とされることがあり，確かに沖縄の文化や芸術を重視し，関心も寄せている．しかし，同時に，ワトキンスは諮詢会の議論を見ると，土地所有や住民の移動，帰還，食糧問題に関してこれ以上進めば米軍政府にとって不都合という面が出てくると，途端に焼き物や掛け軸，庭園の話を持ち出しては議論を中断させたりしている．庭の話になれば，それは議論の終了の合図であった[68]．

鹿野政直は，ワトキンスについて，前任者の「人類学者」マードックと比較して，「冷徹な政治学者」と形容している[69]．しかし，ワトキンスの「政治学」がどのようなものであったにせよ，たとえば，仲宗根源和の異議申し立てに対する態度にみるように，被支配者の強い主張に対して狼狽し，高圧的な態度を取るか，あるいは，諮詢会の内部に亀裂を入れて，軍政府に有利な行動や結論を求めようとした．これは「学者」特有の態度というよりも，占領者の心理である．もしワトキンスが「冷徹」であるとすれば，それは沖縄をめぐる国際政治の反映でもある．JCS による 1945 年 10 月 23 日の JSC570/40 文書の承認に見るように，沖縄をアメリカの海外基地体系における「主要基地」と位置づけ，SWNCC を経て，国務省を通じた沖縄の獲得のための具体的な外交政策が検討

されるという段階に至った．また，そのなかには沖縄を「戦略地域に指定する信託統治」の下に置くという提案も含まれていた．我部政明によれば，1946年1月18日，JCSは沖縄を「戦略的信託統治」に指定し，1月末より「排他的統治」と米軍の無制限使用を可能とする統治形態の検討に入った[70]．

沖縄の米軍政府が土地認定作業を開始しようとしたのは，こうした時期にあたる．同時に，1946年1月29日，東京のGHQ/SCAPは，日本政府に対する行政命令として，SCAPIN677を発令した．これは，いわゆる「ニミッツ布告」を追認し，北緯30度以南の南西諸島を日本の範囲の外に置き，日本の政治行政権が停止された地域とするものであった．これによって沖縄は日本の「戦後改革」とは無関係なものとして位置づけられた．

以上のように，ワシントンや東京で沖縄の日本からの分離がより明確にされ，「排他的統治」を前提とする統治形態が検討されつつあるなかで，沖縄諮詢会の議論では，「県政復興構想」が提出され，「戦前の体制の再建」が具体的な議論の対象となっていった．3月1日，志喜屋委員長はワトキンスからの伝言として，「県政復興構想を作る事」として，「統一する中央機関を構想せよ」との指示を受けたと述べた[71]．すでに見てきたように，1945年8月以来，沖縄における中央政治行政機構に関する議論は，「自治」の機構，あるいは「民主的政治機関」の設立という主題があった．そこでは，戦前の「県政」は批判の対象であった．

「県政復興構想」の波紋は直ちにあらわれた．3月2日，當山正堅は「全沖縄の代議機関を作ると云う事であったが如何なったか」と述べ，これを米軍政府に問うべきであるとした．そして，「沖縄県政を委員で私した様に民衆から思はれたら大きな問題である．殊に民主政治を確立すると云ふ点から斯く思ふ」と述べ，「県政復興構想」の下ですすめられようとしている中央機構設立の議論の方向を糺した[72]．しかし，志喜屋孝信は「目下の忙しい時に選挙云々では却而有効ではない」との米軍政府を慮る発言に留まった[73]．また，當山は「知事，代議機関を如何にするかを質問するとの事であったが葬られた．地方行政を朝令暮改にして弄ばれて居る考へがする」と述べた．しかし，又吉康和は「私は村も未だ出来て居ないから現状の儘がよいと云ったら，ワッキンス少佐も然く考へて居ると云って居た」として，ワトキンスから政治機構について「腹案

を出すよう命じられていると述べた[74]．

波紋は，又吉康和が自らの「自治」の見解を提示したことから，更に大きなものとなった．3月8日，又吉は諮詢会の席上，なぜ代議機関を設置せず，また知事や執行部役員を米軍政府の任命を求めるのかという点について理由を問われ，以下のような「自治」論を展開した．

又吉は，沖縄の現状を「混乱」状態であるとした上で，「行政上の現状批判」として以下の7点を挙げた．(1) 沖縄には「人間らしい社会の秩序が出来ていない」，(2)「行政上の指導原理としての民主々義精神を一般人民が決定的に把握して居ないため所謂専門政治屋の策謀により民主々義が変質して少数策謀家の餌になるおそれがある」，(3)「若し民主々義による自治制を施行するならば其混乱と無規則を自律すべき組織―政党がなければならぬ」，(4)「自然発生的の生活意欲が政党にまで昂揚され，而して沖縄人に適する政治目標（政策）を意識化させるためには言論の自由（現在其の自由なし）が必要であり，言論の自由によって政党の取捨選択をさせねばならぬ」，(5) 言論の自由のないままに自治制を急いだならば「官僚的自治制―天下り式自治制が施行され，そして其れは戦争前の日本行政の再生産に過ぎない事」，(6)「今日の情勢下に於ては『自治制』とは無規律の民衆に対し『自分自身』を『自分自身』で政治する事だと『無責任な政治家』をして放言せしめ民衆を扇動する結果，社会をして益々混乱に陥入らす事になる」，(7) これは「東洋流の考へ」であるが，「過渡期に於ては政治家は民主々義の潮流と人民の要求―衣食住に対する極めて原始的な欲望との間に挟まる―緩衝地帯に立ちて苦しむだけの良心的度胸がなければならぬ」というものであった[75]．

これは果たして，又吉康和自身が考えたことであるか，あるいはワトキンスの意向を反映したものかどうかは検証することはできないが，ともかく，この主張自体は混乱を招くものであった．つまり，米軍政府が「県政復興」「戦前の体制の再建」として米軍政府による任命知事や任命行政官による政治行政機構を打ち出していることが，又吉の批判する「官僚的自治制」，あるいは戦前の「日本行政の再生産」に他ならないものとして，批判されていたからである．また，「言論の自由」にしても，明らかに米軍政府との権力関係のなかで制限を加えられていたものであったからである．加えて，「東洋流の考へ」によっ

て米軍政府と民衆の間で妥協することを必要とするというのは，又吉が自身の立場を正当化しようとするものであって，8月以来の議論の積み重ねを無とするには説得力を欠き，逆に他の諮詢委員の不信感をかき立てるものであった．

又吉の「自治」論は，直接には米軍政府による知事や執行機関の部長の「任命」に関する議論に影響した．3月13日，前上門昇は，又吉に対して，「知事は任命であるや否や」と問いただしたが，又吉は「任命である」と応じた．これに対し，仲宗根源和は，この問題についての諮詢は十分ではなく，「知事を官選にせず民選にしたい」と発言した[76]．又吉は，この発言に対しても，「軍政府は今暫くは民選でなく，任命と断言して居る．一方執行機関と共に一方は諮詢機関として行く」と応じた．しかし，仲宗根は「軍政府が民選ではなく官選と云ふ事を私は聞かない．然う云ったら記録を見せて貰いたい」と述べた．又吉は米軍政府との間の記録を示すことはできなかった．また，前上門は「官治行政は今執行すべきでない．現在の諮詢でやって行きたい」とし，現状の諮詢が十分ではないことを示唆した[77]．

當山正堅は，諮詢会が設立された時期を振り返り，その際に米軍政府の政治部長であったマードックが「民意を暢達せしめよ」と述べていたとして，マードックに答申した中央政治行政機構の諸案について，再度米軍政府に問い合わせることを提案した[78]．この議論よりも前にも，たとえば比嘉永元は初期の諮詢会の議論を振り返り，「モードック中佐が全沖縄の総意により沖縄の建設が出来ると云って居た．最近になって最初の行き方が正反対である事を思はれる」と述べ，それを「軍政府専政」と批判した[79]．また，比嘉は，諮詢委員の行政執行部長への移行は民衆の疑惑を生むので，それよりも諮詢会は「総退陣する方がよい」と述べた[80]．沖縄諮詢会の「総退陣」とは，比嘉自身がどのように意識していたかどうかは別として，マードックの担当した時期を含め，1945年8月15日までさかのぼるすべての蓄積を破棄し，根本的なやり直しを図ることを求める内容を含んでいた．あるいは，さらに遡り，諮詢会設立に至る住民代表者を決定した過程や指名のやり直しをも含み得るものであった．

3月15日，當山正堅は，諮詢会に顔を出したワトキンスに向かって，「モードック中佐の時，執行機関，代議員制を聴かれたから之を提出したが如何なったか．知事機関についても提出したが如何なったか」と問いただした．これに

対して，ワトキンスは「聞いた事もない．どうなって居るか分からない」と回答した．もちろん，ワトキンスはマードックの軍政計画について知らないはずがなかったが，當山の「民意を政治に織り込んで機構を整させたい」という要求に対して，それ以上回答しようとはしなかった．もしここで，志喜屋孝信が「もっと議論してからやりましょう」と割り込むことをしなければ，この場が米軍政府と沖縄諮詢会が正面から交渉する機会となったかもしれない[81]．しかし，実際にはそうならなかった．志喜屋が口を挟むことで回避された問題は，より深く諮詢会内部の問題となってしまった．

　3月18日，先の又吉の「自治」論に対する平良辰雄からの書簡が諮詢会に届けられた．また，島尻方面でも反響があったという知らせが入り，いずれも又吉の「自治」論が「自治」を「尚早」と見なしているとして批判する内容であった．又吉は，議論が進まないうちに広まってしまったとして，これを広めた者を「パージしなければならない」と憤慨した[82]．仲宗根源和は「此問題は諮詢会内から生じて来たものである．最初は皆でやって来たが近頃は各部門に生ずる事を予め連絡もなくやって行く様になった．又吉委員は単独でやって居る」と又吉を名指して非難した[83]．又吉は，「カードウェル少佐，ワッキンス少佐の時も諮詢の時は二人（又吉委員と軍政府）でよいと云はれて居る．特に君（又吉委員）ばかりでと云ふ時がある．各部各隊長と諮詢する時がある．村長は選挙するや否やの時仲宗根委員は選挙と云ひ私は任命と云った．カードウェル少佐の時も任命と云った．一，軍政府の任命か．二，諮詢会の推薦か．三，三人の候補者を一，二，三の順に推薦するか．協議の結果三に纏めた．私の欠勤した時仲宗根委員は部長は民選しやうではないかと云ったと．民心の安定するまでは自治は早いと云った」と述べた[84]．

　しかし，又吉は他の諮詢委員に対して自らの米軍政府との交渉のやり方について，言葉を尽くして説得しようとしなかった．そうではなく，又吉は「自治尚早論」批判を終わらせようとして，「言論の自由」の制限を持ち出した．又吉は「ワッキンス少佐が来られて，或問題を秘密裏に調査せよと，之は秘密にして置く」として，「ウルマ新報」に対して注意すべき点を挙げた．又吉は記事を示し，それらがすべて「社会主義者」のものであるから管理するようにとの通達があったと述べた[85]．それらは，1946年2月27日の「ウルマ新報」掲

載の「大学教授連も組合結成」「財界中堅の動き社会主義者指示」「日本を救ふもの左翼政党のみ」「芸者の紅い気焔」という見出しの4つの記事で，いずれもが日本本土での動きを報じたものであった[86]．又吉は「今は言論の自由ではない．ウルマ新聞は軍政府の監督が要る．近日中に又吉委員の配下になる（秘密である）．非公式に監督して置くやうにとの事であった」と，米軍政府との密接なやりとりがあるのだとした．そして，さらに，米軍政府は「共産主義者を心よく見て居ない様だから御注意まで」と付け加えた[87]．この件では，ワトキンスの個人日誌にも，3月6日，又吉康和と「ウルマ新報の左翼的傾向について」協議したと記されている[88]．

3月22日，志喜屋孝信は，「自治」をめぐるすべての問題の収拾を図ろうとした．「ニミッツ布告は極必要であり特に諮詢会に於ては憲法に匹敵するものの様に思はれるから印刷にして差上げます」[89]．これを受けて，又吉康和は「日本の従来も完全な自治ではなかった．況や米軍政府下に於てをやである．委員長もニミッツ布告を考へて御互やって行きたいと云はれた」と述べた．実際に志喜屋や又吉が言いたかったのは，これ以上「自治」をめぐる議論をしないということだろうが，「ニミッツ布告」を「憲法」とするとは，売り言葉に買い言葉のやりとりにしてはあまりにも飛躍したものだった．

仲宗根源和は反論し，「此問題が重大化したことは1945年8月15日如何なる人を選ぶか．住民のためになる時は徹底的に戦へと．自治を得るや否やの最重大な問題である．それを部長一人で時期尚早だと答へた」として，「又吉委員の自治は軍政府を離れての自治か問ひたい」とした．これに対して，又吉は「自治は私の意見ではない．軍政府の意見である．軍政府は自治尚早の案を持って来て私に対して居る」と述べた[90]．

3月25日，ワトキンスは諮詢会の席上，以下のように述べた．「県政，県令につき軍政府は将校を東京に派遣し，マッカーサーに会ひ，翻訳してから十分検討する積りである」．また，政治行政機構は「海軍の最高司令官の許可を得更にワシントン政府の許可を受けなければならない」「沖縄の行政機構を作るなら戦前に戻すのを前提とす．何故なれば住民よく了承して安心するから」．沖縄の将来の帰属については，「アメリカは未決定にしている」「行政執行機関を海軍か，陸軍か，民政長官が来るか分らない．米国は沖縄を必要としないか

も知れない．沖縄は国際委任統治の可能も見える．或は日本に帰へるかも分らない．国際会議が済むまでは帰属の問題に関せず其間は米国が責任があるから機構を有利に作らなければならない」と述べた[91]．

では，いったい誰にとって「有利」なのか．これこそが「自治」論争の焦点であったが，論争は十分に展開されることなく，混乱は諮詢会内部で処理することになった．

4　沖縄民政府の設立

後にワトキンスがまとめたところでは，彼は沖縄における海軍の軍政を二つの時期に分けられるとしている．第一の時期は米軍上陸からマードックの帰国まで，そして第二の時期は1945年10月から翌4月沖縄民政府設立に伴い，志喜屋孝信が初めての「知事」となるまでである[92]．しかし，ワトキンスにとっては，10月以前の時期は本来存在すべきでないものであった．ワトキンスは，マードックが戦前の沖縄の機構とは何のつながりもない，沖縄の住民にとって慣れない機構を作ろうとしたのだと述べている．マードックのやり方は「住民主導 civilian initiative」だが，実際にはマードックは米軍政府の政治部の下に置かれ，「東洋的 oriental」は住民に主体的な政治をなせと命じても単に混乱をきたすだけだったと批判している[93]．ワトキンスは沖縄の住民の自治能力を認めておらず，「戦前の体制」を取り戻す以外に住民に主体的な意志決定能力はないと見なしていた．これは，ワトキンスの着任以来一貫した態度であり，それによって政策を正当化した．また，ワトキンスの原則は，まずをもって統治の効率，すなわち，占領費用のなるべくかからない合理的な機構を作ることであった[94]．ここで彼の言う「東洋的」とは，まさに政治的なバイアスによる概念であって，ワトキンスにとって，住民に対して認めてはならないのは「デモクラシー」の機構，あるいはこれまで見てきたような諮詢委員たちの言葉で言えば「民意の反映」する機構であった．そして，何より，それは米軍政府の権力が貫徹され得る「上意下達」の機構でなければならなかった．

1946年4月になると，諮詢会の議論は自粛傾向を見せるようになり，諮詢さえも十分になされないまま，議事が通過するという状態となった．諮詢会は

第 2 章 猫と鼠

ワトキンスの「戦前に戻すのを前提とする」という発言を受けて以後，もっぱら各行政部長の候補者選考や市町村長任命事務に明け暮れるようになった．とくに「ニミッツ布告」が従うべき法令として圧力となり，同時に，機構が見え始めるにつれて，諮詢委員らには米軍政府と住民の間にあって特権的な地位にあるという自覚が出てくるようになった．たとえば，諮詢会に提出された陳情書の処理について，「英文が不完全であるから軍政府に提出することは出来ない」といった理由で議事に諮られなかったり，また，諮詢委員らは陳情書を互いにたらい回しにして軍政府への提出を遅らせたりするようになった．4 月以降も中部地域は住民に開放されていなかったため，読谷や北谷からの農耕再開の陳情が提出されていたが，米軍政府は不発弾の未処理や弾薬庫を理由に開放不可の通達をおこない，かつてのような米軍政府との交渉を積極的におこなうという態度は見られなくなっていた[95]．

4 月 1 日，諮詢会で，ワトキンスは，米軍政府が「戦前の機構」を採用する理由について次のように説明した．まず，「戦前の機構」は「軍政府の目的を達成するに副」い，また「皆がよく知って馴れている」「疑問もなく円滑」であると述べた．さらに，機構の刷新は「面倒」であり，もし刷新したいと考えても，沖縄には「デモクラシー」の経験が欠如しており，「デモクラシー政体は使い方を誤ったら却而破壊するから相当の基礎教育をした後でなければならない」とした[96]．

4 月 8 日，中央機構の設置と知事任命の通告がおこなわれ，11 日，諮詢会，地方総務，市町村長合同会議において，沖縄民政府知事の推薦がおこなわれた．ワトキンスは席上，沖縄の将来の国際的地位は対日講和条約まで未決定であるから，知事の推薦・任命が必ずしも沖縄の主権に関わらないことを念押しした[97]．ここでは，「諮詢会委員，地方総務及び各市町村長」に加えて，33 名の「学識経験ある識者」による候補の選定がおこなわれた．投票の結果，諮詢会委員長・志喜屋孝信，副委員長・又吉康和，そして，當間重剛が推薦された[98]．この結果について，ワトキンスは，「私の過去の沖縄の人と交って仕事をした体験からすると此の三人は指導者として間違いない人と確信する」と述べ，「軍政府からも信頼があって要職に在った」と評価している[99]．當間重剛は，1945 年 8 月，仮沖縄人諮詢会を準備する段階では住民代表指名で「除外」

措置を受けていたが，この結果はそれとは正反対のものであった．
　知事候補者推薦の翌日，4月12日，米軍政府は志喜屋孝信を知事に任命することを諮詢会に報告した．副知事には第2位であった又吉康和が任命され，當間重剛は「司法部の重要位置」につくこととされた．ワトキンスは推薦と任命の過程について，「予想した通りに行ったから愉快に感じた」と言い，米軍政府政治部長として自らを「私には他の将校の持たない人を見る目もあり，東洋の事情も知っている．何故なれば日本と支那に居たからである」と自負を語った[100]．
　こうした知事任命が決定される一方，同時に，県議会設置要求が提出された．4月16日，仲宗根源和は，「一，県会は総選挙を希望するが，二，総選挙が出来ない場合は延長を願ふ事．三，行政機関と議員とは兼務出来ない事．四，元の町村議員は現住地の町村議員たる事を認める事．五，補欠の場合は村議は村議で，県議は県議で仁川する事」という提案をおこなった[101]．これに対して，米軍政府は，仲宗根提案の「三」については同意したが，総選挙については「此の夏まで」は無理だとして，戦前の県会議員の補欠補充を提案した[102]．これは，1946年夏以降に可能だという回答ではなく，7月の米海軍から陸軍への軍政移管以後のことはどうなるかわからない，という意味だろう．仲宗根はこうした回答に対して，執行委員を辞し，議員として活動したいという希望を述べた[103]．
　仲宗根は続けて，沖縄民政府の行政執行の部長になることも辞した．そして，「私としては民意を代表して沖縄に尽したい信念を持って居」り，「民衆の声を聞いて沖縄復興のため尽したい」と述べた[104]．この発言は，ワトキンスの怒りをかった．ワトキンスは，「沖縄は敵国であるから民衆の声はない」として，次のように述べた．

　　今日まで進んで来たのは其の機構が軍政府に副ふからである．（中略）之が軍政府の目的に副ふものなら将来にも続くのである．政治機構を作った後軍政府の邪魔になるか又は副ふかゞ分れ道である．危険が伴ふと思ふのは民衆の声が軍政府に副はない時が危険である．（中略）例へば軍政府は猫で沖縄は鼠である．猫の許す範囲しか鼠は遊べない．猫と鼠は今好い友

だちだが猫の考へが違った場合は困る[105].

　この「猫」と「鼠」の比喩は，後年，米軍支配の構造をあらわすものとして，広く流布した．ワトキンスは続けて，その「猫」と「鼠」の関係は，対日講和条約が成立するまで続くだろうし，それまでは「民衆の声は認めもしない．又有り得べきものでもない．平和会議の後帰属が決まった，政治が決まった後民衆の声も反映するだらう．講和会議の済むまでは軍政府の権力は絶対である」と述べた．また，県会議員は何の権限も持たず，効力もないから，「忠実であり自ら協力しておとなしく目的に副ふ様に行ったら望はある．（中略）斯る状態にある政治は危険であり望のない政治になるのではないか」として仲宗根をたしなめようとした[106].

　ワトキンスの発言に対して，仲宗根はそれでも決断を変えることはなかった．同時に，諮詢会のなかでは，ワトキンスの発言に対して反発も出た．當山正堅は，ワトキンスの「猫」と「鼠」の比喩は「人道問題であるから私も辞めたい気になった」と述べた．また，前上門昇は「仲宗根委員が執行機関と議決機関と別なる事を主張された事に感謝す」として，「日本では言論の自由を与へて居る．モードック中佐時代は将来もあると考へたが，ワッキンス少佐の話によると沖縄の将来は如何と案ぜらる」と述べた[107]．県議会は結局，戦前の議員に補充をおこなう形で設置され，4月22日，補充推薦がおこなわれた[108].

　こうした議論がある一方，この時期に徐々に輪郭を作り始めていたのは，米軍支配の下での受益層の成長していく土壌である．諮詢会幹事で工務部長であった松岡政保は，これまでに見た「自治」をめぐる議論の場にほとんど姿を見せなかった．松岡は，その間，もっぱら軍政本部で米軍政府との打ち合わせに出向いていた．松岡は，12月7日，「中央倉庫からの物品配給受取の責任者」となり，事実上，物質的経済的社会的な沖縄の側の代表になっていた[109].

　4月19日，松岡は「復興費用」をめぐる提案をおこなっている．松岡は「住宅建設は工務部でやり，修理救済は社会事業でやりたいと思ふ．各市町村には工務課があって莫大な人員が居るがこれは町村の負担か，軍政府の負担であるかをワッキンス少佐に相談したい．復興資金として町村にやるか又軍直属としてやるかこれを諮りたい」と述べた．これについて，諮詢委員のなかで，糸数

昌保は，復興部門が大きなものとなりつつあり，「此際復興部を設くる必要なはいか．若し出来なければ工務部を復興部と改名したら如何」と発言した．議論は，徐々に「復興局」設置に傾いたが，これに対して，當山正堅は「各部復興があるから別に復興局を置かなくてよいと思ふ」として，「沖縄復興とは云はずに建設と云ひたい」と述べている[110]．

　當山のこうした意見は，松岡政保には理想主義的に映っただろう．なぜなら，ワトキンスは「沖縄の中央機関は通貨制の前に施行されなければならない」と述べており，民政府の設立と「復興」の経済は不可分であったからである[111]．通貨制の導入は，住民を軍労働に引き入れ，それに対する賃金の支給，そして，それをもって生活物資を市町村営配給所において購入させるというサイクルを生みだす目的があった．

　4月24日，知事辞令が交付され，それに先立つ22日，南西諸島米国海軍軍政本部指令第156号「沖縄民政府創設に関する件」が発令された．そこでは，知事の責務は「軍政府の政策及指令に準拠し沖縄に於ける総ての行政庁の総合行政を適切に遂行する事に関して直接軍政府副長官に責任を負う」とされ，何ら政治的な権限はもたないものであった[112]．米軍政府は，「知事」の名称について，「書類公文は知事（Chiji）を用ひ，ガバナー（Governor）は用ひない様にする」とした[113]．

1) 沖縄県沖縄史料編集所編『沖縄県史料　戦後1　沖縄諮詢会記録』沖縄県教育委員会，1986年，111ページ．
2) 同上書，118〜119ページ．
3) 同上書，119ページ．
4) 同上書，125ページ．
5) 同上書，132ページ．松岡に変わって，諮詢会協議会の通訳は比嘉秀平が後任となった．米軍占領初期の指導者は，政治家としての経験や大衆の支持というものとは一切関係のないところから出発する場合が多かった．比嘉は戦前は教員であった．比嘉については，第7章を参照．
6) 同上書，125〜126ページ．
7) 同上書，127，133〜134ページ．
8) 同上書，161ページ．
9) 沖縄では戦時体制の下では新聞は『沖縄新報』に統合されていた．米軍政府は戦闘が

一応の終結をみた7月頃から新聞発行の準備を始めた.『ウルマ新報』は,1948年に『沖縄タイムス』が創刊されるまで沖縄島内で唯一の新聞であった.米軍の取り計らいによって,無線機の使用を許可されていたが,創刊次期は島の内部の情報についてほとんど書かれていない.島清『ウルマ新報発行の経緯――沖縄文化史のために――』私家版,パンフレット,1968年を参照.

10) 前掲『諮詢会記録』,161ページ.現在のところ,『新沖縄』を確認することができていない.
11) 前掲書,133ページ.
12) 同上書,169ページ.
13) 同上書,137～138ページ.
14) 同上.
15) 同上書,153ページ.
16) 同上書,569～572ページ.
17) 同上書,552～553ページ.
18) 月刊沖縄社編『アメリカの沖縄統治関係法規総覧Ⅳ』月刊沖縄社,1983年,17ページ.
19) 前掲『諮詢会記録』116,118～132ページ.
20) 前掲書,112～113ページ.
21) 同上書,122ページ.
22) 同上書,123ページ.
23) 同上書,134～136ページ.
24) 同上書,174,190～193ページ.
25) 同上書,243ページ.
26) 同上書,149～150ページ.
27) 同上書,170ページ.
28) 11月27日,住民の移動に関する市長会議があったようであると諮詢会の議事録には書かれているが,その記録自体は残されていない(同上書,184ページ).
29) 同上書,124ページ.
30) 同上書,185ページ.
31) 同上書,181～183ページ.
32) 同上書,198ページ.11月2日の諮詢会の席上,米軍政府は「土地を占有する時如何にするか」という諮問をおこなっている.これに対して,法務委員の前上門は「委員会から処置法を作って軍に陳情する」と答えている(同上書,140ページ).また,諮詢会において,土地のことが話題に初めてのぼったのは,9月26日のことである.ここでマードックは「土地台帳は誰の責任か」と問うている(同上書,87ページ).
33) 同上書,200ページ.
34) 同上書,225ページ.
35) 同上書,200ページ.

36）同上書，203, 206 ページ．
37）同上書，195 ページ．
38）同上書，197 ページ．
39）同上書，202 ページ．
40）同上書，230 ページ．
41）同上書，249 ページ．
42）同上書，250 ページ．このとき，警察署および憲兵隊の設置された地区は，田井等，宜野座，前原，コザ，知念，糸満の6ヵ所である．
43）同上書，251 ページ．
44）同上書，251～252 ページ．
45）仲村兼信『沖縄警察とともに』仲村兼信，1983年，78～82 ページ．仲村の略歴は，第1章を参照．仲村は，戦前の警察官について次のように述べている．「当時巡査といえば本土出身者，とりわけ鹿児島県人がほとんどで，鹿児島出身というだけでどんどん出世でき，県人の進出できる余地は極端に狭き門であった．沖縄県人が巡査を拝命するにも，『土人巡査採用の件』という見出しの文書によって知事の決裁を受けなければならなかった．当時の警察は『陛下の警察官』であり，一般市民に対してはかなり権威をもっていたから，言葉もろくに通じない沖縄県人では巡査という職業が"高嶺の花"と思われても仕方のないことだったかもしれない．」(17～18 ページ)
46）前掲書，94 ページ．
47）『諮詢会記録』260～261 ページ．護得久委員は，「暫定処置として中には不満足の人物もあるが」と前置きしているが，結局は仲村案に賛同した．
48）前掲書，255 ページ．
49）同上書，255～256 ページ．
50）James T. Watkins, IV., "War Diary," Folder no. 1, Box no. 22, James T. Watkins Papers, Stanford University, pp. 95-96. 1945 年1月8日の記録．
51）前掲『諮詢会記録』245 ページ．糸数昌保は「之は将来を見通しての案ではないから現在に於ける案として取扱っては如何ですか」と応じ，他の委員からの支持，あるいは前上門自身に敷衍するよう促す発言はない．
52）司法制度における「自治」が最初に具体的に問題とされたのは，警察機構が成立した1月18日の諮詢会協議会における刑事裁判（尊属殺人）の報告においてであった．前上門は，事件の審理が裁判によって厳格すぎたり曖昧になったりしており，これを解決するには「沖縄の風俗習慣等に詳しく通じて居る裁判官」が必要であるとした．米軍政府はこれに一定の理解を示し，「裁判も時期が来たら人民の手に移るのである」と返答したものの，実際には手段を講じる気配はうかがえなかった．このとき，前上門は「沖縄の自治が一日も早く来るのを期待して居ます」と述べている（前掲書，262～263 ページ）．
53）同上書，248 ページ．

54) 同上書, 270 ページ.
55) 同上書, 283 〜 284 ページ.
56) 同上書, 284 ページ.
57) 同上書, 293 ページ.
58) 同上書, 295 〜 296 ページ.
59) 同上書, 297 ページ.
60) 同上書, 296 ページ.
61) 同上書, 297 ページ.
62) 同上書, 247, 269 ページ.
63) 同上書, 297 〜 299 ページ.
64) 同上書, 299 ページ.
65) 同上書, 285 ページ.
66) 同上書, 299 ページ.
67) 同上書, 305 ページ.
68) たとえば, 同上書, 352 ページ, 奄美大島との境界に関する質疑, 354 ページでの朝鮮からの引揚者に関する質疑など.
69) 鹿野政直『戦後沖縄の思想像』朝日新聞社, 1987 年, 77 ページ.
70) 我部政明『日米関係のなかの沖縄』三一書房, 1996 年, 35 〜 45 ページ.
71) 前掲『諮詢会記録』, 322 ページ.
72) 前掲書, 327 〜 328 ページ.
73) 同上書, 328 ページ.
74) 同上書, 346 ページ.
75) 同上書, 347 〜 348 ページ.
76) 同上書, 357 ページ.
77) 同上書, 358 ページ.
78) 同上書, 359 〜 360 ページ.
79) 同上書, 328 ページ. この議論はさらに続き, 3 月 6 日には, 仲宗根源和が「執行機関は委員がなって居るが若し全部委員が部長になった場合如何にするか. 8 月 20 日に委員は選挙された. (中略) 民政に移りつゝある時委員が部長を兼ねる時は疑惑の眼を以て見られる. 出来れば半数は外部から持って来たら如何と軍政府に質したい. 軍政府が一時的であるとすればよいが, 而し之が具でないとすれば住民に疑惑を生ずるおそれがある」と述べている. これは部長を半数外部からとしている点で, 先の比嘉永元の発言よりも妥協の色が見られる (同上書, 343 ページ).
80) 同上書, 344 〜 345 ページ.
81) 同上書, 369 ページ.
82) 同上書, 371 〜 372 ページ. 又吉は「中央機関の原案に対しては知事部長は推薦して任命の形にとったら, 之に対し各地から疑問が来た. 又吉委員は自治を与へると云ふの

に之を阻んで何故に官選にしたかとの事である．私の自治尚早論を配布して故意に曲解して云ひふれて居る委員が居る．実に私としては斯る者は下劣と云ひたひ．斯る策動は慎むべきである」と述べた（同上書，370ページ）．

83) 同上書，372～373ページ．
84) 同上書，375ページ．
85) 同上書，377ページ．
86) 『ウルマ新報』1946年2月27日．又吉康和の「ウルマ新報」に対する攻撃は，単に記事に向けられているだけでなく，この号から前原支局長に浦崎康華が就任したことから，これに端を発して，戦前の無産運動や社会主義運動の参加者がいるという点にも向けられている．
87) 前掲『諮詢会記録』，377ページ．
88) James T. Watkins, IV., "War Diary," p. 142, Folder no. 1, Box no. 22, James Watkins Papers, Stanford University.
89) 前掲『諮詢会記録』，389ページ．
90) 前掲書，391～392ページ．
91) 同上書，406～407ページ．
92) James T. Watkins, IV., "Rehabilitation: Political (I)," p.1, Folder no. 3-V-19-22, Box no. 8, James T. Watkins Papers, Stanford University.
93) Ibid., p. 5, 60-62, 82.
94) Ibid., p.14.
95) 『諮詢会記録』，423～424，440～441ページ．
96) 前掲書，430ページ．
97) 同上書，464ページ．
98) 同上書，468ページ．
99) 同上書，469～470ページ．
100) 同上書，472，474ページ．
101) 同上書，481ページ．
102) 同上書，489～490ページ．
103) 同上書，490ページ．
104) 同上．
105) 同上書，492～493ページ．
106) 同上書，493ページ．
107) 同上書，499～500ページ．
108) 同上書，512～514ページ．
109) 同上書，206ページ．
110) 同上書，496～470ページ．
111) 同上書，455ページ．

112) 月刊沖縄社編『アメリカの沖縄統治関係法規総覧 IV』月刊沖縄社, 1983 年, 130 ペー
 ジ.
113) 前掲『諮詢会記録』, 515 ページ.

第3章

占領初期の社会変容

1 「復興」と「近代化」

　戦争終結直後の沖縄社会の急激かつ大規模な変容を的確に描写することは，地上戦による破壊の大きさもあり，どんな人にとっても困難なことだろうと思う．その一方で，米軍側の文献でも沖縄側の資料や研究文献でも，その社会変容を指してしばしば「復興(リハビリテーション)」という言葉が使われてきた．占領初期の米軍政府の軍政官であったジェームス・T・ワトキンスの位置づけは，その最初のものである[1]．彼は，占領初期の「復興」をさらに「政治的復興」「社会的復興」「経済的復興」等に分類した．

　言うまでもなく，占領初期の沖縄における社会の変容はゆっくりと時間をかけた再生過程ではなかった．むしろ，それは常にアメリカの軍事的な要請に基づいて規定され，あるいは，強制される面が強かった．だから，ワトキンスの言う「復興」とは，単に機能回復，あるいは社会を「元通りにする」ことと解釈するには，あまりにも特定の時代や特定の条件の下での言い回しであって，政治的な意味作用が働いている．

　月並みな定義を調べる方法ではあるが，"rehabilitate"，あるいは"rehabilitation"という単語をオックスフォード英語辞典で引いてみると，16世紀以降に主に王権や特権が公的に回復されるという用例だったが，20世紀に入ると，とりわけ1940年代の第二次世界大戦末期には，兵士や都市の戦争のダメージからの回復という用法が出て来るようになった[2]．つまり，「復興(リハビリテーション)」とは，第二次大戦のなかで再定義され，また，戦争という一連の出来事のなかに組み込まれた現代的な用語である．さらに言え

第 3 章　占領初期の社会変容

ば，英語で"rehabilitate"という動詞は他動詞であり，自動詞の用法がない．「復興（リハビリテーション）」の行為主体とその対象となる客体の関係は自ずと固定化されることとなる．

　沖縄現代史の文脈で，もしも第二次大戦終結後の占領初期の時期を「復興（リハビリテーション）」の時代と位置づけたとするならば，その主体は占領者である米軍であり，彼らは沖縄に投下される物資や資本，人員と組織，運用システム等のすべてを管理する主体となる．他方，沖縄の社会とそこに生きる人びとは，それを所与の条件とする機能回復の過程を受け入れる他なく，主体的な自主管理をおこなう余地のない存在として位置づけられてしまうだろう．つまり，「復興」とは，価値や力関係について中立的な用語というよりも，すべては「米軍の許す範囲で」という占領支配の実践をあらわす特定の条件にそったものとなる．

　この点で，1988年に米国陸軍戦史編纂所が発行した『琉球列島の軍政 1945-1950』は，米軍の立場を代弁し，「復興」を強調したワトキンスよりもさらに洗練された説明を加えている[3]．著者であるアーノルド・フィッシュがその序文で述べているように，沖縄において，米軍は「軍政 Military Government」と「民政 Civil Administration」に根本的な区別をしなかった[4]．従って，米軍の沖縄における軍政の「正史」である本書は，実際の分析の対象時期を沖縄戦から1950年の琉球米国民政府の設立に至る数年間に絞り込みながらも，米国政府にとって未だに評価が定まらない沖縄の米軍支配の27年間に対する認識を示唆するものである．

　フィッシュは，「復興」を占領初期の個別のシステムの再構築に対して限定的に使い，さらに1949年後半以降の米軍基地建設の本格化に伴う社会経済発展全体を沖縄社会の「変容 transformation」と表現している．そして，その「変容」は土地問題を引き起こし，住民の反発を招いたという点で，「限定付きの成功 a qualified success」であったとする．しかし同時に，そうした「変容」が，結果として「一世紀あるいはそれ以上も飛び越えた社会的経済的飛躍」という「非凡な変容」をもたらし，1972年の施政権返還の段階で，沖縄人を「生産的な日本人 productive Japanese」として通用する程度にまで変化させたと述べている[5]．

フィッシュの議論は，煎じ詰めれば，沖縄の「近代化」は米軍支配の下で最も迅速且つ本質的に進展したというものである．しかし，第二次大戦後の沖縄の社会は，米軍支配の下で単線的な社会経済の発展段階を駆け上り，「近代化」を成し遂げ，「生産的日本人」へと，あるいは，民主主義や人権意識の覚醒した社会へと「変容」したのではない．実際には，政治的経済的社会的あるいは文化的に，自主的に社会を運営していく選択肢が支配勢力である日本国家によって限定されたものであったという近代史を通じて蓄積された問題の克服という課題が，第二次大戦後のさまざまな条件，すなわち，地上戦による破壊，日本からの分離，米軍占領，軍事基地化，また，アジアにおける冷戦体制の形成を契機とする重層的な社会構造の変化として顕在化した．そうしたなかで，いかにして自らの社会を再生し，あるいは新たに建設していくのか，そうした主体的な課題があった．

　それは単純な「変容」ではなかった．戦争と占領は，沖縄に生きる人びとに日々を生き延びるための具体的な，しかし過酷な選択をも迫るものであった．家族を捜したり子どもに食べさせる食糧を確保するため，立ち入り禁止区域に入り，米兵に背中から撃ち抜かれて命を落とす（あるいは，そうした危険を冒す），強姦や殺害される，家族を養うために米兵相手の「レクリエーション」や商売で働く，不発弾や薬莢から抜き取った火薬で作った手作りのダイナマイトで岩礁を爆破して魚を捕る（その過程で死傷するケースが後を絶たなかった），軍事基地建設のため，自らの郷里の土地に鍬を入れて地ならしするなどといった，いわば致し方ない選択をもしなければならないという条件の下で，人びとは制度によって保障されてもいなければ，また，政治的主体として制度を変える回路を得るのも容易ではなかった．人びとは米軍支配の構造のわずかな間隙を掻き分け，自分たちのための自律的な空間を求めなければならなかった．

2　占領初期の社会変容

　沖縄戦から占領初期にかけた時期，それまで沖縄の社会が歴史的に経験したことのない質と規模の人口変動，都市化，また労働形態や衣食住の変化が起った．戦後沖縄の社会の変容は，沖縄戦と米軍占領，軍事基地の存在という

写真4 収容所から収容所へ移動する避難民，1945年．（沖縄県公文書館所蔵米海軍写真資料24［0000070743/112-14-3］）

政治的な要因が強く働いたものであり，権力関係が直接的間接的に自然環境と人間社会の生活基盤全体に影響を及ぼし，さまざまな位相の変化と再編成が起きた．島のなかでは，どこに居住して何によって生活の糧を得るかということはもちろんのこと，物質的にも制度的にも支配権力である米軍によって意味付与されるか，あるいは承認されなければならなかった．それは政治的圧力として作用した．言い換えれば，米軍政府の政策のなかでしばしば使われる「住民管理（ポピュレーション・コントロール）」というものは，単に住民の労働や通貨の管理，食糧供給等の生活基盤の確保といった運営上のことを指すというより，米軍の占領支配を確立し維持するための社会そのものの再編成のことであった．

まず，「住民管理」は，一方では島の内側にいる人びとが外部世界とかかわる回路を複雑で狭隘なものにし，他方，島の内側では人びとの生活世界を寸断し変化させた．

1945年10月23日，米国海軍軍政本部指令第29号「住民の再定住計画及び方針」が発令され，これをもって戦闘地域から引き離されて民間人収容所にいた住民のそれぞれの村落への帰還が始まったとされている[6]．しかし，実際には，米軍戦闘部隊が中・南部地域を占領しているために停滞した．また，1946年8月から日本本土や旧日本支配地域からの大量の引揚者が流入したため，住民の再定住は複雑な経路を辿った．

　引揚者は，米軍政府の報告に基づけば，引揚が開始された1946年8月から12月末までに琉球諸島全体でおよそ20万5000人，1947年上半期には21万人までに達した．また，1947年6月末の統計によれば，日本本土より16万4254人，朝鮮より316人，台湾より1万7048人，ミクロネシアより2万6004人，東南アジア各地より60人，ハワイからの元戦争捕虜2322人が流入したとされる[7]．奄美諸島や宮古諸島，八重山諸島への引揚者を差し引いても，沖縄島だけで沖縄戦終結時の人口のおよそ半数にあたる15万人前後が沖縄島に引き揚げたことになる[8]．

　このような大量の引揚者は，20世紀初頭から第二次大戦末期に至るまでの近代沖縄の社会的な特徴の一つである，大規模な国際的及び国内的な労働移動，移民や出稼ぎ現象に関連する．

　移民や出稼ぎの経験は，近代沖縄の政治・経済・社会・文化の隅々に影響を及ぼすものであった．沖縄の出移民の要因は，単純に人口圧，あるいは低開発状態による貧困の口減らしといった面ばかりではなかった．19世紀後半以降，「琉球処分」後の沖縄県の下で，土地整理による小規模自作農の大規模な出現，さらに甘蔗を中心とした換金作物への転換が起った．また，貨幣経済の浸透といった社会経済的構造変化のなかで，脆弱な構造をもつ農村がより多くの資本を獲得する手段の一つとして，北米や南米，あるいは日本本土への出稼ぎが増えていった[9]．

　戦前の沖縄では，国際移民や出稼ぎによる送金が県民所得の4割，時期によっては6割前後を占める場合もあった．また，人びとは単に移動した先の受け入れ社会では，単純に定住するというよりも，たとえば青年・壮年の男子は労働して送金し，配偶者や老親，近親者は沖縄に残って一家の土地で農業生産と子育てをし，あるいは親子が沖縄と移住先を往復するといった，いわば還流

型の労働移動形態をとる場合が少なくなかった．労働移動と送金を重ねながら，親族関係や地縁関係を維持する傾向が強かった．こうした国境を越えて家計を維持するあり方について，沖縄移民史の研究者イーディス・カネシロ〔Edith Kaneshiro〕は「トランスナショナル・ファミリー transnational family」と呼んだ[10]．こうした送金と人間の還流による国境を越えた家計維持は，両大戦間期，日本帝国主義の領土的拡大とともに大規模に移民が送り出されたミクロネシアやフィリピン，台湾への国際移動，そして，日本本土の工業地帯への出稼ぎについても同様である．ただし，移民の経験は送り出された時期，あるいはより本質的に，受け入れ社会によって異なる．こうした人の移動は琉球王国が解体され，日本に統合される過程で形成されていくが，日本帝国主義の瓦解とともに，そして沖縄が地上戦の現場となることによって機能停止となった．

　1946年以降，日本本土や旧日本支配地域からの引揚者は久場崎に上陸し，インヌミ収容所（キャンプ・コステロ）に一旦収容され，その後各地の民間人収容所を経て再定住地，あるいは郷里へと向かった[11]．

　こうした大量の引揚者を含めて，戦闘から占領の過程で人びとは島のなかで再定住と離散を繰り返しながら移動しなければならなかった．また，旧居住地域への再定住が不安定な場合，軍労務や都市の雑業といった不安定な労働に吸収された（あるいは，吸収されずに失業状態になった）．それは単純に賃労働による生活形態に移行したということではなかった．また，戦前のように，労働移動した先の受け入れ社会で工場労働やプランテーション労働によって賃金を得ながら，出稼ぎと還流を繰り返して農村との紐帯を維持するという形態でもなかった．言い換えれば，戦前には，人びとは工場であれプランテーションであれ，鉱山であれ，賃金労働者という「外套」を身につけて島の外に出て働きながらも，島に戻ればその上着を脱ぎ，農民に戻った．しかし，占領下では，帰るべき農村がなくなっていたり，強制的に郷里に立ち入り禁止にされて行き場を失ったりした．また，たとえ元の集落に帰る，あるいは可耕地に再定住できたとしても，家屋や田畑，森が消失し，爆撃によって隆起珊瑚礁の土壌が剥き出しになった荒れ地の場合もあった．

　占領初期の沖縄における都市化について考えてみても，単純に自然増による人口増加によって都市が形成されたというよりも，こうした収容所からの帰村

と引揚者の大規模な人口移動と変動，居場所の喪失，あるいは米軍基地関連に結びつく産業や雑業への就労を求めた地域・集落間の移動が主要な要因であった．帰村と引揚者の人口移動は，戦前の集落へと単純に再定住がなされたのではなかった．1950年までの土地接収により元の共同体への再定住が不可能となり，離散や移住を経験した集落は，中部地域と那覇の港湾周辺地区などである．こうした集落は，まとまった形で別の場所に移住した場合もあるが，離散し，生計のために別々に周辺地域や都市部に移動した世帯も多い[12]．また，元の集落への帰還が遅滞した場合や一旦元々の集落に落ち着いた場合でも，主に経済的な理由から都市部や基地周辺地域へ移動した．

　図1は1948年2月現在の人口密度を示したものである．一平方マイル当たり人口が1500人に満たない地域は北部地域一帯，中部地域では読谷，北谷，美里，中城，西原，南部では豊見城，兼城，東風平，高嶺，具志頭，三和であった．しかし，こうした市町村がすべて純農村として再生されたのではなく，中部地域は米軍基地の土地接収によって，また，南部は激戦地であったことから再定住が遅延した．たとえば，読谷では，表1に見るように，集落のほとんどが米軍によって接収されており，民間人収容所から引き揚げた住民は波平，高志保，楚辺等に集住せざるを得なかった．また，北谷でも，人びとは嘉手納や謝苅に集まった．1948年2月現在の主要都市については表2に示した．

　社会学者の与那国暹は，戦後沖縄において最も著しく変容した地域は浦添から石川に至る中部一帯であるとして，石川市やコザ市，宜野湾市等を「戦後忽然と出現した都市集落」としている．与那国によれば，石川，コザ，宜野湾はいずれも戦前には純農村であったが，石川の場合は米軍が収容所を建設し，また，沖縄諮詢会や沖縄文教学校等が設置されるなど，1945年から1947年頃まで戦後沖縄の中心都市として発展した．戦前の越来村を基礎とするコザは，土地の7割以上が，宜野湾はおよそ5割が軍用地として接収されていた．コザには元々の住民のみならず，米軍に土地接収された周辺地域の読谷や北谷等の住民や職を求める人びとが集中し，狭小な土地にひしめくことになった．宜野湾も，一方で純農村としての性格を残しつつ，野嵩や普天間を中心に米軍基地関連の職を求める人びとが再定住した．また，与那国は，こうした現象を支えたものとして，中部地域の軍事基地を結ぶ軍用道路の整備の重要性についても

表1 再定住未定集落（1950年現在）

市町村名	集落名
石川市	楚南
美里村	泡瀬
コザ市	大工廻，宇久田，嘉良川，御殿敷，白川，森根，倉敷
北谷村	北谷，伊礼，平安山，玉代勢，浜川，桑江，上勢頭，下勢頭
嘉手納村	野国，野里，国直，久得，東，兼久
読谷村	楚辺，渡具知，宇座，牧原，長田，親志，比謝矼
勝連村	平敷屋
中城村	久場，南浜
北中城村	瑞慶覧，比嘉
宜野湾市	宜野湾，神山，新城，安仁屋，真志喜，宇地泊
浦添市	城間，仲西，小湾
西原村	仲伊保，住吉
旧那覇市	垣花，住吉
旧小禄村	鏡水，当間，宮城
旧泊村	天久

出典）与那国暹『戦後沖縄の社会変動と近代化――米軍支配と大衆運動のダイナミズム――』（沖縄タイムス社，2001年）42ページ．

指摘している[13]．

また，戦前からの中心都市であった那覇では，米軍による土地の解放が漸次的かつ恣意的であったため，都市の再建が計画的になされず，壺屋やガーブ川沿いに発展した闇市を中核として，いわば自然発生的な都市化が始まった．こうした那覇の都市形成について，社会学者の秋元律郎は「産業化に随伴する都市化とは異なった『過剰』感覚を許す現象」が見られると述べている[14]．こうした現象の一つとして，1947年5月那覇港湾地区での米軍の荷役労務者の居住区「みなと村」の設置をあげることができるだろう．ここには各地で再定住が困難で就労を求める人びとが集中し，設置からわずか10ヵ月後の1948年2月には，1平方マイル当たりの人口密度は2万4434人に達した．「みなと村」については後ほど再び論じることにしたい．

1948年10月の「労務異動状況報告」を見てみると，沖縄の全可働就労者22万6031人のうち，農林業61.7％，水産業2.7％，公務員9.6％，軍労務18.2％となっている[15]．占領初期，農業部門は戦争の痛手と基地化によって可耕地が減少している一方で，現実の問題として食糧増産が求められた．しかし，すでに戦前の沖縄でも5反未満の小規模な自作農家戸数が全体の6割を占める零細な農業構造であったものが，1948年の統計では，5反未満の農家が92.4％，

図1 人口密度（1948年2月現在）

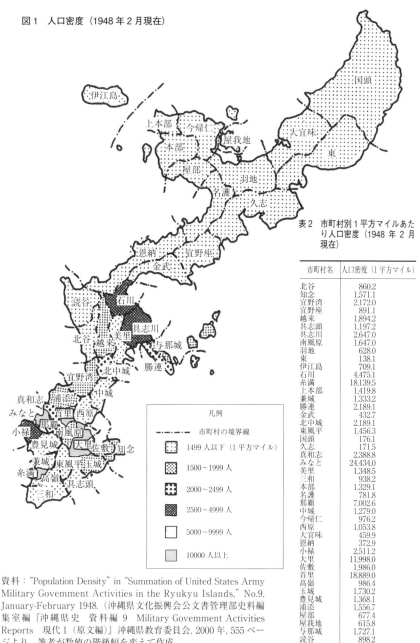

表2 市町村別1平方マイルあたり人口密度（1948年2月現在）

市町村名	人口密度（1平方マイル）
北谷	860.2
知念	1,571.1
宜野湾	2,172.0
宜野座	891.1
越来	1,894.2
具志頭	1,197.2
具志川	2,647.0
南風原	1,647.0
羽地	628.0
東	138.1
伊江島	709.1
石川	4,475.1
糸満	18,139.5
上本部	1,419.8
兼城	1,333.2
勝連	2,189.1
金武	432.7
北中城	2,189.1
東風平	1,456.3
国頭	176.1
久志	171.5
真和志	2,388.8
みなと	24,434.0
美里	1,348.5
三和	938.2
本部	1,329.1
名護	781.8
那覇	7,002.6
中城	1,279.0
今帰仁	976.2
西原	1,053.8
大宜味	459.9
恩納	372.9
小禄	2,511.2
大里	11,998.0
佐敷	1,986.0
首里	18,889.0
高嶺	986.4
玉城	1,730.2
豊見城	1,368.1
浦添	1,556.7
屋部	677.4
屋我地	615.8
与那城	1,727.1
読谷	898.2

資料："Population Density" in "Summation of United States Army Military Government Activities in the Ryukyu Islands," No.9, January-February 1948.（沖縄県文化振興会公文書管理部史料編集室編『沖縄県史 資料編9 Military Government Activities Reports 現代1（原文編）』沖縄県教育委員会，2000年，555ページより，筆者が数値の階級幅を変えて作成．

しかもそのうち1反未満の農家が4割近くを占めるという更なる零細化が進行し，離農が拡がった[16]．1950年には，全産業部門中，農業部門の占める割合は53％程度までに減少した[17]．また，軍労務に従事した労務者は1947年から1949年にかけて，3万人から4万人前後で推移しているが，それは決して安定した就労ではなく，米軍の必要に応じた需要であり，労働市場は不安定なものだった[18]．

　当時，ダグラス・マッカーサーは，「労働は沖縄が売ることのできる唯一の商品」とあからさまに述べているが，占領初期の沖縄では，軍労務やメイドなど，米軍基地に直接連結する場合だけでなく，飲食業や土産物生産・販売，米兵を対象とする遊興・飲食産業等，間接的に連結するものがあり，さらに1949年後半から朝鮮戦争勃発前後の軍事施設建設工事にともない，軍関連産業が拡大した．フィッシュは，こうした米軍基地あるいは米軍の存在によって生み出された多様な雇用機会は，「商品輸出よりも労働が琉球の最も価値ある『輸出品』」となる状況をもたらしたと述べている．さらに，朝鮮戦争期の1953会計年度の経済統計によれば，商品輸出と「貿易外勘定」総計5811万ドルのおよそ7割に相当する4061万ドルが，アメリカ人および米軍の諸機関によって雇用された沖縄人の労働力によって創出された「貿易外勘定」であったとしている[19]．

　しかし，米軍および米軍基地関連部門に労働を売るということは，かつて，移民や出稼ぎのなかで沖縄人が経験したような，たとえば鉄鋼や織布，石炭，砂糖，鰹といった生産物に対して労働を売るということとは異なる経験である．軍事基地は，それ自体，近代的な先端技術の複合体でありながら，再生産の構造から逸脱しているばかりか，政治的な要因に左右される投機対象である．また，米軍基地関連の労働によって獲得した賃金は一般的な「通貨」ではなく，米軍政府が指定するB円軍票で支払われた．人びとは，自らの労働によって生産した物品を通して社会関係をもつというよりも，何らかの形態で米軍基地を通して社会関係をもつことになった．そこに流通し，戦後沖縄の社会的諸関係を媒介したB円軍票は，「国家なき状態」「軍事植民地」とも言うべき位置におかれた戦後沖縄の資本主義世界経済への再編入のされ方を示すものであった．沖縄の社会全体がこうしたシステムの「受益層」として成長せざるを得な

い条件の下におかれた．

　もちろん，沖縄の人びとが自らの生活を再建しようとするなかで，産業面では，1947年頃から「住民生活に直結した産業」として，陶器，漆器，帽子，織物，瓦，煉瓦，石灰，石材，木工，製塩，鋳物，板金加工，製粉，製麺，味噌，醤油，酒類の生産が徐々に拡大するようになったことも指摘しなければならない．こうした製造業は家内工業的ではあるが，住民の生活意欲の反映でもあった．だたし，米軍政府の統制的な経済政策がこうした産業の成長を阻む要因ともなっていた[20]．しかし，1948年10月に自由企業制が確立されると，雑貨商（行商を含む），飲食店，理髪店，洋裁業，食料品などの小規模な起業が増えるようになった[21]．那覇では，1949年6月の企業免許の認可数は，雑貨商716，食料品商141，飲食店135，洋裁業107，時計修理59，アイスケーキ・製氷業27，旅館・料理店25，助産婦16，貸本屋16，美容院14等であった．また，マチグァー（市場）での固定的な店舗をもたない豆腐や野菜の立ち売り，頭の上に物品をのせて売り歩くカミアチネーも見られるようになった[22]．

　「労務異動状況報告」によれば，商業部門は1％程度であったが，そのうち女性の事業者の占める割合は男性のそれを大幅に上回り，およそ7割であった[23]．そして，1948年11月1日に自由経済が承認されることによって，1950年には8.16％，サービス業も5.17％を占めるまでになった[24]．また，先にあげた小規模な製造業だけでなく，米軍の払い下げ品や横流れ品を再利用し加工する，あるいは密貿易による物資を買い付けて売買するなどといった商売があった．こうした住民の経済生活の変化により，米軍政府は自由な取引と価格設定を許可するなど，統制的な経済政策を一部緩和した．しかし，1949年1月になるまで，米軍政府は自由取引に基づく賃金設定が米軍基地関連の労務の賃金を上回ることで軍労務者の確保が困難になることを恐れ，賃金の公定制を維持した[25]．また，市場での売買のなかには，いわば「不正規のルート」である米軍物資の横流しや隠匿物資，あるいは，出入域管理をくぐって流入してくる日本本土や台湾からの密貿易品も多く，流通は安定しているとは言えなかった．

　こうした就労・労働形態に関してより深い考察をしようと思えば，産業部門別，あるいは軍労務の推移の分析と同時に，世帯や家計に焦点をあてた分析が必要である．戦争と占領下の不安定な再定住過程の影響と家族形態の変化

第3章　占領初期の社会変容　　　　　　　　　　　　　97

により，世帯のなかでの就労形態は多様な組み合わせとなった．たとえば，青年や壮年の男子がいない，もしくは正業をもたないか，あるいは軍労務に出かけ，青年・壮年の女子は自由市場あるいは闇市場を含めて農産品や雑貨の売買，軍労務，基地周辺のサービス業，あるいは公務員（タイピスト，教員，看護婦等）として働き，学齢期の少年少女は副業的な収入を得る目的で米軍基地内の芝刈りやウサギ等小動物を売って小銭を稼ぎ，親兄弟の商売の手伝いをして働き，老齢の女性は乳幼児の子育てと家事，そして一定の農地（アタイという家屋の庭にある菜園を含め）で自給のための生産をおこなうといった世帯は珍しいものではなかった．単親家庭，また，親族，正式な婚姻を経ない内縁関係，養子・養親関係を含めた複合的な家族の形態があった．

3 「みなと村」の成立

「みなと村」は，沖縄戦の後，米軍占領下の沖縄に出現した港湾で働く労働者のための村であった．基地建設に必要なコールタールや建築資材，武器弾薬，PXで売られる酒や煙草といった物資から，住民に向けた配給用食糧や衣類に至る，島に流入する物資の入り口である那覇港のわきに「みなと村」は作られた．物資のほとんどが「みなと村」を通過し，戦後沖縄のいわば「復興」の中核にあったとも言えるだろう．しかし，その村は設置からわずか3年3ヵ月後に消滅した．「みなと村」とは何だったのか．

1987年に刊行された『沖縄大百科事典』を開くと，「みなと村」について以下のような説明がある．

> 1947年（昭和22）5月1日，戦後引揚げたPOW（日本軍捕虜）の業務を引き継いだ民間の那覇港湾作業隊の労務管理を円滑にするために，沖縄民政府知事によって設置された特別な行政自治体．50年に那覇市に合併されるまで3年3ヶ月存続した．みなと村の地域は，旧那覇市の山下町，通堂町(とんどう)の一部と真和志村(まわし)の楚辺(そべ)・松尾・壺川(つぼがわ)などを含む約23万坪．奥武(おう)山(やま)・ペリー・壺川・美田・楚辺一区・楚辺二区・松尾の7行政区にわかれており，世帯数1591，人口7638．村長は那覇港湾作業隊の支配人の國場

幸太郎が兼務した[26]．

　しかし，この説明は，実際のところ，「みなと村」の事実を必ずしも的確に伝えているとは言い難い．確かに「みなと村」の設置は「那覇港湾作業隊の労務管理を円滑にするため」であったが，作業隊の性格は「民間」とは言い難いものであった．また，この説明では「沖縄民政府知事によって設置された」とされているが，確かに 1947 年 5 月 1 日付沖縄民政府告示第 18 号には「沖縄知事ニ依ッテ設置サレタ新シイ村」と記されてはいるものの，1950 年 6 月 6 日に出された「みなと村」に幕引きした米軍指令では，「みなと村」とは「軍の管理せる村」であるとされている．

　「みなと村」に関するまとまった考察は管見の限り見当たらない．「みなと村」に触れる研究がないわけではないが，それは戦後那覇の都市形成の一部として扱われている．1987 年に刊行された『那覇市史　資料篇第 3 巻 1　戦後の都市建設』の「総説」において，歴史学者の安仁屋政昭が「那覇市の復興過程」の一部として触れ，「みなと村」が「のちの那覇市を形成する」一つの「人口集団」を形成したと述べている[27]．同書の第 1 章「市域の拡大」では，宮城悦二郎が，「みなと村の編入」という小見出しで解説を加えている．宮城は安仁屋よりも一歩踏み込んで，「みなと村」は「港湾労務関係者のためにつくられた村」であり，「48 年の夏，米軍が港湾作業成績不振を理由に抜き打ち的に発した売店閉鎖命令に端を発した『配給停止騒動』の震源地であり，戦後史の中でユニークな位置を占めている」としている[28]．1998 年には，安仁屋政昭は城岳中学校史に長めの解説文を寄せている[29]．また，2001 年には，鳥山淳が軍作業の推移を分析した論文のなかで，日本軍捕虜の労働から港湾作業隊，さらに「みなと村」形成という経緯に触れている[30]．

　ここで，「みなと村」で実際に生活し，行政にもかかわった当事者の言葉を引いてみよう．以下は，元みなと村助役であった渡口麗秀の回想である．

　　みなと村は誕生から那覇市に合併されるまでの三年三ヶ月はすべて異色づくめであった．（中略）みなと村民でさえ，今では世代交代でその名称さえ忘れ去られようとしている．しかし三年三ヶ月の短いみなと村の村史は，

第 3 章　占領初期の社会変容　　99

沖縄戦から立ち上がろうとしていた 1946 年（昭和 21 年）から 1950 年（昭和 25 年）の沖縄の縮図をみるようなものである．米軍に協力するための港湾作業隊としての村は，これが最初であり，そして最後であり，これからもこの種の目的の村の設置はないであろう[31]．

あるいは，「みなと村」は，渡口のように占領初期の沖縄社会の「縮図」であったと言えないまでも，戦後沖縄における占領の構造がいくつかの点ではっきりと見える時空間であるだろう．まず，占領初期の沖縄における米軍政府や米軍基地関連部門と密接に連関して成長した「受益層」の内実について考えてみたい．

1947 年 5 月，「みなと村」は那覇港湾作業隊の労働者とその家族の居住地区として設置された．那覇港湾作業隊の結成は，それまで米軍物資の荷役労働を担っていた日本軍 POW（Prisoner of War，戦争捕虜）の日本本土への送還が決定されたことを契機としている．日本軍 POW の送還の開始は，当初 1946 年 7 月を予定していたが，軍関係の労働力不足のために 10 月まで引き延ばされた[32]．また，日本軍 POW の送還と入れ替わりに，日本本土や各旧日本支配地域からの沖縄出身者の引揚が始まった．

1946 年 11 月，軍民連絡会議の席で，米軍政府は沖縄民政府に対して那覇港湾での荷役労働の沖縄人指揮者を推薦するよう命じた．その際，「那覇港で働いて居る人々の上に将来那覇市長になるべき人物を推薦されたい」とし，「目下 P・W を使用して居るが将来は沖縄人の手によって築き上げて行きたい．那覇住民を入れて彼等に那覇の仕事をさせる積である」としている[33]．このとき，米軍政副長官ウィリアム・クレイグ〔William Craig〕も，港湾の荷役について，「那覇港の食料品の荷揚等は沖縄人の手によってやる（沖縄人の品物）．那覇市の労務者の最高指揮者を推薦せよ」と述べている[34]．

しかし，実態としては，米軍政長官フレデリック・ヘイドン〔Frederic Haydon〕が，戦前からの沖縄の土建業者であった国場幸太郎を「沖縄人指揮者」に指名するよう沖縄民政府に対して指示している[35]．

沖縄民政府では，当然のことながら，港湾作業の沖縄人指揮者の推薦という米軍の命令は，中・北部地域に避難したままで那覇住民の帰還が遅れていたこ

ともあり,「将来の那覇市長となるべき人物を推薦せよとのこと」だと解釈し,国場幸太郎を含めた 5 人の候補を推薦した.しかし,米軍は沖縄民政府に対して国場幸太郎の指名の指示を繰り返した[36].国場幸太郎の那覇港湾作業隊の指揮者の指名は,占領下の垂直的権力関係では事実上の軍政府命令に等しいものであった.那覇港湾作業隊の総支配人に国場幸太郎,副支配人に真栄城守行と呉我春信が指名されることになった[37].

1946 年 12 月 15 日,那覇港湾作業隊が結成され,旧那覇市民,とりわけ,旧垣花(かきのはな)の沖仲士,また,金武湾作業隊等で荷役にかかわっていた人びとを中心に那覇に移動し,さらにその家族,関係者の移動が始まった.

1947 年 4 月,米軍政府は,労務者の家族の流入が増えたため,那覇港湾作業隊の居住地域を一つの行政区画として成立させて「ペリー村」を作るよう沖縄民政府に促した[38].「ペリー村」の設置にあたって,村長や助役の決定については,那覇港湾作業隊総支配人の国場幸太郎と沖縄民政府副知事であった又吉康和の二者間で協議が成立し,那覇港湾作業隊幹部をそのまま村長および助役に任命した.

米軍政府は当初,港湾作業隊の居住地域全体に「ペリー村」という名称をつけていた.いわば,「名付け」という行為を通じた占領の権力関係の具体的あらわれである.しかし,沖縄民政府は「ペリー村」という名称の「みなと村」への改称を陳情した[39].この陳情は最終的に認められ,港湾作業隊の居住地域全体が「みなと村」となる.だた,「ペリー」の名前は残され,旧山下町が「ペリー区」とされた.それは「山下」という名称が,日本軍将校山下奏文の名を思い出させるという理由からであった.

1947 年 5 月 1 日,沖縄民政府はその告示第 18 号を発し,「みなと村」は,「沖縄知事ニ依ッテ設置サレタ新シイ村」,そして「沖縄復興事業中ノ最モ緊要ナル部門ノ一ツデアル那覇港作業ノ労務管理ヲ円滑ニシ琉球軍司令部ノ企図スル作業能率ヲ増進スルト共ニ併セテ沖縄復興ヘノ促進ヲ図ル為軍政府の絶大ナル御援助ノ下ニ誕生シタ特別ナル村」として出発した.しかし,その「新シイ村」「特別ナル村」とは一体何を意味するものであったのか.実際には,沖縄民政府は事態をコントロールする位置にはなかった.

「みなと村」の人口は,1947 年 5 月の統計で居住人口が 6469 人と記録され

ている．1949年の統計では，居住人口が7638人，うち軍労働者が1636人であった．「みなと村」の3年3ヵ月を通じて，およそ7000人前後の人口が居住していたことになるが，「みなと村」が解消された後は居住者を港湾作業の労務者とその家族に限定しなくなり，さらに多くの人びとがこの地域に流入した．1952年7月の統計では，居住人口が1万8883人（3881世帯）となり，それは当時の那覇市人口の3割を占めるものであった．ここから，「みなと村」が戦後那覇の「復興」の中心になったということが見えてくるだろう．

「みなと村」の総人口のうち7割以上が旧那覇市民あるいは旧真和志村民であった．これが示すのは，「みなと村」の形成が那覇や真和志住民の各収容所からの帰還と再定住の過程であったということである．とりわけ，旧垣花の住民など，戦前の沖仲仕の仲間同士のコンタクトは重要なものであった．沖縄現代史研究者の鳥山淳の考察によれば，那覇港湾作業隊が作られる以前，ホワイト・ビーチで荷役作業をおこなっていたのは旧那覇住民であった．1945年末頃から戦前の那覇港での港湾労働の経験者が徐々にホワイト・ビーチ周辺に集められていた．しかし，彼らは旧那覇市民の一部でしかなく，他の多くの旧市民の那覇に帰還して生活を立て直すという希望から，那覇への帰還・再定住の請願がおこなわれた[40]．

「みなと村」に移った住民たちは，楚辺区やペリー区等に，月200時間労働を条件に家屋（キカクヤー，規格住宅）の無償提供を受けた．ただし，規定条件の労働時間を満たさない場合は即刻「みなと村」から追い出されるというものであった．また，奥武山区には「キャンプ」と呼ばれる，全島各地からの臨時雇用の労務者を収容した地区があった．まず，「みなと村」に居住するためには，必ず1世帯あたり1人以上の港湾作業隊の労務者がいなければならなかった．その給与は月額にしておよそ300B円であったと言われている．しかし，この給与では，当時の沖縄で家族を養うことは非常に難しいことは簡単に想像できる．通貨制度も安定せず，インフレは民衆生活を直撃した．たとえば，米1ポンド小売価格を見ると，1949年1月では175B円だったものが，2月には1100B円，あるいは，小麦粉1ポンド小売価格が1949年1月には91B円のものが，2月には825B円，さらに3月になると500B円といった上昇具合であった．

ところで，港湾作業とは具体的にはどのような労働だったのか．港湾作業とは，荷役，運搬，貯蔵，輸送の一連の作業を指す．当時，沖縄島には2ヵ所の港湾が米軍物資の荷揚に利用されていた．一つは那覇の軍桟橋で，もう1ヵ所は東海岸の勝連のホワイト・ビーチであった．那覇には泊にもう1ヵ所の桟橋があったが，これは民間桟橋であり，米軍物資用には使用されていなかった．この2ヵ所の港湾には，米軍が使用したリバティー型輸送船や冷凍船等が入港した．物資の内容は，食糧（小麦粉，米，缶詰等），衣料品，土木建築材，軍需物資，セメント，コールタール，弾薬，肥料，PX用品（酒，煙草，菓子類等）等であった．

　港湾作業は24時間の三交代制で，米軍のTC（輸送部隊，Transportation Corps）が管理していた．米軍TCはその日毎に作業命令を発し，それを受領した那覇港湾作業隊の現場事務所が各船への労務者を割り振った．那覇港湾作業隊の構成は，軍隊方式で，作業隊全体が「大隊」であり，そのなかに120～150人程度の「中隊」あるいは「小隊」が組織されていた．さらに各部隊のなかで，15～20人の班が作られた．「中隊長」には戦前の沖仲仕が大半であった．国場幸太郎は「みなと村」の「村長」，「総支配人」，そして「大隊長」であった[41]．

　「大隊長」国場幸太郎は，毎朝，米軍TCから作業命令を受け取り，「中隊長」や「小隊長」たちに労務を割り振った．「中隊」はそれぞれの居住地区ごとに分かれており，楚辺一区・二区合わせて「三個中隊」，松尾区・ペリー区・壺川区がそれぞれ「一個中隊」であった．こうして組織された労務者たちは，リバティー船や冷凍船が入港する毎に，ハッチ一つに対して労務者2人が入り，ウィンチ（巻上機）で物資を積みおろした．荷役の他に，物資の確認をするチェッカーやタイムキーパー，通訳らがいた．積みおろされた物資は，RTB（Road Traffic Bureau）のトラック部隊によって米軍補給部隊（Quartermaster）や天願倉庫等の民間物資用の倉庫に輸送された．このトラック部隊を管理していたのは，沖縄民政府工務部長で，民間の住宅建築にもかかわっていた松岡政保であった．そして，後に触れるが，労務者たちを現場で監督していた者のなかには米軍TCの兵士ばかりではなく，米軍配下のフィリピン・スカウトも多かった．

第3章　占領初期の社会変容

　米軍はリニアーな流れで島に流入する物資を合理的に管理しようとしていた．それはアメリカの近代的な社会工学に基づくというよりは，「軍隊式」の作業隊組織によって支えられていた．しかも，作業隊の「中隊」はそのまま労務者の住む「コミュニティ」であった．

　その沖縄人指揮者である国場幸太郎は，それは彼の特性ともなっていたのだが，権益の動きに対する嗅覚がきき，権力関係にくい込む力量があった．それは戦前，日本政府や日本軍の権益とかかわった国場の経験からくるものでもあった．占領初期には密貿易や闇商売によって潤った商売人たちが少なからずいたが，国場幸太郎はそうしたやり方に関心をもたなかった．国場は，当局による摘発やその網の目をかいくぐってといったやり方とは縁遠い位置に立っていた．国場のやり方は，直に権力に接近し，たとえどんなに小さい杭であっても，まずはその足下に打ち込み，自己の存在をあらゆる形で証明し続けることで制度の真ん中に居場所を築くというものだった．この点は，ハワイ・北米での移民経験からくる語学力を活かして，占領直後からいち早く米軍の権益に接近していた松岡政保とも類似している．

　しかし，松岡政保と異なり，国場幸太郎は政治の表舞台には立たなかった．晩年の回想のなかで，国場は「政治の話は元来興味がない」と述べている[42]．後に国場の一族から国場幸昌ら政治家が出たが，国場幸太郎自身にとって「政治」とは自らが関わるものというよりも，自分の活動の場を提供してくれる，むしろ利用すべきものであった．機を見て敏であるうえ，国場にとって軍人との交渉はすでに経験済みのものであった．

　国場幸太郎は，1946年6月末から7月初旬頃，密航船で九州から帰郷し，直ちに米軍政府に接近した．回想によれば，帰郷後，国場は沖縄民政府を訪ね，志喜屋孝信沖縄民政府知事に「早速米軍の経済部長らに引き合わせてもらい，密航で帰ってきたことを了解してもらった」と述べている．国場は，GHQ/SCAPと接触し，宮崎にあった旧沖縄材木会社の材木を沖縄に持ち込もうとしていた．志喜屋孝信はその許可を繰り返し米軍に求めていたが，当初，米軍の対応は「宮崎に居る国場氏は戦前トラブルを起こして居るから其解決後でなければならぬ」というものであった[43]．「トラブル」とは戦前の日本軍権益との関係を指すものと思われる．志喜屋は直接米軍政府に国場を紹介することが得

策とみて，8月初旬，軍民連絡会議に国場幸太郎を参加させた．この場で，米軍政府は，木材を持ち込んで復興に参加しようという国場に対して「那覇市の復興が考えられる」と応じている[44]．

この米軍との接触が国場幸太郎の戦後の事業の手がかりとなった．国場は回想で次のように記している．

> それから数日後，知事から民政府までご足労願いたいとの連絡を受けた．行ってみると，米軍政府の軍政官ヘイドン少将とクレイグ大佐が国頭へ鴨撃ちに行きたいから，案内してほしいという．最初はあまり気がすすまなかったが，知事から「あなたに頼みたいことがあるらしいのだ」といわれて，一行を案内した．ヘイドン少将らは軍靴，私は地下たび姿である．このときクレイグ大佐から「君は沖縄で仕事をする気があるか」という．すかさず私は言った．「自分は沖縄の人間だ．郷里で仕事をしたかったから帰ってきたのですよ」と．クレイグ大佐は非常に喜び，君にいい仕事を与えよう，といった．あとで聞いた話だが，私のことをいろいろ調べて，戦後の復興作業をまかせる考えを固めていたらしい[45]．

この後，国場幸太郎は，米軍施設建設のコンパウンドや保養施設，民間の規格住宅の建設・補修の仕事をまかされるようになった．

しかし，国場幸太郎は，当初「みなと村」の村長としての行政への関わりについては慎重であった．彼は「私は作業隊を統率することは出来るが，行政面については素人である．小学校も満足に出ていない」と述べ，他に行政経験のある者に村長や助役の職務をまかせようと考えていたが，米軍側の要求によって村長職に就くことになったのだとしている．国場が自らの村長としての行政能力の限界を認めていたことは確かであり，また，彼が強調するように，米軍の意向が強く反映されたことも事実である．

市町村長が公選制に移行した後の第2期目の村長職で，こうした「みなと村」の首長の問題はより明確になる．国場は2期目については辞退したいと考え，助役であった渡口麗秀を推薦した．実際，その頃までには，作業隊の仕事の範囲は，那覇港やホワイト・ビーチから，さらに宮古，八重山，奄美方面にまで

拡大されていた. ところが, 国場の証言によれば, 結局, 村長の公選では「対立候補が出て何かと面倒なことになりそうなので, 結局私が出馬せざるを得なくな」ったとしている[46].

この点については, 後に触れるが, 結成当初から, 那覇港湾作業隊や「みなと村」のなかに, 規模は必ずしも大きくないものの, 米軍の敷いた港湾作業の管理に対する異議申し立てがあった. また, こうした動きは1948年2月の市町村長選挙とも関連し, 「みなと村」の那覇市への合併という住民の期待の反映でもあった.

国場の言う「面倒なこと」とは, そもそもくすぶっている労務管理への不満とともに, 那覇の自治形成という課題が当時徐々に活発化しつつあり, それが戦後初期政党, とりわけ, 沖縄人民党の動きと連動するということであった. さらに公選によってもしも「みなと村」の首長や議会がそうした勢力によって占められた場合, 米軍が国場幸太郎や松岡政保, あるいは又吉康和ら, 占領下で米軍に積極的に協力した人物たちと一緒に作り上げてきたシステムが混乱し, 米軍の怒りを買うという政治が混乱する事態であった.

国場幸太郎は, 1949年, 港湾作業の国際入札によってこれを落札し, 正式な請負人となった. 国場は, これを自らの事業の飛躍のバネとし, 戦後の国場組再生のきっかけにした. そして, 国場組は1949年から1950年にかけて, 米軍と契約する地元業者として知花橋架工事, 琉球大学本館・校舎建設, 米軍家族住宅建設等を次々と請け負っていった. 1951年には琉球政府庁舎建設工事を国際入札で落札し, その後, 沖縄島を貫く基幹道路である一号線の建設などを手がけた[47].

国場幸太郎にとって, 港湾作業の統括者あるいは「みなと村」の首長という経験は何を意味するものだっただろうか. 国場自身の言葉を借りれば, それは至極単純なもので, 「この仕事によって多くの米国人と接触する機会を得た. このことが, あとに米軍の建設工事をするうえでプラスになった」ということである. それは1920年代末から40年代初めの再現のようでもあった. 1929年, 国場組は明治橋の橋架橋工事を内務省から委託を受けた沖縄県庁から請け負った. その仕事は資材の国際価格の急騰による障害があったが, 国場幸太郎は「歯を食いしばって」指定期日までに竣工させたと述べている. それによっ

て，国場組は業者としての信頼を軍部から勝ち取り，小禄飛行場の滑走路の延長補強工事を皮切りに，読谷飛行場，伊江島飛行場，嘉手納飛行場，西原飛行場等の工事を日本軍から次々と受注していくようになった．1943年には，従業員，徴用工，さらには動員学徒をあわせて，2万数千人という人間を使うようになっていった[48]．

　国場幸太郎の動きは，政治的，そして物質的基盤の変化や社会変容のなかで起きる権力関係の置換あるいは転位の一つのあらわれと言えるだろう．あるいは，日本軍から米軍への権力の配置換え，置換，あるいは転位への対応である．

　国場幸太郎は，支配勢力の変化に対していち早く適応した．戦後沖縄の民衆生活を典型的に表現する言葉に「戦果」というものがあるが，これは米軍物資をかすめるなど，生き延びるためにはある種の「窃盗」のような手段すら選ばざるを得ないという，戦禍を越えた民衆が投げ込まれた事態をやや自嘲的に表現したものである．圧倒的な物量で沖縄戦を制し，巨大な近代的工法で軍事基地を作る米軍の物資を，米軍兵士やフィリピン・スカウトに射殺される危険を冒して一つ，また一つと民衆が抜き取り，あがりの「戦果」を闇市場に売りさばいて糊口を凌いでいた．そうした同じ場所に，国場幸太郎のような人物がいることを考えると，沖縄現代史のなかで，「戦果」とは本当はどのような意味をもっているか，改めて問わざるを得ないように思えてくる．

4　敗者の労働

　沖縄占領のごく初期には，港湾労働は日本軍の「戦争捕虜の労働」であった．1946年までは日本軍のPOWがそれを担っており，それはいわば「敗者の労働」とも言えるようなものであった．その労働を沖縄の民間の労務者が引き継いだ．かといって，占領者にとって，港湾労働は「敗者の労働」だという認識が容易に解消されただろうか．

　しかし，この問いは，米軍という占領者と沖縄の被占領者という単純な二者関係だけで考えることはできない．米軍と沖縄の民衆のあいだにある境界は，米軍のシステムのなかのエスニックな要素が折り重なり，事態はより複雑なものであった．

第 3 章　占領初期の社会変容

　港湾労働で沖縄の労務者たちを実際に管理していた現場監督の多くは米軍 TC の兵士ではなく，第 44 歩兵連隊，いわゆるフィリピン・スカウト Philippine Scouts であった．さまざまな資料に散見されるが，米軍と住民の間に配置される兵士のなかにはアフリカ系アメリカ人の兵士も多かった．米軍は，フィリピン・スカウトやアフリカ系アメリカ人の兵士に対して，「同盟者」あるいは，それによる「栄誉」を強調しつつ，命令・規律とともに蔑視の目を向けた．記録のなかには，労務管理や住民管理するフィリピン・スカウト，あるいは，基地と民間地域の境界を監視するアフリカ系アメリカ人兵士がしばしば沖縄の民衆に対して暴力行為に及んでいるが，それはそうした米軍内部のヒエラルキーの問題とも無関係ではない．

　沖縄とフィリピンの歴史的な関係はとても深いものであるにもかかわらず，占領下の沖縄におけるフィリピン人に関する研究は，実際のところ，あまり多くない．占領初期，沖縄にはフィリピン・スカウトの他，基地の請負会社や商社を通じて雇用されていた者も数千人規模いた[49]．近年の研究では，そうしたフィリピン人と沖縄の女性の婚姻や人の移動，家族や 2 世のアイデンティティについて扱ったジョハンナ・ズルエタ〔Johanna Zulueta〕や杉井信の研究がある．フィリピン・スカウトに焦点を当てたものとしては，我部政明による短い論考がある[50]．

　我部政明によれば，フィリピン・スカウトは 1947 年 7 月 1 日現在でおよそ 6500 人が沖縄に配備されていた．それは，フィリピン本国やマリアナに配置されていたフィリピン・スカウト総数 3 万人のうち，およそ 2 割強を占めるものであった．1947 年 3 月に調印された米比基地協定は，米軍がフィリピンに継続して駐留することを定めるものであったが，同時にこの協定は米軍にフィリピン人の米軍要員を確保する権利を与える根拠ともなった．1947 年当時，第二次大戦後の米軍兵士の動員解除と国防費の削減からアジアに展開する米軍兵力は縮小傾向にあった．こうした人員と経費の削減のジレンマを一度に解消する存在がフィリピン・スカウトであった[51]．

　フィリピン・スカウトの起源は，アメリカによる植民地支配が始まった 20 世紀初頭に遡る．1901 年，米軍はそのシステムのなかにフィリピン人を組み込んだ．第二次大戦中，フィリピン・スカウトを率いていた退役米軍人のジョ

ン・E・オルソン〔John E. Olson〕は,「スカウトはアメリカの植民地軍と呼ばれるかも知れない最初で最後のものである. しかし,彼らは植民地住民ではない」と述べているが,フィリピン・スカウトに見る米比関係は複雑で,第一次大戦後,米国議会はフィリピン・スカウトを正式な米軍の一部として導入した. 米軍は,フィリピン人兵士たちを火砲,工兵部隊,物資補給,医療部隊等の補助,また,マニラ湾の防衛のための部隊として使った. さらに1941年に始まった対日戦争がこうした関係を決定的に強いものにした[52].

1941年7月,米比軍の統合によってUSAFFE(在極東米陸軍,United States Army Forces Far East)が成立した. USAFFEは,コレヒドール要塞陥落後の1942年5月,日本軍に降伏したが,同時に,フクバラハップ(抗日人民軍,Hukbo ng Bayan Laban sa Hapon)等の民間の抗日組織とともにゲリラ戦を展開し続けた. 1943年,USAFFEはオーストラリアのSWPA(連合軍南西太平洋地区)の司令部との連絡を回復し,日本軍の情報を送り,マッカーサー指揮下の正規軍の一部として位置づけられた[53]. この間,バターンにおける「死の行軍」,あるいは,キャンプ・オドネルの捕虜収容所を耐え抜いたスカウトたちもいた.

しかし,第二次大戦後になると,米軍のフィリピン・スカウトの扱いは,こうした,いわば抗日戦争の「英雄」としての位置とは対照的なものとなった. 我部政明の考察によれば,第二次大戦終結直後は,すでに触れたように,米軍の人員と経費削減のジレンマを解消する存在として,スカウトは各地に配置された. しかし,1947年6月になると,SWNCCはフィリピン・スカウトの廃止を決定した. それは「兵力数,経済性,フィリピンの世論,米国の国家政策,効率」といった点から判断されたものとされている. このときマッカーサーは,第二次大戦後のスカウトは「戦前のフィリピン・スカウトとは異なり,教育程度が低く,近代軍隊の最低水準にも達していない」と述べている[54].

これが事実に基づくものかどうかは別として,第二次大戦後のフィリピン・スカウトは,政治的社会的混乱状態が続く戦後のフィリピンからやってきた. とくに,1946年4月の総選挙後,アメリカからの独立後も親米国家としての基盤固めをはかるマニュエル・ロハス〔Manuel Roxas〕政権,また,対日協力者処罰と土地改革を恐れる地主勢力と土地改革を要求する農民層との間の

激しい対立関係と政治暴力，あるいは 1950 年代まで続く農民蜂起によって，フィリピンは事実上内戦状態にあった[55]．

「みなと村」の港湾労務者だった人びとのフィリピン・スカウトに関する回想は，実際のところ，大半は苛酷な管理に関するものばかりである．

> きつい仕事であったコールタール入りのドラム罐転がしの場合には比島人監視兵とのトラブルが特に多かったですね．ウィンチでドラム罐を地面に降すときに，罐にひびが入ったり，締まっていたふたがゆるんだりして中身が出たものです．作業人は両手，両足にコールタールがべったりくっつき，手はネチャネチャ，足はパチパチと音を立てながら，ヤードまで運ぶのにひどく難渋していました．それを見て，比島人監視は，作業人の後ろから，ハーバー，ハーバー（早く，早く）と怒鳴りながら，足で沖縄人労務者の尻や足を蹴ったりしていました．労務者が反抗した場合には，私はすぐ彼らに呼び出されましたが，反抗した労務者は今後来させるな，といって労務カードを取りあげてしまったものでした．

> 彼らは日本人に対しては，コレヒドールのこともあって，たしかに恨みをもっていましたね．とにかく沖縄人労務をいじめていました．"戦果"をあげる現場を彼らに見つけられ，発砲され運悪くも即死した労務がいたが，私はその遺体を家までトラックで運び，その家人に何故このような姿になったかを説明しなくてはならない立場であったが，一番辛かった．

> 私は，折れた材木をアメリカ兵の将校に許可を得て，トラックに積んでゲートを出ようとしたら，フィリピンガードマンがいちゃもんをつけて通さないんだよ．いくら米兵将校の許可を得ていると言っても聞いてくれないんだ．そこで押し問答をしていたらとうとう捕まってしまって，一日スタッケージに留置されたよ．

> これは軍港湾作業現場での事件だが，桟橋荷物集積場の荷物の間で，労務者がなにをしているのかわからないがこそこそと動いているのを，上から

フィリピンガードマンが声をかけずに射殺したんだよ．威嚇もなしにだよ．

ぼくが覚えているのは，首里の若い人だったけど，なんの警告も威嚇もなくいきなり射つのだからたいへんだよ．

チェッカーの人が射たれたこともあった．その人は股を射たれて命は助かったがねえ．その事件というのも作業員の交替時間になって，前の人と入れ替わって中に入ろうとしたときに射たれた．どうやら前の人がなにかやったようだが，その人と間違えられて射たれたようだ．フィリピン兵が理由もなく射った．実際に盗みをした人は別人だけど問答無用で彼らはやるんだよ[56]．

しかし，これらの回想には，フィリピン・スカウトの行為の残忍さとともに，いずれもが，こうした暴力がフィリピンに対する日本の侵略戦争と結びついたものとして記憶されているという特徴がある．ある元港湾作業の労務者は次のように述べている．

私は二，三回彼らに言われたよ．お前ら日本人はフィリピンでなにをしたかって．反日感情をまる出しだったよ．そのときの彼らの気持ちもわかるような気がする[57]．

フィリピン・スカウトが沖縄人の労務者たちをあたかも戦争捕虜であるかのごとくに扱ったことは確かであるが，彼らが沖縄でやった暴行や強姦，民家の焼き討ちといった暴力の起源に，日本軍政と侵略戦争によってフィリピン人が経験したことの反映を否定することも難しい．先の元労務者のような回想はあまりにも多いからだ．

しかし，米軍にとっては，フィリピン・スカウトは基本的に削減される人員と予算を埋めるための存在であって，占領を効率的に推し進めていく上で安価な「使い捨て」が可能な存在でもあった．

第 3 章　占領初期の社会変容

当時,米軍の軍政長官だったヘイドンは,フィリピン・スカウトによる暴力事件が相次いで報告されると,次のように言っている.

　比島兵が暴行する場合は女でも比島兵に傷を付ける様にせよ.
　場合によっては殺してもよい[58]．

ヘイドンはあからさまに,沖縄人とフィリピン人は殺し合っても構わないと言っている．先にも触れたように,バターン半島の「死の行軍」をフィリピン・スカウトたちとともに生き延びたアメリカの退役軍人オルソンは,抗日戦争でいかにフィリピン・スカウトが勇敢であったか,その功績を讃えた．しかし,フィリピン・スカウトは,アメリカにとって「植民地住民」という位置づけのままであった．そして,沖縄の労務者たちは「敗者の労働」を担う者として,占領の構造のなかで,さらに下方に位置づけられていた．

5　港湾自由労働組合

沖縄現代史研究者の宮城悦二郎は,「みなと村」が「48 年の夏,米軍が港湾作業成績不振を理由に抜き打ち的に発した売店閉鎖命令に端を発した『配給停止騒動』の震源地であり,戦後史の中でユニークな位置を占めている」と述べている．この事件は,「敗者の労働」を強制する占領体制に対する,沖縄側の異議申し立てとも言えるものであった．事件そのものについては第 5 章で取り上げるが,ここでは,その前史にあたる 1947 年における軍労務者の動きを追ってみたい．

占領初期の軍関連の労働では,常に賃金未払いや暴力の問題,そして,それに不満を抱いて労働者が軍作業に集まらないという事態が繰り返されていた．港湾作業隊では,賃金未払いから極小のストライキといったような状態が起きることもあった．

たとえば,1947 年の天願倉庫の問題に関する記録を見てみよう．

1947 年 8 月 12 日・軍民連絡会議

志喜屋知事
天願倉庫の労務者の出動が悪いのは農繁期の関係であるが其の労務者を出す特権を知事に付与されたい．
軍政府
知事から労務者を出せと云はれて，若し出動しない時は，斯くゝゝの処置をしたいと軍政府に提出すればクレーグ大佐は許可するでせう[59]．

1947年8月15日・部長会議
島袋官房長
（軍政府は）労務者割当をして出動せざる者に対しては配給停止してよいか如何にしてよいか其方法に対して立案中であると[60]．

1947年8月22日・部長会議
大宜見部長
軍政府は沖縄の労務者の出ないのがいけないと云って六ヶ月も配給停止するかも知れないと迄で怒って居ると．
（略）
當山部長
沖縄人の不心得の一部の者のために米人から全部が悪く見られている[61]．

　天願倉庫の労務者が集まらないことについて，米軍は実際に食糧配給を停止した形跡がある．

1947年9月5日・軍民連絡会議
志喜屋知事
配給を早くさせて戴きたい．
軍政府
労務者が働かないから．
志喜屋知事
今後労務者をよく働かしますから早く配給して貰いたい．副食物も同様に

第3章　占領初期の社会変容

写真5 みなと村の労働者の集会，1947年から48年頃．("A Monograph of Ryukyuan Politics," 526th CIC Detachment, RG 554, RCAS, Reports and Studies, 1947-1950, Box 1, NACP.)

御願ひします[62]．

　これらの記録から，米軍政府が，1948年夏の食糧配給停止事件より以前に，労務者供出がはかどらない場合に，食糧配給を停止させるという恫喝，あるいは実際に停止するということをおこなっていたということがわかる．
　こうした事態が起っていた同時期，1947年9月5日，「みなと村」の那覇港湾作業隊では，「那覇港湾自由労働組合」結成の動きがあった．結果としては，「那覇港湾自由労働組合」は結成に至る前の準備会の段階で潰されている．
　その日の夕方，ペリー区でおこなわれた結成準備会において，ある労務者は次のように演説している．

　　今日吾々が自由労働組合を結成せんとするは吾々が戦後沖縄再建のため又

吾々組合員の親和及相互扶助並福利増進を計るために今昔の資本家に対し吾々は自由に動くと云ふ意味から労働組合である．労働組合と云へば皆ストライキを予想したり色々の事を考へるが決して斯様なものではない．勿論現在の沖縄はアメリカの軍政下にありニミツ(ママ)布告に依り未だ吾々の言論集会結社等の自由を許可して居ないが，やがて其の自由を許されたときには吾々組合員の親和相互扶助並福利増進を計ると共に組合を通じて沖縄再建に邁進するものである[63]．

「那覇港湾自由労働組合」の結成計画は，四日後の９月９日，主要な参加者が米軍から国場幸太郎の自宅に呼びだされ，米軍の労務担当将校から直接解散を命じられている．そして，中心となった労働者５人が「みなと村」から追放された．結成準備会に参加していた労務者のなかには，「女子中隊長」という肩書きの女性の労務者も含まれていた．解散命令の際，米軍と労務者の「対話」は次のようなものであった．

大尉	君達は米国の食糧を貰わないでどうしてやって行くことが出来るか
労働者	私達は米国の援助を得まして幸福に暮してゐます
大尉	米国が食糧を沖縄にやらねば世界の誰がやるか
労働者	餓死するより道はありません
大尉	吾々は沖縄を占領する為に来て居る　今米国が沖縄を番してゐる間は軍が政治をする　軍が思ふ通りにやる　君達は軍の命令指示通りに行動しなさい[64]

「那覇港湾自由労働組合」結成の動きは，労務への不満もさることながら，市町村長および議会選挙の影響があり，選挙の前に，「みなと村」を那覇市に合併する動きの反映でもあった．解散が命じられた３日後の軍民連絡会議は以下のようであった．

1947年９月12日・軍民連絡会議

第 3 章　占領初期の社会変容

軍政府

みなと村に問題が起ったが御存知ですか．四，五人の労務者が労働者を集めて煽動して居る．みなと村の住宅は労働のために軍政府が作ったので働かない者は立退くことになって居る．一週 48 時間働くことになって居るが而し来る選挙で村を解体して那覇市にしたいと．斯る偽を云ふ者は米国の法律で許されない．

又吉部長

那覇市長がみなと村と合併したいと来たが，私は軍政府がみなと村は作ったのであるから軍政府の意向を伺った後でなければならないと云った．

軍政府

将来那覇市を立派にするために船は其材料を持ってくるのである．知事・副知事は此の件を充分了解されたい[65]．

このなかで，「みなと村」はあくまで米軍が作った村であるという認識が確認された．「みなと村」が天願倉庫等と異なっているのは，那覇の港湾作業は，米軍の物資全体を扱う最重要の入り口であったということである．那覇港湾は島に流入する米軍物資の入り口であり，民間物資だけでなく，基地建設と維持に必要な軍需物資も当然そこから入ってきた．そこは，米軍にとって沖縄占領の物流の心臓部分に等しかった．ここから物資のすべては島じゅうに流れていった．当然，そんな場所に米軍にとって都合の悪い条件がもたらされるとすれば，軍事占領のシステムは成り立たなかった．

港湾作業のなかで，労務者主導の労働組合の結成は，たとえ決して戦闘的でなく，どんなに穏健な方針をもっていたとしても，米軍にとって到底認められるものではなかった．米軍にとって，港湾労務者はあくまで「軍の命令指示通りに」従う存在でなければならなかった．

しかし，頓挫させられたこととはいえ，興味深いことは，「沖縄港湾自由労働組合」の「労働組合規約」を見ると，「総論」「綱領」「目的」「目的達成のための事業」「スローガン」「役員規約」「会計規約」「組合員の権利と義務」「組合員の加入と脱退」等，その構成は理路整然としているということだ．これは経験がなければできないような類のものである．過去にこうした文書を作成し

たか，あるいは一定の手順を踏んで準備会をするといったこと自体，過去のある時期，組織化の経験，あるいは，労働運動でなくても，同郷人の権利向上など社会運動の影響があるか，あるいはそうした職場で働いていたか，また，直接組織化にかかわっていたか，いずれの体験がなければ実行できないようなことである．

こうした知識や技術は，高等教育によって得られるようなものではない．実際の労働や社会生活のなかで，人びとが獲得し蓄積するものである．こうした文書作成や情報交換，組織化の方法はいつ身につけられ，また伝達され，あるいは共有されたのだろうか．

すでに触れたように，戦前期の沖縄から，大量の人びとが出稼ぎや移民に出た．彼らは受け入れ社会で，多種多様な職種についたが，その多くは工場やプランテーションといった職場で下層労働者として働き，糊口をしのぎ，家族を養った．そうした集団的な歴史経験を通じて蓄積されたものは，単に世帯の所得だけではない．こうした組織化の知識や技術も含まれるだろう．こうしたことは，ジープに巻き上げられる砂塵のような暮らしのなかで，人びとが自律的な空間を求めて，米軍支配の構造の隙間を掻き分け，掘り返しながら，自ら起き上がる道を探ろうとしていた動きの一端をあらわしている．

1) ワトキンスは，除隊後米国に戻り，スタンフォード大学の政治学教授となり，沖縄軍政の理論的枠組と実践に関する研究をまとめようとした．しかし，研究は未完である．「復興」の分類は，米国陸軍戦史編纂所が編集した「琉球列島の軍政」のなかにそのまま引き継がれた．
2) *The Oxford English Dictionary*, second edition, Vol. XIII (Oxford, UK: Clarendon Press, 1989), p.527.
3) Arnold G. Fisch, Jr., *Military Government in the Ryukyu Islands, 1945-1950* (Washington, D.C.: Center of Military History, U.S. Army, 1988). 日本語訳は，『沖縄県史　資料編14　現代2　琉球列島の軍政，1945-1950　(和文編)』宮里政玄訳，沖縄県文化振興会公文書管理部史料編集室編，沖縄県教育委員会，2002年．
4) *Ibid.*, p. 5. および，同上書，11ページ．
5) *Ibid.*, pp.178, b 183-184. および，同上書，146〜148, 155ページ．
6) 月刊沖縄社編『アメリカの沖縄統治関係法規総覧 IV』月刊沖縄社，1983年，21〜23ページ．
7) 沖縄県文化振興会編『沖縄県史　資料編9　Military Government Activities Reports

現代 1（原文編）』沖縄県教育委員会，2000 年，308 ページ．
8) 引揚者の統計については，統計ごとに数値が異なり，正確な引揚者数を把握することが難しい．米軍政府による統計の他に，琉球政府文教局編『琉球史料　第 4 集　社会編 1』琉球政府，1959 年の「人口問題」の項目のなかに示された人口動態統計では，1950 年現在で琉球諸島全体の「復員・引揚者」総数は 12 万 4800 人であり（3 ページ），また，「琉球統計報告」（第 2 巻 5 号第 23 号）を利用したデータでは，14 万 572 人となっている（14 ページ）．
9) Edith M. Kaneshiro, "'Our Home will be the Five Continents': Okinawan Migration to Hawaii, California, and the Philippines, 1890-1941," (Ph.D. Dissertation, University of California, Berkeley, 1999), pp.49-71.
10) Ibid., p.141.
11) 引揚者とインヌミ収容所については，沖縄市企画部平和文化振興課編『沖縄市史資料集 5　インヌミから—— 50 年目の証言——』那覇出版社，1995 年を参照．
12) 離散した場合でも，集落＝字ごとの郷友会などを通じて，共同体の紐帯を維持する集落が少なくない．
13) 与那国暹『戦後沖縄の社会変動と近代化——米軍支配と大衆運動のダイナミズム——』沖縄タイムス社，2001 年，38 ～ 41 ページ．
14) 秋元律郎「那覇市の都市形成とその構造」蓮見音彦・山本英彦・高橋明善編『沖縄の都市と農村——復帰・開発と構造的特質——』東京大学出版会，1995 年，153 ページ．
15) 琉球政府文教局研究調査課編『琉球史料　第 5 集　社会編 2』琉球政府文教局，1959 年，156 ページ．
16) 沖縄朝日新聞社編『沖縄大観』日本通信社，1953 年［復刻版，月刊沖縄社，1986 年］76 ～ 77 ページ．
17) 前掲『琉球史料　第 5 集　社会編 2』156 ページ．
18) 占領初期の軍労務については，鳥山淳「軍用地と軍作業から見る戦後初期の沖縄社会—— 1940 年代後半の『基地問題』——」『浦添市立図書館紀要』第 12 号，2001 年 3 月を参照．
19) Fisch, op. cit., pp.144-146.
20) 琉球銀行調査部編『戦後沖縄経済史』琉球銀行，1984 年，83 ページ．
21) 同上書，143 ページ．
22) 那覇市総務部女性室編『なは・女のあしあと——那覇女性史（戦後編）——』琉球新報社，2001 年，84 ～ 91，169 ～ 170，178 ～ 183 ページを参照．
23) 前掲『琉球史料　第 5 集　社会編 2』156 ページ．
24) 同上書，145 ページ．
25) 前掲『戦後沖縄経済史』143 ページ．
26) 外間政彰「みなと村」沖縄タイムス編『沖縄大百科事典』下巻，沖縄タイムス社，1983 年，568 ～ 569 ページ．
27) 那覇市企画部文化振興課編『那覇市史　資料篇第 3 巻 1　戦後の都市計画』那覇市役所，

1987 年，1 ページ．
28）同上書，8 〜 9 ページ．
29）みなと・城岳中等学校同窓会編『消えた学校——証言でつづるみなと・城岳中等学校史——』みなと・城岳中等学校同窓会，1998 年．「みなと村」に関する史資料そのものは，実はあまり多いとは言えない．1950 年に「みなと村」が那覇市に合併された際，「みなと村」の行政文書は那覇市に移管された．その文書の目録が『那覇市史』に掲載されている．しかし，那覇市歴史資料室の調査によれば，目録以外の行政文書は廃棄された可能性が高い．この目録には，「みなと村」村議会議事録等も含まれており，もしもこの文書が見つかれば，「みなと村」の実像のみならず，那覇の地域史，さらには沖縄現代史の貴重な証言となるだろう．また，郷土史家の盛根良一は，「みなと村」の行政文書のうち，1949 年の「みなと村要覧」や関連する新聞記事等の集成を資料集として出版している．盛根良一編『特別行政区域みなと村のあゆみ〈資料編〉—— 1947・5 〜 1950・7 ——』盛根良一（私家版），1982 年．
30）鳥山淳，前掲論文，67 〜 82 ページ．
31）渡口麗秀「異色ずくめの『みなと村』」那覇市企画部市史編集室編『那覇市史　資料篇第 3 巻 8　市民の戦時・戦後体験記 2（戦後・海外篇）』那覇市企画部市史編集室，1981 年』127 〜 128 ページ．
32）鳥山淳，前掲論文，71 〜 71 ページ．
33）沖縄県立図書館史料編集室編『沖縄県史料　戦後 2　沖縄民政府記録 1』沖縄県教育委員会，1988 年，253 ページ．
34）同上書，257 ページ．
35）同上．
36）同上書，262 ページ．
37）同上書，267 ページ．
38）同上書，299 ページ．
39）同上書，317 ページ．
40）鳥山淳，前掲論文，71 〜 72 ページ．
41）「沖縄のすべてを賄った那覇港——『那覇港湾作業隊』体験座談会——」那覇市企画部市史編集室編『那覇市史　資料篇第 3 巻 8　市民の戦時・戦後体験記 2（戦後・海外篇）』那覇市企画部市史編集室，1981 年，111 〜 121 ページ．
42）国場幸太郎「私の戦後史」沖縄タイムス編『私の戦後史　第 1 集』沖縄タイムス社，1980 年，90 ページ．
43）前掲『沖縄民政府記録 1』121，128 ページ；国場幸太郎，前掲，78 〜 80 ページ．
44）同上書，145，152 〜 153 ページ．
45）国場幸太郎，前掲，80 〜 81 ページ．
46）同上書，82 〜 83 ページ．
47）同上書，86 〜 87 ページ．また，国場幸太郎は，1951 年から 1970 年代まで，琉球大

学財団の理事を務めていた．
48）国場幸太郎，前掲，75～76ページ．
49）フィッシュ，前掲書，73～74ページ．
50）杉井明「沖縄に戻れなかったフィリピン人たち――米軍統治下沖縄における沖比国際結婚家族へのまなざし――」宮城学院大学付属キリスト教文化研究所編『沖縄研究――仙台から発信する沖縄学――』宮城学院女子大学，2010年；Johanna O. Zulueta, "Living as Migrants in a Place That Was once 'Home': The Nisei, the U.S. Bases, and Okinawan Society", *Philippine Society*（Ateneo de Manila University, June 2012）；ジョハンナ・ズルエタ「移動の交差する場所――沖縄における『フィリピン・ウチナーンチュ』の『帰還』移動――」吉原和男編『現代における人の国際移動――アジアの中の日本――』慶応大学出版会，2012年等．
51）我部政明『日米関係のなかの沖縄』三一書房，1996年，75～79ページ．
52）John E. Olson, "The History of the Philippine Scouts," Philippine Scouts Heritage Society（http://philippine-scouts.org/History/history.html）, 2002-2005.
53）中野聡『フィリピン独立問題史――独立法問題をめぐる米比関係史の研究1929－46年――』龍渓書舎，1997年，246ページ．
54）我部政明，前掲．
55）Benedict J. Kerkvliet, *The Huk Rebellion: A Study of Peasant Revolt in the Philippines*, Lanham, MD: Rowan & Littlefield, 1977, reprinted edition 2001；中野聡，前掲書，参照．
56）前掲「すべてを賄った那覇港」参照．
57）前掲『消えた学校』66～70ページ．
58）前掲『沖縄民政府記録1』639ページ．
59）同上書，421～422ページ．
60）同上書，423ページ．
61）同上書，430～431ページ．
62）同上書，445～446ページ
63）「沖縄港湾自由労働組合結成準備委員会開催に関する件」沖縄県公文書館所蔵琉球政府文書『沖縄民政府当時の文書 5-3 No.3』［R00000481A］．
64）「那覇港湾作業隊大隊長他四名に対する追放決定の件」『沖縄民政府当時の文書 5-3 No.3』．
65）前掲『沖縄民政府記録1』456～457ページ．

第4章
政治組織の形成

1　冷戦下の出発

　第二次大戦後，占領初期の沖縄において政治組織の形成をうながした要因は，一つには，1946年春に設立された沖縄民政府が沖縄諮詢会をそのまま引き継いだものとなり，米軍政府と上意下達的に連結され，住民主体の施政を怠ったことに対する不満が生じたことにある．沖縄諮詢会の形成，また，沖縄民政府の設立とその問題点については，すでに考察した．

　この他に，新崎盛暉や我部政男は，日本本土からの引揚者が，東京や大阪，九州等での沖縄人連盟等での政治の経験をもたらしたことを指摘している[1]．さらに，付け加えると，具体的な物理的条件として，1947年3月，昼間の自由通行禁止措置が解除され，各住民地区，あるいは市町村間の移動がかなり自由になったため，組織化のための往来や交流が比較的容易になったことがあげられるだろう．これらは具体的な契機である．

　占領初期の政治組織の形成を考える上で，次の二つの点は重要だろう．一つは，冷戦体制による同時代的あるいは構造的な制約条件の問題である．第二次大戦後の沖縄は，地上戦による圧倒的な物質的人的被害，また，日本からの事実上の分離と米軍による直接的な軍事占領という条件の下にあり，住民による自発的な政治組織の出現は，1947年春以降まで見られない．それは，日本本土や旧日本支配地域にあった諸民族・諸地域，あるいは，隣接する奄美諸島や宮古諸島，八重山諸島といった他の琉球諸島と比較しても，2年近く遅れたものであった．徹底した戦争による破壊を経験した沖縄島での政治組織の形成は，いわば，周回遅れの出立の様相を呈していた[2]．

第4章　政治組織の形成

　そして，この1947年春という時期は，戦後世界史が新たな局面を迎えた時期と重なってもいる．3月12日，トルーマン大統領は米国連邦議会において，ギリシャ・トルコへの軍事援助を打ち出し，いわゆる「トルーマン・ドクトリン」を発表した．「トルーマン・ドクトリン」はしばしば「冷戦の顕在化」と表現されるが，実際に，その後，ギリシャ内戦のみならず，世界各地域で民族解放の方向が，冷戦のイデオロギー的レトリックをともなった権力政治的国際関係によって歪められて展開せざるを得ない事態が生じた．沖縄に出現した自発的な政治組織の展開も，そうした戦後世界史の局面と無関係ではなく，むしろ，米軍の直接占領であることから，冷戦による構造的制約条件の影響はまぬがれ得ないものであった．

　占領初期にあらわれた沖縄の政治組織は，総じてイデオロギー的な理由からというよりは，むしろ，地域の近代史に起因する沖縄の民主的自主的発展の要求を理念に掲げており，階級的にも広範な社会層をとりまとめようとするもので，きわめて自生的なものであった．しかし，米軍政府は，沖縄人民党や沖縄民主同盟といった政治組織が，そのなかに，戦前，大正・昭和初期に関東や京阪神の工業地帯で社会運動や労働運動に何らかの形でかかわった者が多く含まれていたことから，結成当初から，一方的に反共主義的な政策で制約をかけ，また，監視の対象とした．そして，場合によっては直接干渉し，弾圧をおこなった．

　二つめは，第二次大戦終結を契機に生まれ，冷戦体制の下で醸成された人びとの変革に向かう自覚の問題である．占領初期の沖縄の政治組織の形成のなかで，その内在的な動機は，沖縄の歴史に根をもつ自主性の問いであった．また，錯綜した歴史的条件のなかにありながら，自己変革の課題，つまり，「民主」の問いを含むものであった．戦後初期政党のなかで，とりわけ沖縄人民党や沖縄民主同盟の理念や行動には，そうした課題や問いが顕著なものとしてあらわれていた．

　占領初期の沖縄における政治組織の形成については，比嘉幹郎や鳥山淳などによる論考がある．沖縄人民党については，「党史」として，1984年，沖縄人民党史編集刊行委員会による『沖縄人民党の歴史』がある．沖縄人民党自体は，1973年4月の第17回党大会において，日本共産党への「組織的合流」を決議

し，地域独自の政党から全国規模の政党の一地方支部へとその性格を変化させた．『沖縄人民党の歴史』は，「合流」から10年を経て編纂されたものであるが，占領初期の結成時期の沖縄人民党に関しては，結成の時期に詳しく触れておらず，当初から「復帰政党」であったという認識枠組から自由ではない．

2 沖縄人連盟と沖縄建設懇談会

沖縄戦終結時，米軍は沖縄島北部に住民を集め，生存者およそ33万人が各地の民間人収容所にいた．1946年半ばを過ぎると，そこに日本本土や他の旧日本帝国の版図からの引揚者が大量に沖縄に帰還した．大規模な人口流入があり，さらに，1947年春，昼間の自由通行禁止措置が解除された．島の外側から，また，島の空間の内部での人間の流動は，政治の組織化が活発になる条件に影響を及ぼした．

日本本土からの帰還者のなかには，敗戦後に各地で結成された沖縄人連盟の活動にかかわった人びともいた．沖縄人連盟の影響について，しばしば，1946年2月24日に日本共産党が沖縄人連盟の大会に対して出した「沖縄民族の独立を祝うメッセージ」に関連して言及される．しかし，沖縄人連盟の影響が「独立」にのみあったというには，実際には事態はより複雑なものである[3]．

由井晶子の整理によれば，敗戦後の日本本土の沖縄県出身者の組織は，戦前からの「沖縄協会」（戦争末期に報国沖縄協会から改称）は存在していたものの，事実上の日本からの分離によって，労働移動によって長期に本土に在住していた者だけでなく，復員兵，疎開児童や徴用工，旧植民地からの引揚者などの沖縄への帰還は困難であり，社会的な救済を必要とする者の保護や困窮者対策は急務であった[4]．

1945年11月11日，伊波普猷，比嘉春潮，大濱信泉，比屋根安定，永丘智太郎が発起人代表となり，東京で沖縄人連盟が結成された[5]．結成大会報告書によれば，当時，日本本土には，大分，熊本，宮崎といった九州地方を中心に疎開者が4万人以上，また，海外からの引揚者や復員兵をあわせると，およそ5万人の沖縄出身者が困窮状態にあったとされる．しかし，「規約」によれば，沖縄人連盟は，そうした「沖縄出身者相互ノ連絡及救援」だけを目的としてい

るのではなく,「民主々義ニ依ル沖縄再建設ニ貢献スル」ことを目的として掲げていた．郷里から遠く離れて生活基盤をもつ沖縄出身の知識人らは，同胞救済に奔走すると同時に，破壊された沖縄を憂い，その再建を組織の目的にした[6]．

沖縄人連盟は結成後の11月22日，代表者伊波普猷の名前でマッカーサーに請願書を提出したとされる．そこでは，そうした同胞と郷土に対する意識は越境的なものとして説明されている．このなかで，「現代沖縄人」の「カテゴリー」は，「島内居住民」「海外移民」「国内出移民」の三つに分けられるとして，戦前に「沖縄人ノ総人口ハ60万」のうち，「9万人ガ海外移民，8万人ガ国内移民」で，「其ノ30％近クガ島外ニハミ出シテ居タ訳デアリマス」と述べている．そして，「土地狭隘ニシテ而カモ痩土カラ成リ」「零細ナ状態デアル」沖縄では，「孤島，経済苦カラ免レル唯一ノ手段トシテ海外貿易ヲ発展」させたが，「琉球処分」の後，「海外貿易ノ実権ハ明治政府ノ統治権ガ島内ニ浸潤スルト共ニ鹿児島及ビ大阪等ノ資本家ノ手ニ渡リ却テ沖縄人ヲシテ一層経済苦ニ呻吟セシメタル原因トナツタ」として，そうした「孤島苦」を克服する手段としての移民，また，国内出稼ぎを説明している[7]．

その「島外ニハミダシテ居タ」3割の人びとのうち，ミクロネシアや満州，東南アジア方面からの引揚者，終戦間近の疎開者や大量の復員兵が困窮し，また，疎開先での「沖縄人ガスパイヲシタ為メニ沖縄戦ハ敗レタ」という「デマ」をはじめとした差別を受けているという現実に対して，沖縄人連盟は行動を提起した[8]．ここでは，その具体的活動について詳述しないが，沖縄人連盟の創立大会では，「運動指標」として，以下の14項目が提案された．

（1）沖縄ニ住宅5万戸ヲ政府資金ニ依リ建設サセル
（2）戦災者生活再建資金トシテ1億6千万円ノ交付，右ハ全世帯10万戸ニ対シ其8割ヲ戦災者ト見做シ，1戸当リ2千円ノ交付ヲ要求スルモノデアル
（3）外米及台湾米30万石ノ島内移入ノ政府斡旋
（4）沖縄ノ農耕地6万町歩ノ確保沖縄駐在米軍政当局ニ請願スル
（5）沖縄ニ於ケル土地共有制（地割制）ノ復活

（6）引揚民ノ帰郷斡旋
（7）太平洋諸島，比島，布哇，南洋群島ニ於ケル沖縄人ノ居住ノ自由
（8）アメリカ軍政下ニ於ケル人民代表機関ノ創設
（9）沖縄ニ於ケル適切ナル税制ノ開設（砂糖消費税，酒造税，米穀輸入□□等ノ撤廃）
（10）沖縄ニ於ケル民主々義教育ノ徹底化
（11）沖縄ニ於ケル医療施設ノ拡充（八重山ニマラリヤ診療医ヲ直チニ派遣セヨ）
（12）沖縄ニ救援物資ヲ送ル為メ布哇及加州ノ沖縄出身者ト連絡ノ再開
（13）台湾ニ永年在住セル沖縄人ニ居住権ノ付与
（14）本連盟ハ沖縄諸島再建設ニ適格者派遣協力スル用意アル旨ヲ表明スルコト [9]

（4）および（5）はその後の土地問題に，（6）（14）は渡航の自由に，（7）（13）は移民問題に，また，とくに，（8）の「人民代表機関の設立」は，その後の沖縄における政治組織の掲げた理念や活動を考える上で注目すべき点である．結成時の役員で沖縄に引き揚げた者はとしては，創立当時幹事であった山城善光，また，1946 年まで副会長を務め，熊本で九州地区を代表していた宮里栄輝らはその後，沖縄に戻って政治組織の形成にかかわっていった．

宮里栄輝は，1898 年，真和志村に生まれ，第五高等学校を中退後，沖縄に戻り，1924 年から沖縄県立図書館司書として勤務した．当時図書館長であった伊波普猷の身近にあって，歴史学や民俗学，また，実践的ではなかったものの社会主義思想等に触れ，『球陽』等の歴史研究にかかわった．1945 年 2 月に熊本に疎開し，そこで敗戦を迎えている [10]．

山城善光は，1911 年，大宜味村喜如嘉に生まれ，沖縄県立二中を卒業するとペルーへ移民を目指して上京，日本力行会海外学校に入学するも生活費に困窮し，帰郷．1931 年，郷里の大宜味村で村政改革運動に参加した．運動が警察の弾圧を受けた後に大阪に出て，沖縄出身者の生活改善運動に関与し，また，「大阪球陽新報」の記者となった．大阪時代，同郷の知り合いに一晩部屋を貸したことで日本協賛主義団事件へのかかわりが疑われ，治安維持法違反で逮捕

された．その後，日本外政協会や大政翼賛会興亜総本部の職員になるなどした．敗戦後は，疎開者や引揚者など沖縄出身者の救援運動に奔走し，沖縄人連盟結成以前には，「報国沖縄協会」の創設にかかわっている[11]．

引揚後について，宮里栄輝は，沖縄に帰還すると，米軍支配というものが，日本本土で考えられていたような「解放軍」とはほど遠い米軍支配の現実をすぐさま自覚せざるを得なかったと述べている．そして，戦後沖縄の政治史のなかで，政治組織が生まれてくる直接的な契機となった沖縄建設懇談会も「微温的出発」をせざるを得なかったと証言している[12]．

同時に，昼間の自由通行禁止が解除されたといっても，物理的に人びとが集合することは容易ではなかった．この点について，興味深い点は，山城善光の記録では，こうした生存者や引揚者の有力な人物たちは，AJカンパニー等の軍作業に行くことで北部から中部地域に移動し，各地から集まって，社会状況や生活実態に関する見聞や情報を知り，政治のあり方などについて意見交換をしていたということである．こうした移動のなかから，沖縄建設懇談会の準備が進められた[13]．こうした意見交換が重ねられるなかで，最も問題とみなされ，批判の対象とされたのは，沖縄民政府のあり方であった．山城の記録では，当時の問題意識は以下のようにまとめられている．

　さて，立ち上がる決意をした私は，まずその大義名分をどのように組み立てるか．どのような人々に呼びかけるかについて考え続けた．その結果，大体次のような基本項目と態度を素案とすることにし，まず第1に，日本本土で沖縄人の救援運動にたずさわった同志に呼びかけること．第2には，在野の巨頭達の奮起と結集を図ることにした．基本項目は

1. 民政府を批判する者は軍政府を批判する者であるということは，全くでたらめで迷信である．この迷信を打ちたてて，住民にそのような概念を徹底的に注入したのは軍政府ではなく，民政府である．これが沖縄の道義の頽廃，生活不安等一切の暗黒面の根元をなしている．従ってこの迷信の打破，すなわち言論の自由獲得が先決問題である．
2. 灰じんに帰した郷土の復興は，ひとり民政府のみには任せられない．官も民もない．民族が打って一丸となった体制を作りあげ，官民相呼

応して総立ち上りを図らねばならない．そしてまず生活の安定を図ること．

3．道義頽廃は根本的には政治の貧困に基因するものだとはいえ，啓蒙運動で，民族的人間的良心を喚起し，その昂場が図られる．従って少しでも住みよい社会建設のために，ぜひ取り上げねばならないのが，道議昂場のための啓蒙運動の展開とする．

以上の構想がまとまったので，私は3月の25日ごろ，例の如くA・J工作隊のトラックに便乗して，普天間に行き，A・J工作隊キャンプを根城にして，事前工作に取りかかった[14]．

沖縄建設懇談会は，1947年5月5日に開催された．沖縄建設懇談会は，戦後沖縄の危機意識を表明する初期の自発的な試みである．具体的には，各住民地区や収容所，市町村にいた，沖縄民政府には直接かかわっていなかった有力者たちが集合し，おもに「民意を代表する機関設置問題」「道義昂揚問題」「生活安定問題」の3点が議題となった．

会場となった知念高等学校講堂にはおよそ300人が出席した．挨拶は宮里栄輝，経過報告は山城善光がおこなった．挨拶のなかで，宮里が軍政副長官ウィリアム・クレイグの弁だとして，次のように述べている．

> 過日クレーギ（ママ）副長官は民政府の一周年記念式典に当り『軍政府は近き将来に於沖縄人をして一国政治を担当せしめるであろう』との意味の事を述べられてゐる．これは沖縄が世界史の一環として人類構成の一員として如何なる事を為し得るかと云う事を大きく示唆しているものと看做される[15]．

クレイグの演説については，実際にこのように述べた記録を確認できないが，軍部にしても国務省にしても，当時こうした見解はもっていないから，いずれにしてもクレイグのその場の思いつきの発言であったことは想像に難くない．もちろん，そのようにクレイグが発言しても，していなくても，宮里の沖縄建設懇談会開催への期待感は想像できる．

沖縄建設懇談会への強い期待は，山城善光の経過報告のなかにより明確であ

る．山城は次のように述べている．

> 日本に於て沖縄から引揚げて来た一名士の報告を聞いたが，それによると沖縄は言論の自由も結社の自由も何もなく，全く暗黒の世界だから一人も帰るなとの事であった．戦争も終結し，日本がポツダム宣言を受諾した今日，斯かる事があり得る筈はないと思って早速マッカーサー司令部の一係員に沖縄の実情を訴へ且つ尋ねて見た処，その係員は一笑に附して斯かる事実はあり得る筈がないと言明した．然るに帰郷してみると成程と思はれる節が多々ある．現在沖縄は占領治下であるから，勿論其処には幾多の制約はあるであらうが，然し現実の沖縄人は自らの方向を失ひ，自暴自棄に陥入り，自ら奴隷化の途を辿りつゝある．これは何に基因するかと云へば，一種の迷信が全島を支配してゐるからである．即ち言論の自由は沖縄にはないと信じてゐるからである．これが一切の隘路の根元でこの迷信の打破無くしては沖縄の民主化，沖縄の建設は出来ない[16]．

5月21日，沖縄建設懇談会発起人一同より沖縄民政府知事志喜屋孝信宛に送られた沖縄建設懇談会の記録では，議事3点のうち，とくに「民意を代表する機関設置問題」について，「世界の趨勢はデモクラシー」であり，「沖縄もデモクラシーでなければならぬ」として，現状の問題について，以下のように述べている．

- 民政府を批判する事は軍政府を批判する事で絶対に批判しては相成らぬと弾圧政策を採ってゐるが，之は責任回避の仕業である．須く斯かる態度を清算し，軍政府に対し責任をとる民政府であってほしい．
- 民政議会を無視する政策をとってゐるが，島民は既に課税されてゐるのであるから義務のある処当然権利がなければならぬ．主要政策は民意を代表する機関に諮るべきである．
- 現在の民政議会は有名無実であるからよろしく解散せしめて名実相伴ふ民意を代表する議決機関を早急に設置すべきである．
- 民主々義では知事は選挙するのが建前であるから，選挙に依って新しく

選出して貰ひ度い．
・以上を実現させる為には今日一切の隘路の根元になってゐる言論，結社，出版の自由を認めて貰ひ度い [17]．

　ここでは民政府批判として提出されているが，提起されている「民意を代表する機関」，さらには「知事の選挙」（公選），「言論，結社，出版の自由」は，この後に生まれてくる政治組織の課題となっただけでなく，1945 年 8 月の第一回仮沖縄人諮詢会からアメリカの 27 年間の支配のなかで一貫して問われた民主の課題であった．

　沖縄建設懇談会それ自体は，山城善光や仲宗根源和ら沖縄民主同盟へと結集する人びとが多かったが，後に社会党を結党する大宜味朝徳や瀬長亀次郎などの名前も残されている [18]．とくに，山城や仲宗根，瀬長亀次郎以外では，懇談会の席で最も多く「民意を代表する機関」の設置について発言し，後に沖縄群島知事選挙に出馬することになる平良辰雄もまた，発起人として名を連ねていた [19]．

3　沖縄民主同盟の結成

　沖縄民主同盟は，沖縄で最も早く，沖縄建設懇談会開催の 1 ヵ月後の 6 月 15 日に結成された．中心的な人物としてよく知られているのは，沖縄諮詢会の委員であった仲宗根源和であるが，さまざまな記録からわかることは，沖縄人連盟や沖縄建設懇談会にも参加していた山城善光が活発に活動していたということである．山城は，沖縄民主同盟の機関紙「自由沖縄」の編集発行人となった．

　1947 年 6 月 15 日，石川市宮森初等学校で沖縄民主同盟の結成大会が開かれている．沖縄民主同盟が沖縄民政府に提出した報告では，「組織者」は山城善光，「事務局長」は仲宗根源和となっているが，「党首」は仲宗根であった．結成にあたっての「援助者」のなかに，平良辰雄や桃原茂太といった，後に社会大衆党結成へと動いた人びとの名前もある．だが，このときには，必ずしも党幹部として名を連ねているわけではない．中央委員には，上原信雄（夫），

桑江朝幸，また，宮里栄輝の名前があがっている．

　しかし，この結成大会について，山城善光の記録によると，このときには「党首」はなく，仲宗根は「事務局長」，山城は「組織部長」であり，各地区ごとに常任中央委員が選出され，「全島的な組織が確立された時点で見直し」ということになっていた．常任中央委員のなかには，後に社会党を作る大宜味朝徳，また，平良辰雄や宮里栄輝らの名前もあがっている．

　沖縄民政府に提出された書類には欠落しているが，山城の記録では，このときに採択された宣言とスローガンは以下のようなものであった．

　宣言
　吾等は沖縄人による沖縄の解放を期し，新沖縄の先駆として行動する者なり．沖縄は日本政府の圧政と侵略主義の為に斯くも惨憺たる運命に遭遇せり．焦土沖縄は沖縄人の沖縄なりとの自覚によってのみ再建さる．吾等茲に沖縄民主同盟を結成し，悲願達成へ奮然と起ち上がり，世界平和に奇興せん為スローガンを掲げて茲に宣言す．
　スローガン
　1，沖縄人の沖縄確立
　2，民主々義体制の確立
　3，内外全沖縄人の連絡提携
　4，講和会議への参加
　5，日本政府による戦災の完全補償
　6，民営事業の促進と重要事業の官営
　7，土地の適正配分
　8，最低生活の保証
　9，悪性インフレの徹底的防止[20]

　しかし，1948年2月20日付の「沖縄民主同盟の目的並に事業綱領」では，これらのスローガンや宣言については触れられておらず，沖縄民主同盟の目的は「沖縄の政治，経済，社会，文化，教育等の民主化を促進し，その展開確立する」とし，「啓蒙的な演説会，文化講座，選挙促進運動等」をおもな活動と

している．そして，「明文化したる綱領なし」とも記し，「目的の条項に基き，全島的な組織の確立を見たる上，全支部より提出されたる政策を綜合し，更に要約して始めて綱領を掲げる方針」と書かれている．

先に示した宣言やスローガンをより具体的に知る手がかりとしては，結成直後の1947年9月6日と7日，石川市大洋初等学校で開催された「政策協議会並政策発表演説会」における政策協議の記録が残っている．これによれば，以下のような政策の「緊急対策」および「恒久政策」が議論されている．

　　沖縄民主同盟政策表
　　緊急対策
　　　政治
　一，民主政治ノ確立，議会政治ノ促進，三権　司法・立法・行政　分立
　二，講和会議ノ代表派遣
　三，内外沖縄人ノ連絡提携
　四，中心都市ノ設定（軍官民ノ協議ニ依リ）
　五，農業組合並ニ水産組合ノ民主化
　六，預貯金各種保険金ノ（在外資金戦時災害保障法ニヨル給付金）接受促進
　七，完全復興ニ対スル連合国ヘノ陳情
　八，出版報道ノ自由
　　　経済
　一，島内生産品公定値ノ撤廃（買占防止，外地ヘノ横流防止）
　二，生産組合ト消費組合ノ直結
　三，沖縄独自ノ貨幣発行
　四，各種工業ノ促進（取消）
　　　社会
　一，民主的労働組合法ノ設定ト労働者ノ待遇改善
　二，土地所有権ノ確立（削除）
　三，俸給生活者ノ生活保証
　四，埠頭倉庫ノ設置ト市町村配給所トノ直結（地区中央倉庫ノ廃止）

五，日常生活必需品ノ円滑ナル整備補給トシテ
六，医療・衛生・薬品ノ整備補給ト医療制度改革
七，規格家屋ノ補強（カバ屋ノ解消）
八，薪炭対策ノ樹立
　教育
一，教育制度並施設ノ整備確立
二，留学制ノ確立
三，教育界ノ革新
四，文化施設ノ整備拡充
　産業
　　農業
一，農耕地ノ拡張ト各市町に即応セル使用権ノ適正配分
二，家畜移入促進ト家族内設置容認，飼育ノ簡易化
三，農業ノ富力化ト機械化
四，肥料，種苗，優良農具等ノ移入促進ト適正配分
五，農業加工施設ノ促進
　　林業
六，林道開発
七，計画植林ト計画伐採
八，爆発物毒物使用徹底的取締リ
九，遠洋漁業ノ促進
十，漁具ノ移入促進ト適正価格
　　工業
各種工業ノ促進
地下資源の開発
　　交通運輸
一，陸海交通運輸業ノ合理化
二，陸海運輸難ノ解消
三，港湾ノ解放[21]

とくに，山城善光のかかわりを考える際には，「政治」の三は，沖縄人連盟から沖縄建設懇談会の文脈を意識させるものであり，また，四は懇談会の報告においても言及されていた点である．さらに，「経済」の二「生産組合ト消費組合ノ直結」は，戦前期の生活改善運動の経験の影響を想像させる．

同時に，この協議会では，この「緊急対策」と併せて，沖縄民主同盟は三つの「恒久政策」を提案している．

恒久政策
一．独立共和国ノ樹立
二．税制ノ確立
三．移植民ノ促進 [22]

当日おこなわれた演説会の記録をみると，一の「独立共和国ノ樹立」については，とくに仲宗根源和から出されている．これらのうち，一と三は連関しているため，沖縄人民党の綱領や政策と比較しつつ，後述したいと思う．

こうした政策に関する協議がおこなわれていたにもかかわらず，なぜ沖縄民主同盟は後にも綱領を明確にすることがなかったのだろうか．この点については，まず，米軍政府の沖縄の政党に対する政策を考えてみる必要がある．

沖縄民主同盟や沖縄人民党の結党が相継ぐなかで，実際には，米軍政府の政党に対する対応は後手になっていた．政党の動きが活発になり始めた1947年の秋，10月15日，米軍政府は米軍政府特別布告第23号「政党について」を発布した．布告第23号は，「公明正大な選挙を期するため琉球における政党の政治活動に関する諸規定を発布するのは必要と思われる」として定められたとあるが，実際には，相継ぐ政治組織の結成を後追いせざるを得ない形で作られている．

布令第23号は，その第4条「公の政治的会合」において，「琉球住民の政党は政治運動推進のため屋内外を問わず公の会合，公の集会その他の公の集会をなすことができる」とあるが，第2条「政党の職責」では，「寄附，費用の経理報告書，政党役職員並に実行委員一覧表，政党目的，事業綱領及び候補者名」を民政府と軍政府に提出しなければならないとし，また，第3条「政党の

行動の制限」では,「琉球に対する連合国の政策または琉球住民への軍政府の政策に対し敵意または有害なる或はこれらの政策を非難しまたは軍政府の指令に於てなす各民政府の行動を非難する政治目的をもって演説をなし或は印刷物,手記物の流布をなさぬこと」とした[23].

　沖縄民主同盟の組織的活動は,社会事業というよりも青年弁論大会や文化講座など,啓蒙活動や政治文化のコミュニケーションに重点がおかれ,党機関紙「自由沖縄」の発行も,そうした占領下での政治文化の活性化をうながそうとするものであった. 1948年4月15日,沖縄民主同盟の党機関紙「自由沖縄」の第1号が発行された. 以下はその内容の一部であるが,沖縄民政府を批判し,総退陣を求め,知事と議員の公選を主張する記事である.

　　断じて闘ひとれ　知事民政議員の公選!
　　――党員の奮起を促す――
　　本同盟が昨冬展開した「選挙促進請願運動」はその功を奏し,過般市町村長並に市町村議会議員の公選の実現を見,茲に民主々義体制確立への第一歩は踏み出され人心も一新し漸く前途に公明を見出し始めたのであるが,引続き実施さるべき筈の知事,民政議員の公選がいつ実施されるものやら不明のため,再び人心は暗い気持ちに閉ざされつつある. 抑々全沖縄人の真の要望は市町村長,同議会議員の公選もさることながら先づ知事と民政議員の公選をその最関心事としてゐたのである. 然るに豈に図らんや肝心な知事と議会議員の公選は閑却視され,全沖縄人の期待は完全に裏切られた形にあるのではないか. 知事と民政議員の公選なくしては,断じて真の民主化はあり得ない. 依ってわれわれはその公選の早急なる実施方を要望し,絶叫するものである. 我々は真の民主々義体制確立のため,知事,民政議員の公選の実現に向ひ全沖縄人の与論の先頭に立って行動を展開せねばならぬ[24].

　「自由沖縄」はその後発行停止となった. 山城の記録によれば,「自由沖縄」の発行準備は, 1948年3月末頃からである. 次章で取り上げるが,この年の夏の食糧配給停止の問題に至る,軍作業への労務供出の停滞など,占領のさま

ざまな矛盾が表出する時期である．米軍政府に発行の承諾を得ようと折衝する時点で，すでに一度山城はCICに拘束され，事前に原稿の内容は米軍政府の知るところとなっていた．4月に発行した後，山城は逮捕され，軍事裁判により罰金刑を受けた[25]．

『自由沖縄』発行停止と逮捕，裁判は，沖縄民主同盟の組織内部の凝集力を弱める原因となった．米軍CICによる1948年9月の記録によれば，民主同盟は，党の資金不足による問題からメンバーの離脱や分裂が見られるとあり，また，そうした民主同盟弱体化という結果をCICは狙っていたということもある．仲宗根源和が沖縄民政府工務部の松岡政保と北部を同行して回るなど関係を深めていること，幹部会で山城善光が議会議員選挙がおこなわれる場合には党の色彩のない人を推薦することを提案しているということ，結成当初からかかわりのあった大宜味朝徳が民主同盟とは距離をとり個人で「ワンマン政党」（社会党）を作ったこと，仲宗根源和とその他の幹部とのあいだに党資金をめぐる軋轢から亀裂が生じていること，若い党員のなかに人民党に移る可能性を示唆する者が出てきていることなど記録している．また，嘉数昇や宮里栄輝といった有力メンバーも沖縄民主同盟を離脱したと記録されている[26]．

4 沖縄人民党の結成

沖縄人民党は，1947年7月20日，沖縄島中部の石川大洋初等学校において結成大会を開催した．結成大会にはおよそ200人が参加し，綱領，規約，政策を決定し，30人の中央委員を選出した．中央委員長に選ばれたのは，浦崎康華であった[27]．

沖縄人民党の結成に至る過程には不明な点が多いが，中央委員の一人であった瀬長亀次郎の証言によれば，1947年7月初旬，玉城村にあった沖縄民政府会議室で80人ほどが集まり，結成準備会が開かれたとしている[28]．また，同じく結成大会で中央委員に選ばれた阿波連之智は，1946年に宮崎より引き揚げ，その年，瀬長亀次郎や兼次佐一らとともに準備会会合に参加したと証言している[29]．

沖縄人民党結成の基盤を実際に，そして実践的に提供したのは，1945年7

第4章　政治組織の形成

月25日に米軍の宣撫工作の一環として創刊され，後に民営化され，1948年に『沖縄タイムス』が創刊されるまでの間，沖縄で唯一米軍政府に認可されていた新聞『うるま新報』であった．

　『うるま新報』は，初代編集長であった島清が日本本土へ去った後，社長に瀬長亀次郎が就任，1946年5月からは池宮城秀意が編集長に就任した．また，兼次佐一や浦崎康華といった初期人民党の幹部らが支局記者や配布所の責任者として名を連ねている．

　もちろん，『うるま新報』それ自体は米軍政府の監視下にあり，米軍政府や沖縄民政府の公式発表，社会・文化・生活を中心とした独自取材の記事，そして海外通信社や日本の新聞からの抜粋で構成され，沖縄人民党の機関紙としての性格は見られない[30]．また，編集長となった池宮城秀意は，今日残されている沖縄人民党の結成時の中央委員の名簿に記載されていない[31]．

　しかし，米軍政府は，池宮城らについて，戦前の官憲の情報から，「共産主義シンパ」として監視の対象にした[32]．同様に，瀬長亀次郎や浦崎康華らに対しても，戦前に官憲の監視対象者であったことから，その動向を監視した[33]．

　こうした『うるま新報』に対する監視は，沖縄人民党の結成をきっかけにして始まったわけではない．すでに触れたように，沖縄諮詢会の議事録によれば，1946年3月18日の軍民協議会の席上，米軍統治下では「自治は尚早」と主張した諮詢委員の又吉康和が，2月27日付『うるま新報』記事を指して，日本本土での労働運動や左翼政党に関する記事を掲載したことに触れ，それが「社会主義者」の記事であるから米軍政府より管理するよう通達があったと述べている．そして，又吉は「今は言論の自由ではない．ウルマ新報は軍政府の監督が要る」「（米軍政府は）共産主義者を心よく見て居ない様だからご注意まで」と述べている[34]．

　また，米軍政府の政治部長であったワトキンスの日誌では，1946年1月8日および3月6日，ワトキンスと又吉康和，警察部長・仲村兼信，工務部長・松岡政保の間で，「うるま新報の左翼的偏向について」協議したとの記録がある[35]．

　『うるま新報』は確かに沖縄人民党の機関紙ではなかった．しかし，編集人らの沖縄人民党への関与には否定しがたいものがある．沖縄人民党の結成に至

写真 6 ウルマ新報社の瀬長亀次郎（中央）と池宮城秀意（瀬長の右）．撮影年月日不明．（沖縄県公文書館所蔵エドワード・フライマス・コレクション［0000025601］）

る 1945 年から 1947 年に至る同時代的な危機意識を，『うるま新報』の記事から推し量ることは，的外れな方法とは言えないだろう．

　『うるま新報』は，その初期には，タブロイド判 1 枚表裏 2 ページという限られた紙面のほとんどが外電によって占められており，もちろん，取材の限界や情報の制限から，沖縄の住民の動向に関する記事が少なかったため，必ずしも日常的な情報は得られなかったが，往来が制限されたなかで，沖縄がおかれた国際的な位置や情勢を見極める材料となる記事を集めて知らせるという役割は，決して小さくなかった[36]．

　1945 年から 1947 年にかけて，『うるま新報』は，1946 年初頭を境にして，国際情勢の報道の焦点を変化させている．1945 年末までは，植民地の解放，独立，自治，連合国の「デモクラシー」の理想，あるいは，ポツダム宣言の履行などに関するものが目立つ．例えば，9 月 26 日付では，ベトナムにおける

独立の希求とフランスの統治権行使への反対，10月24日には，オランダの統治権を否定するインドネシアの独立派の見解を掲載し，また，同日，イギリス労働党政権がビルマの完全な自治権付与を明らかにしたとの記事が見られる[37]．

ただし，第1章で触れたが，朝鮮に関しては，8月22日の記事では，日本統治を脱して「再び自由を取り戻すことが出来るであらう」としつつも，「併しながら朝鮮が独立国として自治政府を樹立するには時期尚早」とする記事がみられる[38]．これは，発信元が記載されていないことから，沖縄への影響を意識した米軍側の見解が，何らかの形で編集人に与えられ，それをそのまま掲載したものではないかと推測される．

1946年になると，1月16日および23日には，国連信託統治に関する記事があらわれ，また，2月27日付で，連合国総司令部による日本政府への北緯30度以南の日本の政治行政権の停止が報じられた[39]．それにともない，先に示したような，戦争終結を契機とする変革に関する報道は変化した．

3月13日には，チャーチルの米国ミズーリ州フルトンにおける「鉄のカーテン」演説の記事が掲載された．また，同日の紙面では，アメリカの軍事基地が設置された場合に取られる戦略地域指定の信託統治について，それは事実上アメリカの占有になり，パナマと類似した性格をもつこと，そして，米国内では，国際連合による信託統治に不満をもち，旧日本領島嶼の併合要求も存在していることなどが伝えられた[40]．

この時期以降，米ソの対立した関係，勢力間の緩衝地帯や近代国民国家体系からはじき飛ばされている地域の動向に関するものが増える傾向を見せる．トリエステ，アゼルバイジャン，千島，ルール，東欧地域，パレスチナ，バルト三国，ギリシャ，パナマ，アイスランド，グリーンランド，フィンランド等の動向の断片が貼り付けられた紙面となっている．ここにはもちろん，第二次大戦後の世界の動向が直接に反映しているが，同時に，編集人の，国際場裏に投げ出された沖縄との認識がうかがえる．

さらに，3月21日付では，「トルーマン・ドクトリン」の記事が掲載されたが，米軍の直接占領下にあった沖縄では，冷戦が顕在化したとの自覚は，この記事以前にすでに人びとの流言のなかにあらわれてもいる．例えば，3月12日付の米軍CICの報告では，沖縄では，米国がソ連と戦争を始めようとしている

との噂が流れていると記録しており，米軍政府は，こうした流言を管理するよう，各民警察署に通達を出している[41]．

　沖縄人民党の結成が具体化されたのは，以上のような時期であった．5月9日，浦崎康華と瀬長亀次郎は，米軍政府を訪ね，市町村長および市町村長議会議員選挙をひかえ，政党および労働組合の結成や言論活動の自由について面談した．米軍政府は，そうした活動について，軍政を批判しない限りにおいて自由であると回答している[42]．初期の沖縄人民党が米軍政府に明白な敵対性を示さず，交渉に積極的な姿勢を維持する動きをとったことは，彼らが米軍と協調的な路線をとったとみなされる要因の一つである．しかし，現実としては，戦後沖縄の政治組織の形成にかかわった人びとのおかれていた立場は単純ではなかった．

　米軍政府の対敵諜報活動では，結成当初から沖縄人民党を「共産党」，党員を「共産主義者」「共産主義シンパ」として監視した．これは，同じく戦後初期政党である沖縄民主同盟についても同様である．しかし，それはあくまで，「～と思われる」「～らしい」「元～」といった，曖昧な断定であった．それは独特の規範と語彙をもつ冷戦のレトリックであって，しかも，何らかの形で米軍にもたらされた戦前の官憲の情報を主な根拠とするものであった．

　こうした言説は，沖縄の自発的な政治の成長を恐れる，冷戦下の占領者の自意識が反映されたものであると同時に，実践としては，戦前期の日本のシステムを受け継ぎ，再利用したものであった．戦前の官憲の情報は，地上戦で文書等が焼失している以上，沖縄諮詢会の警察部長の仲村兼信以下，戦前の警察幹部によって与えられる以外にはないものだろう．

　こうした，いわば確実な突破口が見出せないままに新しい時代が到来した沖縄の現実について，CICは，3月5日，「戦果」，すなわち米軍物資隠匿によって逮捕された軍港での荷役の労務者が，（彼らがどのような政治思想や理念をもっていたかはともかく）「民主主義の下では労働者が支配階級」との発言をしたと記録している[43]．

　こうした社会状況に対していかにして風穴を開けていくか，というところに，戦後の沖縄の政治組織の本質的な課題があったと言えるだろう．それが，沖縄民主同盟や沖縄人民党の名称にも反映している．

　沖縄人民党の場合，瀬長亀次郎の回想によれば，その名称は，当初の結成準

第4章　政治組織の形成

備会では「労農党」「農民党」「共産党」などがあがったが,「コミンテルンの反ファッショ統一戦線＝人民戦線の思想から, 大衆的な統一戦線的な性格があきらかになってい」くなかで,「誰彼なしに」人民党という名称が定まったと述べている[44]．

一方, こうした瀬長の回想に対して, 初代の中央委員長となった浦崎康華は, 沖縄人民党の名称は「池宮城秀意が命名」したと証言しており, また, それを池宮城自身も認めている. 後年, 池宮城は, 初期の人民党に関する証言のなかで, 結成当初集まった人びとは,「鵺的」「右も左も」というものであったとして, 瀬長の位置づけが当初から固い団結があったような印象とはかなり異なっている[45]．瀬長の回想は整理されすぎている. とはいえ, 命名者は誰かということよりも, むしろ, その歴史的意義を考える場合, 何が「人民」に込められていたのかが, ここでは問われるべきだろう. そこには当時の社会的な危機意識が反映されているように思われるからである.

今日残されている結成時の沖縄人民党役員名簿には, 中央委員長の浦崎康華以下28名の中央委員が名を連ねている. 常任中央委員は, 屋部憲, 瀬長亀次郎, 兼次佐一, 東恩納寛敷, 新垣幸吉の五名であった[46]．中央委員のなかには, 戦前, 日本本土での社会主義運動や労働運動, 社会運動, 沖縄県人会活動などの経験をもつ者が多く含まれている.

初代の中央委員長に選ばれた浦崎康華は, 1897年, 泊村に生まれ, 郵便局に勤務した後, 1919年に琉球新報記者となった. アナーキズムや社会主義思想の影響を受け, 沖縄で「庶民会」など社会主義に関心をよせる運動組織に加わった. その後浦崎は上京し, 1920年, 東京で大杉栄の興した労働運動社に寄宿しつつ, 日本社会主義同盟に参加. さらに1922年には大阪に転居し, 大阪日報社に入社. また, 関西地域の沖縄出身の社会主義者を中心とする「赤琉会」, さらに関西沖縄県人会を創設するなど, 沖縄出身の労働者の組織化に関わった. 1926年には労働農民党大阪府支部連合会執行委員となった. 1928年には, 第二次共産党事件で検挙され, 釈放後1932年に沖縄に帰郷. 沖縄日日新聞に入社した[47]．

浦崎康華は, 中央委員のなかで年長者でもあったが, 同時に, 東京や大阪での社会主義運動や労働運動での経験も豊富であった. また, 中央委員で, 当時,

宜野座地区にいた阿波連之智も，浦崎同様，沖縄出身者の多い大阪・関西地域での活動経験をもっている．阿波連は，とくに印刷工や沖縄出身者の労働者の組織化，また，沖縄県人会組織にかかわった．

阿波連之智は，浦崎より 10 歳若い 1907 年生まれで，高等小学校卒業後，大阪に出て，植字工として働いた．その後，大阪印刷労働組合執行委員となった．1923 年には，浦崎康華とともに，「赤琉会」に参加し，また，関西沖縄県人会にかかわる．阿波連は，1945 年の敗戦時は関西に居住しており，沖縄戦の体験はなく，すでに触れたように，1946 年末に引揚者として沖縄に帰郷している．阿波連は，「赤琉会」以来，浦崎康華と交流があったが，沖縄に引き揚げた後，再び浦崎と接触した[48]．

瀬長亀次郎は，浦崎よりも 10 歳若く，阿波連之智と同年である．瀬長は，1907 年，豊見城村に生まれた．沖縄県立第二中学校卒業後，鹿児島の第七高等学校に進学するが，そこで社会科学研究会に参加したことから，放校処分となる．その後，瀬長は上京し，日本鋼管芝浦製鉄所をはじめ，京浜地域の工場で働きながら全国労働者評議会など労働運動に参加した．丹那トンネルでのストライキ参加中に検挙され，懲役 3 年の実刑判決を受けて横浜刑務所に収監された．その後，沖縄刑務所に移送されることになるが，1935 年，恩赦出獄した．その後，『沖縄朝日新聞』などにつとめた[49]．

瀬長の経歴は，日本本土での労働運動の経験がある点は浦崎康華や阿波連と共通しているが，彼は関西ではなく，京浜地域で活動していた．京浜地域もまた，戦前から沖縄出身者が集中する地域であった．また，瀬長も阿波連も，ともに 1907 年生まれであり，1947 年の結成のとき，40 歳前後であった．

中央委員名簿には，名前が記載されていないが，沖縄人民党結成に深くかかわった『うるま新報』の編集長であった池宮城秀意もまた，1907 年，本部村に生まれた．池宮城は，1930 年早稲田大学独文科を卒業．在学中より社会主義運動にかかわり，1932 年，治安維持法違反容疑で逮捕され，多摩刑務所に拘置収監された経験をもつ．1933 年に沖縄刑務所に移送され，1935 年，瀬長亀次郎とともに恩赦出獄した．その後『沖縄日報』に入社，1940 年には同社を退職し，県立図書館司書となった．1945 年防衛召集され，6 月 20 日，摩文仁で投降し捕虜となった[50]．

第 4 章　政治組織の形成

　この他，兼次佐一もまた，1900 年代生まれであり，中央委員の大半は，30 代後半から 40 歳前後であった．もちろん，結成時の沖縄人民党の中央委員長は浦崎康華であったが，その活動を中心的に担ったのが 1900 年代生まれの 40 歳前後の世代であった．この点は，初期の沖縄人民党の活動を理解する上で考慮すべき要素である．つまり，沖縄人民党が批判の対象とした沖縄民政府は，その幹部の大半は，1890 年代生まれの 50 代の有力者たちであり，1930 年代後半から 1940 年代にかけて，一定の社会的地位をもつ者として戦時体制にかかわっていた．

　例えば，結成大会直後の 1947 年 9 月上旬，沖縄人民党の中央委員らは，北部地域の大宜味村，国頭村奥間，さらに辺土名で演説会を開催したが，その際，綱領や政策の紹介に加えて，沖縄の指導層を強く批判している．奥間での演説会の記録によれば，瀬長亀次郎は，次のように述べている．

　　我々沖縄人の運命はロンドンに繋り，ニユヨーク（ママ），南京，東京に繋がってゐる．即ち沖縄を支配する者は他国であることを思はねばならぬ．我々を支配するこの者を恐れることなく見極め，我々の生きる道を求めねばならぬ．慎重に現実のこの姿を批判してこの中からのみ沖縄民族解放の道を見出さねばならぬ．この道は人民自治政府の樹立に依り知事は我々の要求を要れ，全力を画して我々に責任を持ち得る代表者であらねばならぬ．斯るときなるが故に我々は此の際日本の軍国主義に協力した指導者は自発的に公職を退いて貰はねばならぬ[51]．

　1947 年 7 月 20 日の結成大会において承認された結成綱領は以下の通りである．

　一，わが党は労働者，農民，漁民，俸給生活者及び中小商工業者等全勤労大衆の利害を代表しポツダム宣言の趣旨に則りあらゆる封建的保守反動と闘い政治，経済，社会並に文化の各分野に於て民主主義を確立し，自主沖縄の再建を期す．
　一，わが党は公益事業の公営を図り中小私企業の振興と海外貿易の発展に

依り沖縄経済の自立を期す．
　一，わが党は人種，国籍，宗教による差別待遇を排除し，人権を尊重し，
　　　世界平和の確立を期す[52]．

このなかで，沖縄人民党は「労働者，農民，漁民，俸給生活者及び中小商工業者等全勤労大衆の利害を代表」するとしている．この綱領の言う，「全勤労大衆」とは誰のことを指しているのだろうか．もちろん，当時，沖縄におおよそ「プロレタリアート」と呼び得る人びとなどは存在せず，「労働者」や「俸給生活者」とは，不安定な軍労務やスクラップ拾い，さまざまな雑業によって生計を立てている人びとのことを指し，また，「農民」や「勤労大衆」にしても，専業としてではなく，総じて，住む場所を追われたり，雑業を転々としたりと，いわば「避難民」ともいうべきぎりぎりの暮らしをする人びとを指したと考えてよい．それは，第3章ですでに考察したように，沖縄の民衆とその社会そのものを指すものであった．

言い換えれば，沖縄人民党は，社会全体が好むと好まざるとにかかわらず，米軍政府の「受益者」として生活していかざるを得ない状況である沖縄で，何らかの有利な条件で，つまり，米軍政府との関係から特権的地位を得た一部の人びとを除いて，政治的社会的そして経済的な諸矛盾に直面している人びと総体の利害を代表するということであった．そうした広範な社会層全体を主体としながら，「ポツダム宣言」を履行し，「封建的保守反動」に対抗し，「民主主義を確立」して，そして，「自主沖縄の再建」を目指すという理念が掲げられた[53]．

こうした綱領を基礎に，さらに結成綱領では，43項目の政策が示されている[54]．

　A．政治
　一，人民自治政府の樹立
　二，市町村会議員，市町村長，沖縄議会議員及び沖縄知事等人民による
　　　直接選挙の速かなる実施
　三，棄権防止のため一切の選挙は日曜日又は祭日実施．投票場の最大限

の増設
四，公職追放令の全面的適用
五，治安維持法，同警察法等一切の人民抑圧法令の廃止．法制改正委員会の創設による民主主義法令の制定
六，沖縄群島，大島諸島及び先島群島の統合．人口調整機関の設立
七，言論，集会，出版，信仰，結社，街頭示威運動の完全なる自由
八，官公吏の民主的監察制度の確立
九，満十八歳以上の男女に対する選挙権，被選挙権の附典．供託金制度の廃止
十，労働者保護法の速かなる制定
十一，日本政府に対し戦争被害の賠償金優先全支払要求

B. 経済

十二，手取賃金の引下なしに又馘首なしに労働時間の短縮と土木工事，荒廃地の復旧事業等による失業者の完全雇備
十三，企業の独占を排除し中小商工業の育成保護
十四，航路，陸運，電気，鉱山，ガス，上下水道等公益事業の公営と其の民主的管理
十五，勤労大衆に賦課する諸悪税の撤廃
十六，給料賃金の引上と其の遅滞なき支払及び諸給典制の改善
十七，沖縄再建に要する凡ゆる生産財の日本よりの無償獲得
十八，現地生産力拡充のため配給食料品の増配
十九，土地の適正なる配分と耕作権の確立による生産の増強
二十，農業組合を完全な生産農民の自主的組合とし土地並に農産物処理其の外農器具，肥料，家畜，農作物供出等農民自身による管理
二一，水産組合を協同組合とし沖縄水産業振興のため漁船，漁具の獲得並に漁港の改修増設
二二，旧国有林並に旧県有林の有効なる管理造成
二三，民主的金融委員会を設置しインフレ対策の確立
二四，戦前の日本に対する公私債権の合理的処理
二五，民主的審議会による財政政策の確立

二六，肥料，種子，農器具，家畜等の積極的購入と農業の科学化
二七，中央並に市町村に民主的食糧配給委員会を設置し食糧の大衆管理と特化の廃止
二八，労働組合，農民組合結成活動の自由と罷業権，団体交渉権の確立
二九，世界労働組合連盟との提携

C．社会

三十，住宅問題解決のため中央並に地方に住宅処理委員会の結成
三一，一般婦人の地位を封建的遺風より解放し完全なる男女同権の実現
三二，孤児並に要援護者の救済．公営による託児所の普及
三三，失業保険，傷害，疾病保険等社会保険制の確立
三四，民主的管理による医療の全面的公営断行と一般医従業者の待遇改善
三五，婦人に対する有害並に危険労働の禁止
三六，婦人労働者に対し妊娠の際賃金全額支給の上十分なる休暇と休養
三七，満十六歳以下の少年の賃労働禁止．少年保護法の制定

D．文化

三八，文化向上を期し都市農村に等しく各種民主主義的文化施設の確立
三九，沖縄に保持すべき伝統的文化の再建
四十，軍国主義的，帝国主義的教育遺制の排除．民主主義教育制度の確立．教員再教育機関の設置．諸学校に於ける科学教育の普及．工業学校，職業専門学校，大学の創設と教育費の全額公費負担
四一，文化に対する官僚的干渉の排除，脚本検閲，俳優資格審査制の即時撤廃
四二，海外の図書，新聞，雑誌其の外印刷物及印刷器具機械並に文化資材の移輸入促進
四三，一般住民過程に於ける照明の復活

　結成綱領に示された政策のうち，自主的，あるいは民主的で自立した社会の展望として重要なものは，「人民自治政府の樹立」「公職追放令の全面的適用」「治安維持法，同警察法等一切の人民抑圧法令の廃止」「言論，集会，出版，信

仰，結社，街頭示威運動の完全なる自由」「労働者保護法」などがあげられる．
また，女性や青少年・子どもの人権，さらに「農民の自主的組合」など，生産力の管理について示されていることも興味深い点である．

同時に，「自主沖縄の再建」にかかわって，「日本政府に対し戦争被害の賠償金優先全支払い要求」という政策が掲げられたことも重要である．日本との関係で，さらに掘り下げてみれば，「D.文化」の項目「三九」および「四十」も相互に関連して注目に値する．とくに「四十」の教育に関連する項目は，その後の沖縄現代史における「祖国復帰運動」の過程を想起すると，実際にこうした政策がどのように実現可能だと考えられていたのか，あるいは，どのような可能性をもっていたか，検討してみる価値があるように思われる．

全体として，沖縄人民党の綱領は，政治・経済・社会・文化それぞれの領域で，沖縄のなかでの個人や共同体といった小規模な集団のレベルから自力更生を目指したものであった．こうした特徴は，もちろん，沖縄人民党と同時期に結成された政治組織である沖縄民主同盟の掲げた政策にも類似する点が見られる．例えば，「議会政治の促進」「農業組合並に水産組合の民主化」「医療衛生薬品の整備補給と医療制度改革」などがあげられている．しかし，その綱領には根本的な違いが見られる[55]．

沖縄民主同盟の「恒久政策」では，「独立共和国ノ樹立」が示されている．この点を比較すると，沖縄人民党は「自主沖縄の再建」とし，講和会議以前の段階，とくにこの時期，全般的に将来の帰属の主張についての言及には慎重であった．最も大きな違いは，もう一つの「恒久政策」である「移植民の促進」であった．人民党は，その綱領や政策のなかで「移植民」についてはまったく触れていない．もちろん，初期の人民党が，沖縄の戦前の社会経済の実態から，「移植民」についてまったく考えていなかったわけではない．むしろ，急激な人口増加による社会の疲弊は徐々に明らかで，移民再開の必要は十分に検討されていた．しかし，綱領あるいは政策のなかで，「移植民」に関連する項目は，群島間，とくに八重山地方への「移植民」を示唆する「六，沖縄群島，大島諸島及び先島群島の統合．人口調整機関の設立」以外にはない[56]．

沖縄民主同盟の指導者であった仲宗根源和は，演説のなかで，「移植民の促進」について，次のように述べている．

沖縄の現状は土地狭い上に人間は多いし飛行場軍施設道路などに使用せられ其の上に内地其他より約十五,六万人の人間が送り込まれ資源の貧しい沖縄で生活安定はとうてい望めないのであります.現在の沖縄住民は唯息を吸ってゐるに過ぎないのであります.移民は当然必要なことであります.吾が沖縄人は歴史が証明致して居ります通り南洋委任統治領に於てかくかくたる成果を収めてゐる.例えば松井春治が南洋興発会社を設立して小資本であったが一躍八千万円の大会社に迄築きあげたのであります.又沖縄漁夫がシンガポール,フィリピンに於て大きな成績をあげて世界に貢献して来たのであります[57].

この場合,仲宗根が念頭においている「移植民」は,ハワイや北米,あるいは南米への移民ではなく,旧日本支配地域への「移植民」である.

一方,移民について,同時期におこなわれた沖縄人民党演説会では,次のように述べられている.

仮に今我々がここに移民問題を掲げて皆様の前で絶叫するなら,十分に拍手を戴く自身はあるが,我々は不用意には移民問題を掲げない.沖縄では三十万人程度の人が自給出来得る土地しかなくてそれ以上は海外へ出さねばならない.今南洋興発の政策を掲げて云々したら一般は喜ぶであろうが,沖縄の運命,移民は沖縄の統治権と結び付いているので,軍政下にある現在としては,移動を叫ぶ権力がないからである.それを今すぐ出来る如くに断言する人こそ英雄主義であろう.だから我々は事実出来得る事を綱領として掲げる.此の政策はあなた等の生活から生まれて来る可きものであって,民主主義沖縄のために野心家は入れられない[58].

沖縄人民党の結成綱領では,沖縄における「移植民」と自給に密接に関連する土地政策に関しては,「土地の適正配分」との表現にとどまっている.後に詳しく述べるが,この「土地の適正配分」という表現は,1948年の食糧配給停止や港湾労務供出問題の過程で,第2回党大会で採択されたスローガンの

なかで,「最大限の土地解放による疎開者の復帰」に書き換えられる.同時に,その時期から,米軍政府は,沖縄人民党を沖縄で最も影響力のある政治組織と見なすようになった.

　こうした戦後初期政党結成について,人びとの反応はどのようなものであっただろうか.それに関する具体的記録は少ないが,1947年9月,結成から二ヶ月に満たない沖縄人民党の北部での演説会の記録を見てみよう.党員たちは,7月20日の結成大会で承認された綱領を手に,9月2日に大宜味村喜如嘉,3日に国頭村奥間,そして4日に国頭村辺土名の集落で演説会を開催した.記録によれば,集会はいずれも初等学校を会場に,午後8時近くから開催された.それぞれの会場で400から500人,奥間や辺土名では,それぞれ男性300人,女性200人が集まったとされている[59].女たちの姿も多かったとすれば,この数には数えられてはいないであろう大勢の子どもたちが走り回ったり,親や祖父母,兄弟姉妹におぶわれてもいただろう.
　演説会で,弁士たちは,自らを「よりよき生活を確保せんとする革新運動の一つ」「農民,漁民,配給生活者を主体として皆の力で盛り上げていく人民の政党」「本部を沖縄におく沖縄人だけの大衆の党」と位置づけ,「人民自治政府」の樹立を主張した.記録によれば,喜如嘉や辺土名では,こうした演説に対して「共鳴者」が多く「静粛」であった.しかし,9月3日,奥間初等学校での演説会は様子が違っていた.このとき,沖縄人民党の結成時の常任委員のうち,前田陳秀,兼次佐一,屋部憲,そして,瀬長亀次郎の順番に4人の弁士が登壇した.これは喜如嘉でも同じ構成であった.しかし,奥間では,3人目の屋部憲の演説の途中で会場内は「静粛」という状態ではなくなった.記録には,屋部が「過去の日本の話をムシ返さうとした」ため,「過去の話を止め当面又は将来如何に進むべきかを早く話せと野次馬にやじられついに降壇」してしまったとある.
　演説会のこの日,奥間は海神祭の日であったと記録されている.「塩屋警察署長から沖縄民警察部長宛　沖縄人民党演説会ニ関スル件」という文書には,以下のように残されている.

奥間校ニ於テハ　海神祭初日デ　酒気ヲ少々帯ビタル聴衆アリシタメ　相当弥次アリ活気アル演説会デアッタ[60]
（ママ）

「ウンジャミ」と呼ばれる海神祭は，おもに沖縄島北部から伊平屋島などで旧盆七月の後の亥の日におこなわれる，共同体の安寧と豊穣を祈願し，海上他界の神々を招き送る，人間とその共同体の再生を願い，それを予め祝う祭である．大宜味村塩屋のウンジャミについては，戦後最初の祭の爬龍船は，木材不足のために米軍のスクラップを再利用して造船されたという．果たして奥間のウンジャミはどうだったのだろうか．造船の神歌，そして神人たちに守られて，ウンジャミのクライマックスの，飛沫をあげて爬龍船が競い合う，御願バーリーがおこなわれる．

そうした祝祭空間から，人びとは人民党の演説会へと流れ込んだのだった．海神祭の祝祭空間は，それは完結した一つの小宇宙であった．しかし，人びとが流れ込んだ先の，その政治空間は，まさに今，未来へ向かって開かれたばかりの，始まりの空間であった．

1）中野好夫・新崎盛暉『沖縄戦後史』岩波書店，1976年23ページ，および，我部政男「占領初期沖縄における政軍関係」日本政治学会編年報政治学『近代化過程における政軍関係』岩波書店，1989年参照．
2）隣接する琉球諸島における政治組織の形成については，さしあたって，黒柳保則による「占領初期の奄美群島における政治と政党」愛知大学大学院『愛知論叢』第63号，1997年9月，および「アメリカ軍政下の宮古群島における『革新』政党の軌跡」愛知大学国際問題研究所『国際問題研究所紀要』第111号，1999年9月などを参照．
3）「沖縄民族の独立を祝うメッセージ」『アカハタ』20号，1946年3月6日（新崎盛暉編『ドキュメント・沖縄闘争』亜紀書房，1969年，40～41ページに再録）．
4）由井晶子「Ⅱ　在本土県人の動向」那覇市市民文化部歴史資料室編『那覇市史資料篇第3巻5　戦後の社会・文化2』那覇市，2005年，128～129ページ．以下，『那覇市史資料篇第3巻5』と略す．
5）1945年11月10日付の「沖縄人連盟設立呼びかけ文」には，「沖縄新生協会（仮称）」と記されている．『那覇市史資料篇第3巻5』129ページ．
6）「沖縄人連盟規約」『那覇市史資料篇第3巻5』130ページ．
7）「マッカーサー元帥への請願書」『那覇市史資料篇第3巻5』134ページ．
8）『那覇市史資料篇第3巻5』135ページ．

第 4 章　政治組織の形成

9)「沖縄人連盟創立大会報告書」『那覇市史資料篇第 3 巻 5』132〜133 ページ．
10)『近代日本社会運動史人物大事典』第 4 巻，日外アソシエーツ，1997 年，482 ページ．以下，『社会運動史事典』と略す．宮里一夫『見果てぬ夢——宮里栄輝とその時代——』ボーダーインク，1995 年等を参照．
11)『社会運動史事典』第 4 巻，723〜724 ページを参照．この項目の執筆者であった屋嘉比収は，こうした山城の政治活動の振幅について，「自らの郷里と同胞を愛し，その地点からものごとを考え行動した．理念や思想上の『転向』とは別に，沖縄と沖縄人とをアイする姿勢において終始変わらなかった」．また，山城善光『山原の火——昭和初期農民闘争の記録——』沖縄タイムス社，1975 年，『火の葬送曲——転向者，赤裸々の軌跡　続山原の火——』火の葬送曲刊行会，1978 年を参照．
12) 新崎盛暉編『沖縄現代史の証言』下巻（沖縄タイムス社，1982 年）64 ページ．
13) 山城善光「荒野の火 (5)」(『琉球新報』1982 年 3 月 19 日)．また，政策大学院大学政策研究院 COE オーラル・政策研究プロジェクト編『上原信夫オーラルヒストリー』政策大学院大学政策研究院 COE オーラル・政策研究プロジェクト，2005 年第 1 回記録（2003 年 10 月 18 日）および第 3 回記録（2003 年 11 月 14 日）を参照．
14) 山城善光「荒野の火 (6)」(『琉球新報』1982 年 3 月 20 日)．
15)「沖縄建設懇談会記録」『那覇市史資料篇第 3 巻 5』43 ページ．
16)『那覇市史資料篇第 3 巻 5』43〜44 ページ．また，山城善光「荒野の火 (12)」(『琉球新報』1982 年 3 月 27 日)．ここで，沖縄から引き揚げてきた人物とは，山城の証言では，仲吉良光である．
17)「沖縄建設懇談会懇談記録報告之件」『那覇市史資料篇第 3 巻 5』51 ページ．
18) 沖縄タイムス編『沖縄の証言』上巻，沖縄タイムス社，1971 年，197〜202 ページ，我部政男，前掲論文，鳥山淳「揺らぐ『日本人』——敗戦から日本復帰運動の始動までを中心に——」『沖縄関係学研究論集』第 3 号，1997 年，戸邉秀明「史料紹介　戦後沖縄における政治活動の出発——比嘉春潮文庫資料『沖縄の現状報告』の意義と射程——」『民衆史研究』第 60 号，2000 年などを参照．
19) 前掲『沖縄の証言』上巻，198 ページ．
20) 山城善光「荒野の火 (24)」(『琉球新報』1982 年 4 月 8 日)．
21)「石川警察署長から沖縄民警察部長宛　民主同盟政策協議会並政策発表演説会開催ニ関スル件　1947 年 9 月 8 日」沖縄県公文書館所蔵琉球政府文書『沖縄民主同盟に関する書類』[R00000476B]．
22) 同上．
23) 米国軍政府特別布告第 23 号「政党について」(琉球政府文教局編『琉球史料』第 2 集 2 政治編 2（琉球政府，1955 年）207〜208 ページ．
24)『自由沖縄』第 1 号『那覇市史資料篇第 3 巻 5』54〜55 ページ．
25)『自由沖縄』の発行から逮捕，裁判の経過については，山城善光「荒野の火 (30)〜(40)」(『琉球新報』1982 年 4 月 14 日〜24 日)を参照．

26) Intelligence Summary, 16-31 July 1948; 1-15 Sugust 1948; 1-15 September 1948; 16-30 September 1948; 1-15 October 1948; 16-31 October 1948; 1-15 Novermber 1948; 16-30 November 1948; 16-31 December 1948, RG 319, "P" file, 1946-1951, Intelligence Summary-Ryukyus Command, 1947-1950, Box 1856, NACP. 以下，Intelligence Summary と略す．
27) 沖縄人民党史編集刊行委員会編『沖縄人民党の歴史』沖縄人民党編集刊行委員会，1984年，22ページ．
28) 同上書，22～24ページ．
29) 新崎盛暉編『沖縄現代史の証言』上巻，沖縄タイムス社，1982年，140ページ．
30) 前掲『沖縄の証言』上巻，178ページの糸洲安剛による証言，また，大田，前掲論文などを参照．
31)「1947年10月末現在沖縄人民党役員名簿」（沖縄県公文書館所蔵琉球政府文書『1948年1月以降沖縄人民党に関する書類綴』[文書番号R00000475]．以下，『人民党綴』と略す．
32) Intelligence Summary, 1-15 September 1948; 16-30 April 1949.
33) Intelligence Summary, 1-15 September 1948.
34)『沖縄県史料　戦後1　沖縄諮詢会記録』沖縄県教育委員会，1986年，377ページ．
35) "War Diary," Box 22, James T. Watkins Papers, Stanford University.
36)「うるま新報」の外電の選択については，真久田巧『戦後沖縄の新聞人』沖縄タイムス社，2000年，森口豁『ヤマト嫌い——沖縄言論人・池宮城秀意の反骨——』講談社，1995年等を参照．
37)『うるま新報』1945年9月26日，10月24日．
38)『うるま新報』1945年8月22日．
39)『うるま新報』1946年1月16日，23日，2月27日．
40)『うるま新報』1946年3月13日．
41) Intelligence Summary, 12 March 1947.
42) 前掲『沖縄の証言』上巻，202～203ページ．
43) Intelligence Summary, 5 March 1947.
44) 前掲『沖縄人民党の歴史』23ページ．
45) 池宮城秀意『激流』那覇出版社，1979年，96～97ページ．
46)「沖縄人民党役員名簿　1947年10月現在」『人民党綴』．
47)『社会運動史事典』第1巻，521～522ページ．また，自伝として，浦崎康華『逆流の中で——近代沖縄社会運動史——』沖縄タイムス社，1977年参照．
48)『社会運動史事典』第1巻，97～98ページ．また，新崎盛暉によるインタビュー，「社会運動の底辺を支えるもの——阿波連之智氏に聞く——」新崎盛暉編『沖縄現代史の証言』上巻，沖縄タイムス社，1982年，121～146ページ参照．
49)『社会運動史事典』第3巻（日外アソシエーツ，1997年），113～114ページ．また，自伝として，『瀬長亀次郎回想録』（新日本出版社，1991年）等を参照．

50) 池宮城秀意『激流』，森口豁『反骨のジャーナリスト』などを参照．
51)「塩屋警察署長から沖縄民警察部長宛　沖縄人民党演説会開催に関する件　1947年9月9日」『人民党綴』．
52)「沖縄人民党綱領」『人民党綴』．
53) 同上．
54) 同上．
55)「石川警察署長から沖縄民警察部長宛　民主同盟政策協議会並政策発表演説会開催ニ関スル件　1947年9月8日」沖縄県公文書館所蔵琉球政府文書『沖縄民主同盟に関する綴』．
56) 同上．
57) 同上．
58)「塩屋警察署長から沖縄民警察部長宛　沖縄人民党演説会開催に関する件　1947年9月9日」『人民党綴』．
59)「沖縄人民党演説会開催ニ関スル件（1947年9月9日付塩屋警察署長から沖縄民警察部長宛）」『人民党綴』．
60)「塩屋警察署長から沖縄民警察部長宛　沖縄人民党演説会開催に関する件　1947年9月9日」『人民党綴』．

第 5 章

東アジア冷戦体制の形成と沖縄
—— NSC13 の世界 ——

1 1948 年の東アジア

1 枚の地図がある．沖縄を中心とする同心円の線が引かれた地図である．

1948 年夏，米国中央情報部（Central Intelligence Agency．以下，CIA と略す）は，「西太平洋と中国」という基本地図のなかに，沖縄を中心とする 500 マイル刻みの同心円の線を引いた[1]．この地図は，アメリカの対アジアの軍事的戦略における沖縄認識を視覚的に表そうとした，いわば「エスタブリッシュメント・ショット」である．

この徹底した俯瞰の視点による地政学的地図は，第二次世界大戦中，OSS が作成した地図の上に戦後になって同心円を重ね書きしたものだが，実際のところ，誰が最初にこの手の地図を作ったのか，その起源はよくわからない．ただ，1948 年に CIA が作成した地図は，この種の地図その最も初期のものの一つであることは間違いない．

この地図は，「琉球諸島とその重要性」という CIA 報告書に添付されたものだが，その空間の認識はただ CIA だけのものというわけではなかった．第 1 章で触れたように，沖縄戦終結と日本の無条件降伏の後，1945 年 10 月 24 日，JCS は琉球諸島を米国の世界の基地体系における「主要基地（Primary Bases）」の一つとして位置づけ，排他的統治を要求した．しかし，琉球諸島の将来の国際的地位は未決定のままであった．1948 年から 49 年にかけて，国家安全保障会議（National Security Council．以下，NSC と略す）は，NSC13 シリーズと呼ばれる「米国の対日政策に関する勧告」の第 5 項により，琉球諸島の地位は未決定のまま，その長期保有と基地拡充を決定した．これが米国政

第5章　東アジア冷戦体制の形成と沖縄

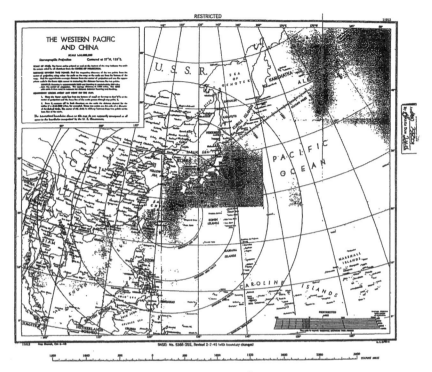

出典) CIA, "The Ryukyu Islands and Their Significance," ORE 24-48, August 6, RG 319, Reports and Messages, 1946-51, box 23, National Archives at College Park.

図2　CIA「琉球諸島とその重要性」

府内部での琉球諸島の統治に関する暫定的なコンセンサスであった．NSC13 の原型となった国務省政策立案室（Policy Planning Staff．以下，PPSと略す）がまとめた PPS28 文書の検討には，国務省や JCS，NSC とともに，CIA も関与していた[2]．

「琉球諸島とその重要性」のなかで，CIAの考察は，要約すれば以下のようなものであった．

沖縄の戦略的重要性とその価値は沖縄戦において実証された．戦時中に建設された 11 の飛行場のうち，6 つは B29 戦略爆撃機の使用が可能であり，「中国内陸部，日本，朝鮮，ウラジオストックを含む東シベリアの大部分，フィリピンやグアム，マリアナ諸島全体，そして東南アジアとオランダ領東インドの

範囲に出撃可能な優良な基地になる」.「守勢的にも攻撃的にも」作戦上の軍事的優位性があり，中国の中央部および北部と朝鮮沿岸への進入路守備の監視哨所，また，広範囲にわたる空軍による監視が可能となり，さらに非武装化した日本およびフィリピン，太平洋諸島にある米軍基地の防衛拠点にもなる．また，クリル諸島，朝鮮および満州におけるソ連の存在を「ある程度まで」抑制でき，さらに，日本の軍事的攻撃性が復活するのを挫くことができる．日本の非武装化と将来の朝鮮からの米軍撤退を考えてみると，ここでさらに琉球から撤退するようなことになれば，米国の防衛線はマリアナまで引き下げられることになる．しかも，もしも中国共産党によって領有されればソ連の琉球諸島へのアクセスが容易になり，太平洋での米国の安全保障を脅かすことになる．さらに，国民党は台湾で失敗しているので，彼らの琉球支配は実行不可能かつ米国にとって利益にならない．問題点として，中国，ソ連，イギリスおよび英連邦諸国は，琉球諸島の日本への返還が日本の勢力拡大を招くという恐れから，これに強く反対するかもしれない．しかし，1947年8月のキャンベラでの英連邦会議では，イギリスは琉球諸島に関しては米国による信託統治が好ましいとしており，また，「太平洋における安全保障のパターンを鋳造する」役割を米国に委ねる傾向を示した．イギリスは，琉球諸島を米国管理下におく計画に手を貸すだろう．一方，沖縄の軍事戦略的価値は高いが，そこに居住する者以外に経済的価値はなく，沖縄内部の政治的見取り図は比較的平穏なものである．

　以上が CIA の認識であった．

　沖縄を中心にアジアを俯瞰する，こうした地政学的地図が描かれた1948年について，アメリカ・東アジア関係史，朝鮮現代史を専門とする歴史家ブルース・カミングス〔Bruce Cumings〕は「アメリカの政策の東アジアの文脈を根本的に変化させた年」だったと述べている．中国の内戦における国民党の敗退の様相と中国共産党の力量が与えたインパクトは，アメリカの対アジア政策全体の転換の契機，とりわけ，アメリカの日本へのコミットメントの拡大と対日占領政策の「逆コース」の契機となった[3]．しかも，こうしたアメリカの対アジア政策の転換と密接に絡み合いながら，冷戦が深まり，アジア各地の自発的な変革の動きは深刻な打撃を受けた．もちろん，そうした変革の動きは，実際には，1945年に日本帝国主義が崩壊する時期から，すでに地域的な水準では

第 5 章　東アジア冷戦体制の形成と沖縄

冷戦の秩序形成によってその成長を阻まれていたが, 1948 年, 中国で中国共産党を中心とする側の優勢が顕在化する時期には, 朝鮮半島や台湾, フィリピンなど, 東アジア各地で政治暴力が激化した.

　1948 年, 朝鮮半島では, 北緯 38 度以南での単独選挙と済州島四・三事件, 麗順(ヨスン)事件があり, さらに単独選挙により建国宣布した大韓民国の李承晩政権の下で反共政策が強化された. 同年 9 月には, 朝鮮民主主義人民共和国が建国宣布し, 分断体制が生み出された. 台湾では, 1947 年初めの二・二八事件以後, 民主勢力への政治暴力と弾圧の嵐が吹き荒れ, 1948 年には動員戡乱時期臨時條款の成立により, 国民党政権の反共主義と独裁基盤確立の杭が打たれた. また, フィリピンでは, 中部ルソンを中心として農民蜂起が起こり, 国軍や警察による弾圧により事実上の内戦状態が続いていた.

　日本では, 経済復興政策が加速する一方,「非軍事化」と「民主化」の占領改革が骨抜きにされ, 財閥解体の有名無実化, 賠償の中止, 岸信介・児玉誉士夫・笹川良一ら A 級戦犯容疑者釈放, 朝鮮学校閉鎖令と関西における非常事態, 公安条例, また, 国家・地方公務員の団体交渉権および争議権を否認する政令 201 号が発令されるなどした.

　沖縄に視線を戻すと, 1948 年頃には, 軍労務者供出問題に端を発した食糧配給停止命令等, 占領の矛盾が徐々に顕在化し, また, 1947 年春以降に出現した政治組織等, 自主的な政治に対する米軍政府による対敵諜報活動が強化されるようになった.

　沖縄現代史研究では, 1948 年の状況に関しては, 宮里政玄の研究をはじめとして, 対日政策の転換である NSC13 シリーズにおけるアメリカの対沖縄政策決定過程に関する研究蓄積がある. だが, 1948 年の東アジアの地域的構造変動の影響, 相互関係, あるいは国務省や軍部のアジアに対する認識や関与などとの関連については, 全般的な「冷戦の深まり」と説明されるにとどまる. 本章では, これまでの研究を参照しながら, NSC13 シリーズにおける沖縄の位置づけについて, 沖縄とアメリカの関係だけでなく, 東アジアの地域的構造変動の文脈のなかで再検討してみたいと思う. 1948 年は東アジアにおける冷戦体制の形成の転換点であり, また, 今日なお沖縄に与えられている地政学的な位置づけ, あるいは「太平洋の要石 Keystone of the Pacific」という位置づ

けを考えるうえで重要である．同時に，沖縄がそうした地政学的位置から解き放たれ，自主的な社会の成長を遂げるという課題は，東アジアという地域全体の，あるいはその諸民族・諸地域がそれぞれに自主的に社会を営むという課題と密接にかかわっている．

2　ケナンのアジア視察——沖縄をめぐるコンセンサス——

1948年3月の米国務省政策立案室長ジョージ・F・ケナン〔George F. Kennan〕のアジア視察は，米国の対日占領政策転換の契機であった．ケナンは一ヶ月弱のあいだに日本，沖縄，さらにフィリピンを視察し，PPS28文書「米国の対日政策に関する勧告」をまとめた[4]．

PPSは，すでに前年10月，PPS10/1文書「琉球諸島の最終的処理に関する特別勧告」をまとめていた．PPS10/1では，その直前に国務省に伝えられていた，いわゆる「天皇メッセージ」を反映させた基地租借案とJCSが主張する戦略的信託統治案が検討されていた．「天皇メッセージ」は，1947年9月，御用掛・寺崎英成を通じて，東京の米国政治顧問ウィリアム・シーボルド〔William Sebald〕に伝えられた，琉球諸島に対する「米国の軍事占領は，主権を日本に残したまま，長期——25年ないし50年，あるいはそれ以上——の租借という擬制」に基づくべきであるという天皇のメッセージである[5]．

PPS10/1のなかで，国務省はJCSの主張に対して，戦略的信託統治が将来的に米国の財政的負担となる可能性があることを指摘したが，琉球諸島，とりわけ沖縄の戦略的重要性については軍部と見解が一致していた．ケナンの認識では，日本の非軍事化と非武装化は「侵略に対する自衛手段のない」まま日本を放置するものであるが，その代わりに「日本の軍事的安全保障は日本に近接する地域（あるいは状況が厳しい場合には日本本土）に駐留する米軍に主として依存することになるだろう」とし，「沖縄に軍事施設を求めることを前提として（対日講和）交渉を進めるべきである」としている[6]．だが，JCSはあくまで琉球諸島の戦略的信託統治に固執していた．

ケナンはアジア視察に臨み，1）太平洋における米国の安全保障の必要について，2）ソ連を含むか含まないかにかかわらず，日本との早期講和が望まし

いかどうか，3）日本の経済再生を加速化するのに現時点で取られるべき措置は何か，という3点を検討する目的があった[7]．ケナンは，東京とマニラの間の「鎖状の島々」を強行軍で往復した．アジア視察の日程は，3月1日東京到着後マッカーサーと会食，5日マッカーサーと会談，11日沖縄へ出発，12日沖縄からマニラへ，15日マニラを出発，16日東京に到着，21日米陸軍次官ウィリアム・H・ドレイパー〔William H. Draper, Jr.〕とともにマッカーサーと会談，23日東京を出発し，25日ワシントンに到着し，その日のうちにPPS28を国務次官ロバート・ロヴェット〔Robert A. Lovett〕に提出した[8]．

1948年2月24日付のPPS23文書「現在の米国の外交政策に関する評価」のなかの「極東」の記述は，視察直前のケナンのアジア認識の輪郭を知る手がかりとなるだろう．

ケナンは，「極東」の現況からすれば，大国であるインドや中国も依然として人口問題を解決することができず，人びとをしてソ連の共産主義のイデオロギーに親近感を抱く可能性をより高いものにしていると述べている．そうした条件に米国が対応するとすれば，近代的な手段や生活様式を人びとに与えることによって，国家安全保障を「決定的に損なうことのないよう，この不均等な位置を維持する」関係を作らなければならないとした．こうした発想を前提として，ケナンは，「極東」におけるアメリカのリーダーシップというものは，「米国はアジア人に『好かれ』たい，あるいは高潔な国際協調主義に基づく利他主義があると思われたい」という，あまりに非現実的な欲求を放棄すべきであると断じ，次のように述べた．

> 来るべき時代の極東における米国の影響は，主として<u>軍事的で経済的なもの</u>になると認識すべきである．我々は太平洋と極東のどの部分が米国の安全保障にとって絶対的に死活的であるかについて，注意深く研究しなければならない[9]（強調，引用者）．

ケナンの発想の軸は，アジアにおいてアメリカが冷戦に勝利するには，「軍事」と「経済」という二つの鍵を最も効果的に結びつけなければならないというものであった．しかも彼は，米国にとって「極東」における重要拠点は日本

とフィリピンであると考えていた．「日本とフィリピンは太平洋の安全保障体系の礎石」であり，「米国がこれらの地域を効果的に支配することができるならば，しばらくは東側からの米国の安全保障に対する深刻な脅威はないだろう」．

アジア視察におけるケナンの最大の政治的な標的は，彼が冷戦のアジアで将来の脅威となると考えた，当時対日占領政策の基礎となっていた指令FEC230であった．FEC230は，日本の徹底した「非軍事化」と「民主化」をはかるためのものであった．この指令をなんとしてでも変更しなければ，アメリカはアジアにおいて冷戦に勝利することはできないとケナンは考えていた[10]．

一方，ケナンにとって，朝鮮は1947年秋の段階ですでに米国の安全保障政策の主要な対象ではなくなっていた．1947年6月，ケナンは，日本と朝鮮には「ヨーロッパで適用されているような大規模な経済援助」が必要であるとしていたが，9月になると，対日占領政策の転換に伴い，日本により高い比重でソ連と北東アジアの均衡を維持する力を期待し，朝鮮の軍事戦略的重要性はより低いものと考えるようになった．「我々の政策は浪費を切り捨て，できるだけ品良く，しかも速やかにそこから撤退することである」[11]．さらに，1947年11月には，「朝鮮の領土が我々にとって決定的な戦略的重要性がないのであれば，我々が主に果たすべきことは，米国の威信をひどく傷つけないようにして朝鮮から抜け出すことである．しかし，その場合に，それは米国が朝鮮を放棄するということを意味するのではなく，朝鮮の向こう側に広がる満州北部でのソ連の影響の除去を迫るようにしなければならないことを覚えておくべきである」と述べている[12]．

アジア視察の直前，ケナンと会った国務長官ジョージ・マーシャル〔George Marshall〕は，ケナンが朝鮮を視察することには疑問を呈し，むしろ南京への視察を促した[13]．ケナンには，中国を視察するというマーシャルの再三にわたる提案は，マッカーサーとの交渉自体が重い課題であるうえ，ウェドマイヤー〔Albert C. Wedemeyer〕の二の舞になる危険性を伴う負担の大きいもののように映った[14]．1947年秋，ケナンは「中国で米国ができることはあまりないが，しかし，現状では最後まで耐えて，軍事情勢が共産主義勢力の優位に急激に傾くのを防ぐ」ことが必要であり，「極東地域はまったく不安定な状態

におかれている．そうした不安定さを正し，混沌と不確実性のなかから秩序を作り出すという問題は，とてつもなく大きいものである．そして，米国はかろうじてそれに関わっているような状態である」と述べ，アジアにおいて「米国が直接かかわるべき」最も緊急の課題は日本であるとした[15]．アメリカの日本へのより強力なコミットメントは，「ローズヴェルト以来の伝統的中国政策」の転換とも言えるものであった[16]．

　台湾については，米軍部，とりわけ陸軍省と空軍は，1945年の沖縄戦終結から1949年まで，台湾の将来は不安定であるためそれ自体主要な軍事的拠点とは見なしておらず，琉球諸島の米軍基地によって補強される存在として位置づけていた．CIA もまた，「琉球諸島とその重要性」のなかで，「戦争終結以来，台湾での中国国民党の失敗は，米国が沖縄に基地を維持するという協定を結んだ上で国民党に琉球を与えるという選択が実行不可能なことを示唆するものである」としている[17]．これは，二・二八事件とその後の混乱といった問題を指し示しているかもしれない．

　ケナンが視察先として選んだのは南京ではなく，沖縄とフィリピンであった．当時，東京からフィリピンに行く場合，航空機は沖縄で必ず給油しなければならなかった．つまり，沖縄の視察はいずれにせよ短時間なら「ついで」の仕事のようにして実行可能なもので，実際，ケナンは往路・復路ともに24時間に満たない時間しか沖縄にいなかった．彼はおもに軍政府と軍事基地を視察しただけであって，あたかも「ついで」のように志喜屋孝信沖縄民政府知事とは廊下で「立ち話」をする程度であった[18]．沖縄民政府の軍民連絡会議の記録によれば，ケナンはこのとき，沖縄民政府の幹部らに対してただ一言，「皆英語がよく話せる」と言っただけだった[19]．

　しかし，琉球諸島の軍事戦略的重要性は，決してそうした「ついで」の仕事の範囲のものではなかった．ケナンは，沖縄視察をはさんで3月5日のマッカーサーとの会談，および21日にはさらにドレイパーを加えた三者の会談をおこない，二度にわたって議論した．

　この会談を前後して，琉球諸島の軍事戦略的重要性に関して三つのコンセンサスがあった．それは，ケナンとマッカーサーとの間でのコンセンサス，ケナンとドレイパーとの間でのコンセンサス，さらに米国とイギリスおよび英連邦

諸国との間でのコンセンサスである.

　マッカーサーの琉球・沖縄に対する見解は，二度の会談ともほぼ同じ内容であった．沖縄現代史研究ではよく知られている，このマッカーサーの発言を引用してみよう.

　　もはやカリフォルニアは防衛線の外縁ではない．防衛線はいまやマリアナ，琉球，アリューシャンを通る線であり，沖縄はその鍵を握る稜堡である．この線はフィリピン，オーストラリア，そして隣接する英領やオランダ領の島嶼地帯の南側にある前哨地点に続く．その北端の前哨地点は日本である.

その「U字型防衛線」のなかで，「とりわけ沖縄」が重視された.

　　沖縄はこの構造のなかで最も前方で，尚かつ死活的な位置にある．沖縄からは想定される陸海両用作戦の展開が可能なアジア北部のあらゆる港湾を統制することが容易になるだろう．これこそがまさに本質的なのだ．海軍施設は重要である．しかし，この目的のためには空軍力こそが死活的である．沖縄に適当な軍事力があれば，米国はアジア本土から発せられる陸海両用の軍事力の発動を防ぐ目的で，日本本土を要求する必要はない.

　マッカーサーはさらに琉球の「人びとは日本人ではない．そして日本本土に同化したこともない．日本人は彼らを見下して」おり，「彼らは単純で善良な民族で，琉球におけるアメリカの基地の開発でカネを得て，ほどほど幸せにしている」と述べた．さらに，米国が「沖縄における基地開発の確固とした恒久的な政策をとっていない」ことを嘆いて，「こうしたことが現地に駐留する部隊の士気と能率に好ましくない影響を及ぼしている」とした．そして，講和条約後に日本本土に基地を維持することは実行不可能だと言い，もし日本本土に基地をおけば，ソ連のみならず他の連合国にも「同様に正当な要求を認めることになるだろう」と主張した.

沖縄に能力の高い空軍力さえあれば，我々は日本を外部からの攻撃から守ることができるのだ．

だから，米国は「沖縄を徹底的に開発し，要塞化する」ということを「今こそ」決断しなければならないと強調した（強調，原文）[20]．

1948年3月13日，沖縄視察の直後，ケナンは，マニラから国務省のW・ウォルトン・バタワース〔W. Walton Butterworth〕に宛てた書簡のなかで，「沖縄訪問によって，米国の国家防衛の見地に加えて，島民に対する我々の責務という点でも，少なくとも次の10年間の琉球の地位に関して，早期に確固とした方針を明確にすることが緊急の課題だという私の見解が強まった」と述べている[21]．

ケナンは，マッカーサーとのやりとりのなかで，マッカーサーが懸念する対日政策の転換，とりわけ集中排除法等経済政策をめぐる議論を沖縄の軍事戦略的重要性の議論と極東委員会への批判のあいだに挟み込んでいる．琉球・沖縄の軍事的重要性は，極東委員会への批判と同じぐらいマッカーサーとの間で確実にコンセンサスが得られる主題だった．

沖縄占領をめぐる研究のなかであまり言及されることはないが，琉球・沖縄に対する政策決定において，ウォール街出身の陸軍次官ウィリアム・ドレイパーの役割は決して小さくないものであった．

ドレイパーは「日本の経済復興計画を『逆コース』に結びつけた最初の人物」であり，対日政策の転換をケナンとの強力なコンビネーションで実行した．ドレイパーは財閥解体・賠償・公職追放という占領政策の徹底した日本の非軍事化と民主化を攻撃し，復興計画を成功に導く目的から，日本の旧支配層を復活させ，労働組合や民主化勢力を封じ込めるのを支持した．その背景にはアメリカの実業界やハリー・カーン〔Harry Kern〕のような，いわゆる「ジャパン・ロビー」との密接な関係があり，ドレイパーはアジアの市場における彼らの利害を代弁する存在に等しかった[22]．

ドレイパーは，ケナンとともに臨んだマッカーサーとの会談のなかで，日本占領を終結させる条件として，「小規模な防衛軍」の創設が陸軍省の一般的な意見であると述べた．それに対して，マッカーサーは日本の再軍備に反論し，

琉球・沖縄の戦略的重要性について長々とした主張で応じた．日本の再軍備について実際にドレイパー自身がどれほど積極的であったかわからないが，ドレイパーは帰国後の 5 月半ば，サンフランシスコで「極東における日本の重要な位置」と題した演説をおこない，「世界共産主義に対抗するアメリカの政治的軍事的活動の一環」として日本の経済復興の必要性と重要性を論じつつ，それを支えるためには「米国の爆撃機が断固として攻勢に転ずることのできる位置に空軍基地を奪取し確保する用意がなければならない」と述べている[23]．ドレイパーはその直後，日本と朝鮮の復興計画をまとめたジョンストン報告を発表し，同じ日，トルーマン政権は連邦議会に対して日本・朝鮮・琉球に対する 1 億 5000 万ドルの対外援助資金を要求した[24]．

　マッカーサーは，ケナンとドレイパーとの会談のなかで，オーストラリアとニュージーランドは琉球諸島を米軍の戦略的拠点にするという構想が自らの防衛に効果をもたらすと考えており，それを望んでいると述べている．こうした琉球・沖縄に関する英連邦諸国とのコンセンサスを強調するマッカーサーの態度は，すでに前年 10 月，ドレイパーによって国務省に伝えられていた．ドレイパーは陸軍長官ケネス・ロイヤル〔Kenneth Royall〕に宛てた覚書のなかで，マッカーサーは「米国が沖縄を保持することは死活に関わると考えており，また，オーストラリアのエヴァットもこれは必須の選択だと同意していると言っている」と記し，この覚書はロイヤルから国務省のロヴェット，さらにバタワースら国務省内で回覧された[25]．CIA もまた，イギリスは 1947 年 8 月のキャンベラ英連邦会議で琉球諸島の米国の信託統治が好ましいとしており，また，「太平洋における安全保障のパターンを鋳造する」役割を米国に委ね，琉球諸島を米国管理下におくことを認める計画に手を貸すだろうと記している[26]．

　イギリスと英連邦諸国にとって，1947 年 8 月から 9 月にかけて開かれたキャンベラでの英連邦会議でのコンセンサスに示されるように，対日講和の領土的条件として，琉球と小笠原の米国の戦略的信託統治による管理を支持することはそれぞれの国益に矛盾するものではなかった[27]．オーストラリアやニュージーランドは，太平洋地域の安全保障と対日講和をめぐって，CIA の言い方を借りれば「日本の将来の軍事的攻撃性の復活を挫く」方向性を強く主張していた．また，イギリスは，1945 年末以来，対アジア政策は「北回帰線より

北側では，(米国が日本を圧倒的にコントロールし続けるという前提のもとで) わが国の戦略的利害が求めている政策は積極的政策というよりも非介入政策 policy of non-involvement である」としていた．その裏側には，「北回帰線の南側」，すなわち，香港以南の東南アジア地域において第二次大戦後もイギリスの覇権を戦略的に維持し，かつ「領土を強化し全体として発展させていく」という課題があった[28]．イギリスの対日講和をめぐる焦点は，日本の軍事力の復活というよりは，むしろ，日本の経済復興がもたらす「北回帰線の南側」のイギリスの市場的利害への影響であった．

　沖縄とフィリピンの視察後，3月21日のドレイパーが同席したマッカーサーとの最後の会談の直前，ケナンは東京にいたイギリス大使ガスコイン〔Alvery Gascoigne〕と会い，自ら琉球諸島の戦略的重要性について言及し，将来の法的地位をめぐる決定におけるイギリスの協力を念押しした[29]．また，1948年5月から6月にかけて，ケナンとバタワースは，英外務次官デニング〔Maberly E. Denning〕にアプローチし，日本復興によって英国の東南アジアにおける地位の不確定要素が生じるかもしれないというイギリスの懸念に対し，むしろ，現行の日本占領政策がアジア地域でのソ連の影響力の拡大を招く危険を指摘し，それを回避するためにも対日政策の転換への支持を要求した[30]．1948年中盤，日本とスターリング地域の貿易均衡協定を背景に，イギリスは対日講和に対する姿勢を強硬なものから「ソフト・ピース」へと転換をはかった[31]．

3 NSC13の成立と東アジア

　1948年3月25日のPPS28「米国の対日政策に関する勧告」のなかで，ケナンは沖縄について以下のように記している．

　　米国政府は，沖縄にある施設を恒久的に保有する意図があると現時点で決断しなければならない．また，それに応じて基地は開発されなければならない．それらの島嶼の米国による恒久的な戦略的統治に関する国際的承認の問題について，国務省で直ちに討究されなければならない．

アメリカは沖縄を恒久的に保有すべきであるというこの文言は，沖縄を日本から切り離すことを示唆するものであるのと同時に，逆に沖縄と日本を不可分のものとするということでもあった．PPS28の構造のなかで，沖縄は日本という，冷戦のアジアにおけるアメリカの堡塁の，その軍事戦略的機能を集中させる場所であった．ケナンはアジア視察に臨んで，「来るべき時代の極東における米国の影響は，主として軍事的で経済的なものになる」と述べたが，この認識のなかで，沖縄は「軍事的」影響力の要として，日本は「経済的」影響力の要であった．

1948年3月14日，ケナンはマニラからジョージ・マーシャルに書簡を送り，「西太平洋地域における米国の最も緊急で重要な問題は戦略的なことがらである．今，私の知る限り，米国は西太平洋地域全体を見渡した全般的な戦略概念をもたないまま行動している」としたうえで，日本，朝鮮，フィリピン，琉球の比較検討を加えている．日本の講和後の防衛は「マリアナや他の場所」ではなく，「琉球の問題と結びついており」，それによって日本に安定した条件がもたらされるのだとしている．

加えて，ケナンは，フィリピンは政治問題で混乱しており，ゲリラ戦争が激しく，また，外国軍撤退要求が存在していることを懸念している．さらに，マニュエル・ロハス〔Manuel Roxas〕政権の米国への依存の仕方について非難めいた調子で書き記し，フィリピンはむしろ日本と同様，安全保障の領域の外縁に留めておくべきであると述べた[32]．

フィリピンに対するケナンの評価は，アジア視察の直前と比較して大幅に変化した．1948年のフィリピンの状況は，スペイン，アメリカ，そして日本による植民地支配と軍政によってもたらされた構造をいかに清算し，どのようにして社会変革を成し遂げるかをめぐって，親米政権の下での長い政治的社会的混乱のなかにあった．1920年代から30年代にかけて，小作や小農を中心とする農民運動が地主支配や植民地支配に対する抵抗運動の母体となっていたが，これが日本との戦争の過程で抗日人民軍（フクバラハップ，Hukbo ng Bayan Laban sa Hapon）として成長した．こうした勢力は，1945年以後も小作の待遇改善や対日協力者処罰を要求した．独立を目前にした1946年4月の総選挙では，農民運動等の統一戦線である民主同盟が6議席を獲得した．しかし，ア

第5章　東アジア冷戦体制の形成と沖縄

メリカからの独立後も親米的国家としての基盤固めをはかるロハス政権は，対日協力者処罰と土地改革を恐れる地主勢力を背景に，民主同盟の議員の議席を剥奪した．さらに，1940年代の抗日戦争中から対立的要素のあった米極東軍のフィリピン兵とフクバラハップの間の関係は解放後さらに悪化した．そして，フィリピン国軍や警察による政治暴力が引き金となって，総選挙の混乱のなか，中部ルソンを中心にいわゆる「フク反乱」が激化した．「フク反乱」の過程では，米軍のフィリピンからの撤退も要求された．ロハス政権，さらにそれを引き継いだエルピディオ・キリノ〔Elpidio Quirino〕政権は，反乱を鎮圧するためにフィリピン国軍や警察軍を大規模投入し，対ゲリラ活動は農村でのさらなる抵抗と抑圧，流血を招いた[33]．

事実上の内戦状態にあったフィリピンに対して，1945年から1948年後半までの間に，アメリカがおこなった軍事援助は総額7億2600万ドルに達するものとなっていた[34]．また，フィリピンは在比基地協定を結んではいるものの，フィリピンに駐留する米軍の大幅な撤退，さらに1948年前半には，JCSにおいてその完全撤退も検討されるような状態であった[35]．

問題はフィリピンだけではなかった．マーシャル宛書簡のなかで，ケナンは，朝鮮の占領は米軍にとってすでに重荷となっており，米軍は朝鮮からできるだけ早期に撤退すべきであると述べている．すでに見たように，ケナンは朝鮮に軍事戦略的重要性や価値を見いだすことができなかった．しかし，だからといって，朝鮮からの撤退が琉球・沖縄に対する政策と無関係ということでは必ずしもない．1947年から49年にかけて，米国政府内部で，朝鮮からの米軍撤退を支持していたのは，ケネス・ロイヤルやドレイパー，ロヴェットといった，ウォール街出身で，日本をアメリカの対アジア政策の中心的な軸として扱っていた官僚たちであった．ケナンは，その国務省における強力な推進者であった[36]．

1948年3月29日，国務省北東アジア課のジョン・アリソン〔John M. Allison〕のPPS28文書へのコメントは，こうしたケナンの見解をよく理解したものであると言えるだろう．アリソンは，PPS28に示された「アプローチ全般に全面的に同意し，ケナン氏の勧告のすべてに賛成する」とし，もしもPPS28が承認されるならば，「外交の死活的領域における統一的で調和的，建

設的な政策を米国にもたらすだろう」と述べた．その政策の中心は日本の再生であるが，アリソンは沖縄に関して，以下のように言及している．

> 私はこの件に関する決定ができるだけ早期に一般に知られるようになることは重要だろうと思う．私は長い間，朝鮮からの米軍撤退に対する，極東のみならず他の地域でも引き起こされるであろう反応について悩んでいた．私の見るところでは，この撤退がソ連の圧力からの後退ではないと思わせるのはかなり難しいもののように思われ，また，そうした撤退は東洋のみならず世界中で米国の威信と地位に忌々しき影響を及ぼすように思われる．しかし，朝鮮からの米軍撤退よりも前に，米国は極東から後退することなく，沖縄に居続けるのだということを示し，踏みとどまろうとしていることを世界に示すことができれば，私は朝鮮からの撤退がもたらすであろう心理的な悪影響は概して回避できるのではないかと信じている．従って，私は，他の国々との外交交渉の開始後，できるだけ早期に，米国は沖縄に対する施政権者を米国とする戦略的信託統治協定の同意を得るため，国連安全保障理事会に提案すべきであると考える[37]．

米国の対朝鮮政策に関する政策文書，NSC8「朝鮮に関する米国の立場」がNSCで承認され，さらに大統領によって承認されたのは，こうしたアリソンのPPS28文書に対するコメントの直後であった[38]．NSC8は，朝鮮からの米軍撤退に関して，「1948年12月31日までに占領軍の撤退に必要な条件を作り出すあらゆる手だてがとられるべきである」としている．アリソンは，沖縄に対する「戦略的信託統治」を主張するが，このコメントは，政策決定の過程のなかで，沖縄の米軍基地の強化がNSC8を「心理的」に保障するという認識があったことを示唆する点で重要である[39]．アリソンはその後，より積極的に琉球の統治に関する発言を国務省内でおこない，また，対日講和条約締結をめざすジョン・フォスター・ダレス〔John Foster Dulles〕の補佐官をつとめた．

沖縄を保有することで得られる「心理的」作用に深く思いめぐらしていたのは，アリソンだけではない．ケナン自身がそうであった．ケナンは1948年5月，米国国防大学（National War College）で日本の現状について講義し，そのな

第 5 章　東アジア冷戦体制の形成と沖縄　　　　　　　　　　167

かで朝鮮と琉球を並べて論じている．マッカーサーとは異なり，ケナンの書いたもののなかで，琉球・沖縄はそれ自体の固有の有用性で語られることはほとんどない．大半はアジアを俯瞰した見取り図のなかで，「比較」によってその重要性をひときわ際だたせて論じられている．

　朝鮮．米国が撤退した後，ソ連が朝鮮全土にその支配を拡大することは可能だ．この半島に米国の戦略的な重要性はないのだから（笑って冗談半分に），生来不安定な国である朝鮮に対する責務につきまとう頭痛をかかえる権利をロシア人に与えてもかまわないだろう．
　琉球．沖縄は米国にとって死活的な戦略的重要性がある．我々は，琉球に引き続きとどまり，恒久的な基地をそこに建設し，土着民の経済的社会的福祉を引き受ける仕事にとりかかると今こそ決断しなければならない．米国は沖縄を「戦略的信託統治」を基礎としてでも，あるいはハワイのような「領土取得」でも，いずれかの方法で保持すべきである．もし我々がそこから出て行けば，ロシア人が入ってくるだろう．米国の防衛の外縁のなかには間違いなく沖縄を含んでいなければならない．しかし，フィリピンと日本本土も含めるべきかどうかには疑問がある[40]．

　琉球の国際的地位の決定に関する，この，「戦略的信託統治」か，さもなければ「領土取得」かという主張は，まさにケナンの強弁であって，対沖縄政策に確固としたものがない米国政府や関係者に琉球諸島の重要性を強く印象づけるためのものであった．
　すでに触れたように，ケナンは朝鮮を視察しなかった[41]．ケナンは，朝鮮の人びとが直面している課題を知る機会を作らなかった．また，たとえ視察が実現していたとしても，おそらくそれを理解することはできなかっただろう．ケナンは，沖縄でも，フィリピンでも，そして日本でも，その俯瞰する戦略的視点に確証を与える証拠を集めること以外に，それぞれの地域や民族が直面する地上の現実についてつぶさに観察してまわることはなかった．
　ケナンが冗談まじりに，朝鮮は「生来不安定な国である」と言い，その支配の責任をソ連に明け渡しても構わないと述べた時期，実際に朝鮮で起こってい

たことは，日本の植民地支配によってもたらされた社会の構造を克服し，朝鮮人が民族の行方を自らのものとするための呻吟であった．同時にそれは，アメリカが占領以来撒いた朝鮮分断の種が，流血と殺戮の事態となって姿をあらわすというものであった．

言うまでもなく，朝鮮人にとって米軍撤退問題とは，コストや心理的作用の問題ではまったくなかった．米軍撤退は，分断体制の固定化という危機と不可分な問題であって，民族の自立の主題とかかわるものであった．1948年春，南では米ソ両軍即時撤退が大衆的要求として高まりを見せていたが，しかし，1948年2月26日，アメリカの思惑を反映し，国連において南での単独選挙実施案が可決された[42]．これに対して，4月，統一朝鮮に関する政治協商において，朝鮮の政治指導者らは米ソ両軍即時同時撤退を主張し，さらに，4月3日には，済州島で単独選挙に反対する民衆蜂起が始まった[43]．PPS28文書をめぐる議論の背景には，こうした緊張の度を深める朝鮮情勢があった．

5月25日に承認されたPPS28/2文書は，6月2日にNSC13としてNSCに提出された．そのなかで，琉球諸島の位置づけは以下のようなものであった．

> 琉球諸島　　米国政府は，沖縄にある諸施設を長期的に保有しようとすることを現時点で決断すべきであり，沖縄の基地はそれに応じて開発されるべきである．諸島の統治に責任を有する米国政府の諸機関は，土着民の経済的社会的安寧をはかり，実行可能な範囲で，最終的にはその自給をはかる長期的な計画を直ちに考案し実行すべきである．適当な時期に，米国の北緯29度以南の琉球諸島の長期的な戦略的支配が可能となるような，その時点で最も実行可能な手段によって国際的承認が得られるべきである[44]．

PPS28がNSC13となる過程で，「沖縄」は「北緯29度以南の琉球諸島」に，「恒久的保有」は「長期的保有」に書き換えられた．ここには，国務省内での琉球諸島の国際的地位の処理の手続きの問題に関する議論が反映しており，とりわけ，米国による琉球の戦略的信託統治に関する法的根拠の弱さが問題となった．国務省は，琉球の将来の地位について，戦略的信託統治の承認をめぐ

る問題の大きさから，通常の信託統治と国連による承認という構想を提案しつつも，対日講和条約締結までは現状を維持し，現時点では「軍部が無期限に沖縄に駐留するという前提で進めるべきであるとする大統領決定」が必要であるとして，軍事的要請を先行させた[45]．一方，JCSは，9月29日，琉球諸島に加えて，南鳥島および孀婦岩以南の南方諸島の長期保有と戦略的信託統治を勧告した．NSCは，10月7日，NSC13/1を承認し，9日には大統領によって承認されたが，その際，その第5項の琉球諸島の処理については別途提出することとされた．

経過について，少し時間を遡って考えてみたい．PPS28/2が承認された直後から，陸軍省のドレイパーや国務省のバタワース，国務省占領地域担当次官チャールズ・サルツマン〔Charles E. Saltzman〕らは，新しくNSCに提出される対日政策勧告NSC13の検討をおこなっていた[46]．すでに国務省内では，さまざまな情報から，軍政の混乱，米兵による強姦や暴力，貧困といった社会状況等，琉球諸島の管理が危機的なものであると自覚せざるを得なくなっていた[47]．琉球をこのまま不安定な状況においておくことは，NSC13，すなわち，対日政策の転換によってアジアにおける冷戦体制の強固な基盤を成立させ，そして，何よりもそれを機能させるうえで障害をもたらす可能性があり，国務省は琉球諸島の占領復興費，とりわけ民間経済の回復について陸軍省との調整を急がなければならなかった．

8月，ドレイパーは国務省に対して，陸軍省内部の認識は基本的には占領地域間での費用の負担は不可能としており，琉球が日本の一県である限り，法的責任は日本政府にあるという考えが支配的であると伝えた．しかし，ポツダム宣言に照らせば，琉球の将来の地位は未決定であり，もしも国務省が琉球を日本から切り離すという政策方針を明確にしたいということなら，そのときには復興と救済の求めに応じて，琉球で必要とされる資材や労働力にかかる資金を日本から調達し，ドル支払いによって日本に返済するという方法が考えられるとした[48]．

NSCがNSC13を取り上げ，また，国務省が実際に琉球の占領費用と方法の問題の解決に乗り出すのは10月後半になってからである．10月22日，サルツマンは，8月のドレイパーの書簡に対して，もしNSC13の第5項が大統領

承認されて国家の政策になれば,「適当な時期に琉球を日本から分離し,長期的に米国の戦略的支配の下におくという米国の意思の証拠」として利用することができるとし,ドレイパーの示した,琉球の民間経済の復興と救済に必要な資材と労働力にかかる費用を日本から調達し,それをドル支払いによって返済するという方法を具体的にすすめるよう促した[49]。

10月26日,NSCは,第5項は国務省の意見の一致をみたとして,それを大統領に送付し,11月5日,大統領の承認を得た[50]。第5項には,JCSの要求に沿って,その長期的な保有の範囲として「南鳥島および孀婦岩以南の南方諸島」が書き加えられることになった.

> 琉球,南方諸島および南鳥島　米国政府は,沖縄における諸施設,および,北緯29度以南の琉球諸島,南鳥島,および孀婦岩以南の南方諸島において統合参謀本部が必要であると考える他の諸施設を長期保有しようとすることを現時点で決断すべきである.沖縄の基地はそれに応じて開発されるべきである.上記の諸島の統治に責任を有する米国政府の諸機関は,土着民の経済的社会的安寧をはかり,<u>実行可能な範囲で,最終的にはその自給をはかる</u>長期的な計画を直ちに考案し実行すべきである.適当な時期に,米国の北緯29度以南の琉球諸島,南鳥島および孀婦岩以南の南方諸島の長期的な戦略的支配が可能となるような,その時点で最も実行可能な手段によって国際的承認が得られるべきである[51] (下線,引用者).

第5項の承認が先送りされたのは,JCSの勧告への対応が問題とされたことにもよるが,かといって,それが国務省にとって最も緊要な課題というわけではなかった.すでに示したように,国務省の認識とは,軍部の要求に基づいて戦略的支配は進めるが,領土的処理は対日講和条約締結までは現状維持というものであった.問題は,「諸島の統治に責任を有する米国政府の諸機関は,土着民の経済的社会的安寧をはかり,実行可能な範囲で,最終的にはその自給をはかる長期的な計画を直ちに考案し実行すべき」という点にあった.

先に示したドレイパーとサルツマンのやりとりとは矛盾して,国務省と陸軍省は,NSC13の第5項について合意に達していなかった.陸軍省の実務レベ

ル，とりわけ民政課と会計監査課は，大統領承認の直前の11月4日，さらには，大統領承認後の11月後半になっても，この決定がたとえ大統領の「最終決定」だとしても，現時点で日本と沖縄の占領費を財政的に分離し，琉球諸島の民間経済の救済をおこなうことは依然として困難であるとして，NSC13の第5項の「現時点で決断すべき」という文言の変更をドレイパーに求めている[52]．

　こうした陸軍省の実務レベルの動きと陸軍次官ドレイパーや国務省の動きに対して，どのような説明が可能だろうか．まず，10月までの間に，日本の再軍備や賠償問題といった対日政策の転換をめぐる国務省と軍部，あるいはマッカーサーとの間の調整の難航が反映されている[53]．また，沖縄における社会的経済的状況の悪化への国務省の懸念があげられるだろう．後に触れるが，1948年秋の沖縄は，これまでの軍政の混乱に加えて，琉球に対する復興資金の割り当てが大幅に減じられ，さらに10月には相次ぐ台風被害もあり，事態はますます悪化していた．こうした事態に対応する政策が具体的に必要であった点は重要だろう．

　同時に，ケナンの認識に見るように，琉球・沖縄に対する政策が東アジアの冷戦体制に関するアメリカの見取り図のなかで構想されたのであれば，そして，それは常に隣接地域との「比較」によって合理化され，説明されてきたのであれば，リージョナルな視点を加えて考察することによって，こうした政策決定の過程とNSC13の第5項の性格をより明確に捉えることができるのではないか．

　1948年9月以降，中国共産党を中心とする勢力の主力戦での相次ぐ勝利は，アメリカの対アジア政策の転換を決定的なものにする最も大きな要因であり，NSC13の決定を根本的に促した．加えて，東アジアにおける米軍の存在を考える際に，1948年10月の朝鮮における事態を視野に入れておくことは重要である．10月19日，建国が宣布されたばかりの韓国で起こった国軍の蜂起と一連の政治暴力，いわゆる麗順事件は，アメリカの対朝鮮政策を変化させ，また，李承晩政権の反共国家体制が強化される転換点となった．南での単独選挙に抗議する4月以来の済州島における民衆蜂起の鎮圧のために投入される予定になっていた国軍兵士は，「同胞に銃口を向ける」という任務を拒絶し，銃口を逆に李承晩政権に向けて決起した．国軍の反乱は数日のうちに鎮圧されたが，

その過程で民間人虐殺が起こり，さらに李承晩政権に抵抗するゲリラ闘争が南で激化した．麗順事件を契機として，1948年12月31日に期限が定められていた韓国からの米軍撤退は延期された[54]．

　12月，国務省北東アジア課のマックス・ビショップ〔Max Bishop〕は，朝鮮からの米軍撤退時期の見直しを提案する文書を作成した．ビショップは「現時点での朝鮮からの米軍撤退の完了は，大韓民国政府の安全保障と安定を重大な危機にさらすものとなり，従って，そうした撤退はさらに先に引き延ばされるべき」であり，「太平洋地域における米国の国家目標と安全保障の位置づけにかかわる，北東アジアいたるところでの撤退に波及する可能性という，より大きな問題と結びついている」と述べた．

　この文書のなかで，ビショップの強調点は二つある．一つは，米国の東アジアにおける国家目標の中心は日本であるという点であり，もう一つは，朝鮮情勢が「太平洋地域」における米国の安全保障の利害に結びついているという点である．ビショップは，必ずしも朝鮮における米国の継続的な駐留が必要であるという結論をもっているわけではなかった．しかし，ビショップが恐れていたのは，朝鮮での米軍の維持が「心理戦からゲリラ戦に至る幅での軍事的な深入り」につながり，それに伴って財政的負担などさまざまな耐え難い負担を米国にもたらすリスクであり，それが「結局は太平洋における米国の安全保障を破壊してしまうだろう」という点である．同時に，ビショップはまた，もし「朝鮮全体が共産主義勢力によって支配される」という事態になれば，「日本の島嶼」は，サハリン，クリル諸島，そして朝鮮南部という「共産主義支配地域の切れ目のない弧によって三方向から取り囲まれる」ことになると述べた[55]．

　ビショップははっきりと言い切っているわけではないが，琉球諸島は日本の主要四島を挟んだ「切れ目のない弧」の真向かいにある．アメリカから見て，朝鮮の問題を琉球の問題に焦点をおいて考えてみれば，朝鮮からの米軍撤退のタイミングがあまりに引き延ばされれば，おそらく琉球諸島の長期的保有と基地拡充，さらにそれを支える軍政あるいは民政のための政策を財政的に逼迫させ，結果的に失敗に結びつく可能性が大きくなる．しかし，もしも早計に過ぎれば，朝鮮全体をアメリカが放棄する可能性は高まる．そして，もしも本当にアメリカが，イデオロギー的には重要だと考えられている朝鮮を放棄する事態

第 5 章　東アジア冷戦体制の形成と沖縄

になれば，アメリカは冷戦の世界で威信を失うことになる．それを回避するには，沖縄を中心とする琉球諸島に対するアメリカの長期的かつ排他的な保有を世界に公表する必要が生まれる．しかし，それは対日講和条約締結以前に最終的な決定を下すには法的基盤が曖昧なうえ，他の連合国（とりわけ，ソ連）との関係から，対日占領政策の転換そのものを破綻させかねない，ということになる．

朝鮮においてアメリカがその威信を喪失せず，琉球諸島の基地を拡充し，民間経済を復興させることは，アジア政策の国家目標の中心にある対日政策の転換を成功に導く鍵であった．マックス・ビショップが NSC13/2 の第 5 項，すなわち，琉球の占領の履行に関する陸軍省と国務省の連絡調整担当として任命されたのは，この提案の二日後であった[56]．

12 月の動きは迅速なものであった．12 月 8 日，陸軍長官ロイヤルは，ドレイパーに対して，NSC13 の琉球諸島の領有に関する第 5 項の改定案を伝えた．ロイヤルの改定案は以下の通りであった．

> 琉球，南方諸島および南鳥島　　米国政府は，沖縄における諸施設，および，北緯 29 度以南の琉球諸島，南鳥島，および孀婦岩以南の南方諸島において統合参謀本部が必要であると考える他の諸施設を長期間保有しようとすることを現時点で決断すべきであり，沖縄およびその近隣にある軍事基地はそれに応じて開発されるべきである．上記の諸島の統治に責任を有する米国政府の諸機関は，土着民の経済的社会的安寧をはかり，実行可能な範囲で，最終的にはその経済の欠損を最小限に縮小する長期的な計画を直ちに考案し実行すべきである．適当な時期に，米国の北緯 29 度以南の琉球諸島，南鳥島および孀婦岩以南の南方諸島の長期的な戦略的支配が可能となるような，その時点で最も実行可能な手段によって国際的承認が得られるべきである．
>
> 米国は政治的経済的安全保障の確立に必要な範囲で，占領費の負担に付随する北緯 29 度以南の琉球諸島の負担を軽減することが今や米国の国益であると決定した．これについて米国が公に告知することは米国の利益にはならず，また，現時点でこうした意図について国際的承認を得ることが

適当であるとは考えられないが，北緯29度以南の琉球諸島に対する米国の国家政策は，そこに駐留する米軍およびその他の政府諸機関に対して，今日から60日以内に開始される，当該地域の土着民の経済的社会的安寧をはかり，最終的にその経済の欠損を最小限に縮小をはかる上述の計画を実行するために，必要かつ実質的な範囲で応分に負担し，また，これらの諸島が今後他の占領地域に財政的に依存せず義務を負わないようにすることを要求する[57]．

この改定案では，11月の段階で陸軍省の会計監査課などが主張していた「現時点で決断すべき」という文言が残され，その代わりに，「最終的にはその自給をはかる」という文言が「最終的にはその経済の欠損を最小限に縮小する」と書き換えられた．一方では，第二段落に示されるように，琉球諸島の占領にかかる費用は，財政的に他の占領地域，すなわち日本に依存することはできないと記されている．この文言を盛り込むことによって，琉球諸島において米軍が調達する労働力や資材のすべてをドル支払いの対象にすることを可能にした．そして，琉球・沖縄は日本から政治的に分離され，基地を拡充し，長期的保有の基盤を作る経済復興や救済に必要な予算を，占領費としてではなく，通常の米国政府の予算から割り当てる根拠ができあがった．

1948年12月22日，ロイヤルはNSCに改定案を提出した．ロヴェットは翌1949年1月17日にこの改定案に同意し，この文言は2月1日，トルーマン大統領によって承認された．その日，ケネス・ロイヤルは，朝鮮・琉球・グアム等の米軍基地と施設を視察するため，ジョセフ・ドッジ〔Joseph M. Dodge〕ら経済使節とともに東京に到着した．

4　1948年の沖縄──食糧配給停止問題──

CIAは，1948年の沖縄の状況について，沖縄の軍事戦略的価値は高いが，そこに居住する者以外にその経済的価値はなく，沖縄内部の政治的見取り図は「比較的平穏」なものであると記している．これについて，ケナンは，PPS28に対する解説のなかで次のように述べている．

第 5 章　東アジア冷戦体制の形成と沖縄　　　　　　　　　　　175

　沖縄は自然の要素（位置，規模，地形，気候，水利等）によって米国が前哨基地をおいておくのに，よく適しているというだけでなく，その目的にそって，日本やフィリピンと比較して政治的により好ましい位置にある．

　我々は諸島を現在支配下においており，また，軍事的な征服の結果として，その住民に対する責任を負っている．島民は明らかに独立した政治形態に適応せず，それを要求してもいない．彼らは自らを防護するのに何か準備するという力量もない．

　島民の生活は，軍事的事態によって徹底的に破壊された．病気と社会不安を防ぐことを除いて，状況を好転させるために米国はほとんど何もしていない．こうした状況は，すべて，諸島の政治的将来の不明確さと，米国の恒久的あるいは長期的支配を意味するであろう計画の策定や方法の確立を担う米国がもっている，もともとの消極的な態度の結果である．しかし，そうしているうちに，状況は明らかに住民にとって耐え難く不当なものになっており，米国にとって不面目なものになっているのである．共産主義者はこうした状況を利用し始めており，米国が恒久的な復興政策を実質的には何も実施していないと指摘し（ある面では妥当なものがある），そして，米国が島民の将来に間もなく関心を失うようになるだろうし，つまりは，アメリカ人に協力して無駄な労力を使えという誤った指示を米国から受けているのだ，という主張のプロパガンダを広めている．

　概して，島民は，依然として我々に対してとても気持ちを向けている――それは，極東地域の他のどの民族と比べても，おそらくましなものである．彼らは法を遵守し，穏やかで，きわめて協力的である．彼らは，駐留する米軍に全般的には結びつきと敬意を持っているように見受けられる[58]．

　CIA にしても，ケナンの解説にしても，いずれにしても，必ずしも沖縄の住民が好意的であると述べているわけではない．むしろ，注目すべきなのは，

CIAの言う「比較的穏健」，あるいはケナンの言う「日本やフィリピンと比較しても政治的に好ましい」という「比較」の観点である．ケナンが「極東地域の他のどの民族と比べても，おそらくましなものである（better, probably, than any other people in the Far Eastern area）」と言うとき，その背後にあるのは，これまで見てきたように，第二次大戦後の東アジア，たとえば朝鮮や中国，台湾，フィリピンでの自主的な変革や民族解放，国家建設という課題について，あるいは，日本帝国主義の解体と占領改革という課題において，アメリカの覇権が直面していた矛盾である．しかも，ケナンも気づいているように，沖縄でも，アメリカの占領の場当たり的なやり方は住民の間に不信の種をまき，政治の構図を少しずつ変化させることにつながっていた．

　また，CIAにせよ，ケナンにせよ，米国による琉球諸島の排他的な支配の前提は，CIAの報告書にある表現を使うならば，アメリカの国益にとっての利用価値はすでに「沖縄戦において実証された」ということであった．この考えは根深く，米国政府のあらゆるレベルにおいて強力であった．それはマッカーサーの言葉を借りれば「沖縄人は日本の少数民族であって，日本人ではない」という認識と複合的に絡まり合い，沖縄の住民の近代史と沖縄戦の経験の重層的な反映を軽視することにつながった．

　米軍は日本軍に対しては確かに勝利者ではあるが，米軍がいかに沖縄を日本から「解放」したのだと振る舞ったとしても，沖縄の住民は「解放者」に対して熱狂的に反応することはなかった．また，米軍には戦禍で荒廃した沖縄を具体的に救済する役割はあっても，住民にとっては，戦争の傷痕をかかえて呻吟する島々の行方を決める主体ではあり得なかった．

　ケナンは，米国の対沖縄政策が定まらないために「共産主義者がこの状況を利用し始めている」と述べている．これは，ケナンが沖縄を視察した際に米軍関係者から得た情報によるものだろう．しかし，当時，沖縄には米軍政府をあからさまに批判する人間は少なく，米軍政府の批判は沖縄民政府に対する批判を通じて表出した．尚かつ，そうした批判は何らかのイデオロギーによるものというよりも，むしろ，沖縄の現実の生活と地域固有の歴史に起因する問いから出発するものであった．冷戦の二元論は，沖縄の民主的自主的な政治の発展を妨げる要因となり，また，その後もその母胎である沖縄社会そのものに深刻

第5章　東アジア冷戦体制の形成と沖縄

な影響をもたらした．

　1948年の沖縄は，そうした冷戦的枠組みの影響が米軍政府のなかで強まっていく時期にあたる．1948年8月1日，琉球軍司令部（Ryukyus Command. 以下，RYCOMと略す）がフィリピン・琉球軍司令部（Philippines-Ryukyus Command. 以下，PHIL-RYCOMと略す）から分離されたが，すでに沖縄における米軍の対敵諜報活動は，その決定よりも1年半早い1947年3月，PHIL-RYCOMのCICから事実上琉球部門が独立したものとして機能していた[59]．この理由は明らかでないが，「フク反乱」の激化と武装闘争によってPHIL-RYCOMのCICの活動範囲が拡大し，また，1947年3月の昼間の自由通行禁止解除が契機となって，沖縄においても自主的な政治活動が始まったことの影響等が考えられる．

　米陸軍戦史編纂所による『琉球列島の軍政』によれば，「批判的な党派が生まれたことに刺激された軍政府は，住民の政治活動を慎重に監視し始めた．1948年末，極東軍司令部の情報部（G-2）に対する琉球軍司令部からの週間情報分析は，左翼の活動に集中し始めた．この潜在的な政府転覆活動に新たな関心が向けられたことは，軍政府がその統治に対する強い批判者を共産主義者と決めつける傾向の始まりであった」と記している[60]．

　1948年当時の沖縄社会の状況に関して，米軍にとって最も深刻な問題だったのは，軍民物資の荷役・運搬および軍事基地建設等の軍労務への沖縄の住民の労働力供出が停滞していることであった．米軍の労働力不足は深刻なものとなり，米軍政府は市町村長に対して繰り返し強制的な労務者供出を割り当てた．これに対する反発，あるいは，低賃金と劣悪な労働環境から，農村の人びとは軍労務を拒む傾向が強く，米軍は思うように労務者を集めることはできなかった[61]．

　1948年1月24日，米軍政府は「琉球の政府について」という文書を出している．その内容は，琉球における統治の形態はあくまで軍政府が中心で，その布告や布令は沖縄知事を通じて住民に下達されるのだということを徹底して理解すべきであり，琉球諸島の復興のために，軍政府と民政府に対して，住民は一致協力するよう求めるものであった[62]．

　しかし，供出命令の徹底だけでは労務者を十分に確保することは困難であっ

た．米軍は沖縄民政府に対して，労務者供出が果たされないならば食糧配給を停止する旨通達を出し，5月29日，「琉球の統治主体について」という文書を出した．その内容は，「軍政府は領域，その住民，並びに住民の所有している土地及び財産に対し，軍政を施行する上での最高の統治主体である」とし，米軍政府の布告・指令の実施や住民指導の徹底の責務は，沖縄知事および市町村自治体長にあるとするものであった[63]．その文書の文言は，米国政府での琉球諸島の長期保有と基地拡充の意志決定を反映し，また，米軍の占領意識を露骨にあらわすものであった．

1948年6月8日，米軍はさらに「那覇港湾作業隊割当供出に就いて」という文書を発したが，これに対して，8月13日，沖縄全地区市町村長会は，「港湾作業労務者待遇改善に関する請願」を提出した[64]．供出に応じず，待遇改善を要求する住民側の反応に対して，米軍政府は，8月17日に食糧配給停止命令，さらに18日には民間食糧倉庫閉鎖命令を下した．

こうした状況の下，8月22日，戦後初期政党の一つである沖縄人民党は，第2回党大会を開催した．そして，スローガンとして，食糧配給の改善はもちろん，「最大限の土地解放に依る疎開者の復帰」「人民の人権尊重」「沖縄における基本法制定の為の議会設置」「労働問題の民主的解決」を主張した[65]．

とくに，土地問題の箇所は注目に値する．第4章で見たように，1947年の沖縄人民党の結成綱領では，土地問題については単に「土地の適正分配」という表現が掲げられるのみで，依然として観念的な面があった．しかし，引揚による大規模な人口流入もあるなかで，1948年半ばを過ぎても，旧居住地域への再定住過程が進まず，また，中南部地域の米軍基地に占拠されている土地も返還される見込みがなかった．綱領では，食糧配給をめぐる問題の根本的な解決方法として，土地の返還に基づく自給を目指した生産活動の再開があげられている．これを「人権尊重」や「労働問題の民主的解決」という他のスローガンと重ねて考えると，この時期の人民党が，より沖縄の社会経済的現実から「自主沖縄」あるいは「民主」の内実を認識するようになっていたことがわかる．

CICは，この第2回党大会を沖縄における政治の組織的活動の転換点とみなし，これ以降，沖縄人民党が沖縄で最も影響力のある政治組織になったとした．また，同時に，沖縄人民党も政治的な結集をより強く志向する傾向を見せるよ

第5章　東アジア冷戦体制の形成と沖縄　　　　　　　　　　179

うになった[66]．これについては，さらに次章以降で考察したいと思う．

　この米軍の食糧配給停止命令は，8月26日，沖縄民政府が労務者補充を約束することによって，米軍が一時的に命令を撤回して一旦収拾された．

　この事件の真相について，後に刊行されたいくつかの回想の記述には興味深い食い違いが見られる．港湾作業の労務者を各市町村に供出させるため，供出しない市町村に対する「物資の支給を停止する」というやり方を誰が最初に着想したのかという点に関する二つの証言を見ておきたい．

　まず，当時港湾作業隊の労務課長で，後に國映興業専務になった渡口(とぐち)武彦は，その着想は労務部長の大湾(おおわん)喜三郎(きさぶろう)が米軍の担当将校に言った「労務者を充分に提供しない市町村には配給を停止したらどうか」という何気ない一言がきっかけだったと述べている[67]．

　一方，渡口に名指しされた大湾喜三郎は，これについて以下のように述べている．

　　　配給の停止については沖縄側が持ち出したということになっているようで
　　あるが，そういうことはなかったと思う．港湾作業隊の状況については沖
　　縄民政府がサジを投げているという話を聞いたことがあるし，民政府あた
　　りがまず発想したのではないだろうか．私がいま思い出してみると，労働
　　者が仕事をさぼっていたという記憶はない．むしろ，われわれの要望には
　　一生懸命に応えてくれたし，あの厳しい条件の中でよく辛抱し，働いてく
　　れていた[68]．

　渡口の主張が正しいか否か，あるいは大湾の証言するように沖縄民政府が発想したのか否か，真相はわからない．しかし，資料を検討してみると，今日残されている沖縄民政府の部長会議や軍民連絡会議の会議録では，1948年7月から12月までの文書綴のなかで，ちょうどこの事件の期間の部分だけが欠落している．事件の期間に，この緊急事態について，沖縄民政府が会議を開催しなかったとは到底思われない．従って，その期間の会議録は何らかの形で抜き取られたか，あるいは，記録そのものを残さなかったかということになる．もしそうであるならば，では，沖縄民政府にとって外部に知られてはいけない情

報があったということなのだろうか.

　第3章ですでに述べたように，労務者供出がはかどらない場合に，米軍が食糧配給を停止するという恫喝，あるいは実際に停止したのは，実はこの事件が初めてではない．ただ，これほど大きな問題にはならなかっただけであった．米軍がこの時期にこうした挙に出た背景には，1948年のNSC13における琉球諸島の長期保有と基地拡充の決定が反映している可能性はゼロではない.

　食糧配給停止問題の後の11月，米軍は港湾作業を請負制にし，その入札をおこなった．これを落札したのは，那覇港湾作業隊総支配人の国場幸太郎であった．1949年3月，これが認可され，国場幸太郎は国場組のなかに港湾作業部を作った．これが戦後の国場組を作り上げる資本を生み出した[69]．1949年3月4日付の民政議会報告を見ると，「此の様に各部隊に於ても逐次請負を採りつゝあります事は沖縄人労務者にとって喜ばしき現象でありまして先般来問題になって居ります労務供出に因る弊害も亦解消する事と思います」と記されている．

　また，この事件が起きている同時期，つまりは，米国政府内での琉球諸島の長期保有と基地拡充の方針が定まり，その国際的地位の問題が検討されている時期，東京の極東軍司令部に設置された琉球軍政課が着手していたのは，「琉球の日本からの分離が完了され，琉球が単一の憲章の下に統合され，四群島の自治による代議制体になる」のを目指した，その方法の検討であった[70]．その過程で，10月25日，琉球軍政課がRYCOMに宛てた電信には，「過去4週間の週間情報分析によれば，民主同盟と社会党の明白な弱体化と一致して，共産主義者である人民党の明らかな優位の影響が示唆されている．琉球における選挙の結果で問題が明らかになる」と書かれている．そして，沖縄における「共産主義者」の動きをより詳細に報告するようRYCOMに命じている[71]．

1) CIA, "The Ryukyu Islands and Their Significance," ORE 24-48, 6 August 1948, RG 319, Reports and Messages, 1946-51, Box 23, NACP. 以下，CIA, "The Ryukyu Islands and Their Significance." と略す.

2) Lay to NSC, 24 September 1948. *Foreign Relations of the United States*, 1948, VI, p.853. 以下，*FRUS* と略す.

3) Bruce Cumings, ed., *Child of Conflict: The Korean-American Relationship, 1943-1953*

(Seattle, WA: University of Washington Press, 1983), p.25.
4) ケナンのアジア視察については，宮里政玄『アメリカの対外政策決定過程』三一書房，1981年，221〜222ページ；Robert D. Eldridge, *The Origins of the Bilateral Okinawa Problem: Okinawa in Postwar U.S.-Japan Relations, 1945-1952* (New York: Garland Publishing Inc., 2001), pp. 208-216（ロバート・エルドリッヂ『沖縄問題の起源──戦後日米関係における沖縄，1945─1952──』名古屋大学出版会，2003年，150〜158ページ）参照．
5) シーボルドの覚書は，Sebald to Secretary of State, 22 September 1947, RG 59, 890.0146 file, NACP.「天皇メッセージ」については，進藤榮一『分割された領土──もう一つの戦後史──』岩波書店，2002年，また，宮里，前掲書，217〜218ページ；Eldridge, op.cit., pp.143-153（エルドリッヂ，前掲書，105〜112ページ）参照．エルドリッヂは，シーボルドがそうした天皇の意思が明らかにその"self-interest"に基づくとしている箇所について，日本語版では「国益」と訳している（エルドリッヂ，前掲書，108ページ）．しかし，この訳は，当該時期の天皇制の存続の脆弱な基盤と極東軍事裁判における天皇訴追問題等，日本現代史研究や日本占領史研究の蓄積からすれば歴史性を欠いている．
6) PPS 10/1については，宮里，前掲書，219〜220ページ；Eldridge, *op. cit.*, pp.190-191（エルドリッヂ，前掲書，135〜136ページ）参照．
7) Wiser to McCoy, 27 February 1948, RG 59, 740.00119 Control (Japan) file, NACP.
8) Eldridge, *op. cit.*, pp.208-216（エルドリッヂ，前掲書，150〜158ページ）参照．
9) "Review of Current Trends U.S. Foreign Policy," 24 February 1948, *FRUS*, 1948, I, pp. 523-526.
10) Lester J. Foltos, "The Bulwark of Freedom: American Security Policy for East Asia, 1945-1950," Ph. D. dissertation (University of Illinois at Urbana Champaign, 1980), pp.203-205; Michael Schaller, *The American Occupation of Japan: The Origins of the Cold War in Asia* (New York: Oxford University Press, 1985), p.123（マイケル・シャラー『アジアにおける冷戦の起源──アメリカの対日政策──』木鐸社，1996年，196〜197ページ）．
11) Cumings, ed., *op. cit.*, p.23.
12) PPS13, "Resume of World Situation," *FRUS*, 1947, I, p.776.
13) Memorandum of Conversation, 19 February 1948, RG 59, Records of Policy Planning Staff, Box 33, NACP.
14) 同上．
15) PPS 13, "Resume of World Situation," *FRUS*, 1947, I, pp.775-776.
16) 菅英輝『米ソ冷戦とアメリカのアジア政策』ミネルヴァ書房，1992年，113ページ．また，CIAも，1947年9月26日には，対ソ封じ込めのなかで「究極的な勢力均衡を回復するという観点からすれば」，極東地域において日本がソ連との均衡を保つという位置を「比較的早く達成可能な唯一の国」であるとしている．前掲書，112ページ．
17) CIA, "The Ryukyu Islands."

18) エルドリッヂによれば，沖縄でケナンは，軍政長官ヘイデン Frederic L. Hayden ら米軍将校と会談し，基地や施設を見学したが，志喜屋孝信との会談のスケジュールを一度はキャンセルしている．Eldridge, op. cit., pp.208-209（エルドリッヂ，前掲書，151 ページ）．また，その第6章注144を参照．
19) 沖縄県立図書館史料編集室編『沖縄県史料　戦後2　沖縄民政府記録1』沖縄県教育委員会，1988年，633ページ．
20) "Conversation between General of the Army MacArthur and Mr. George F. Kennan," 5 March 1948, FRUS, 1948, VI, pp.699-702; "Conversation between General of the Army MacArthur, Under Secretary of the Army Draper, and Mr. George Kennan," 21 March 1948, ibid., pp. 709-710.
21) Kennan to Butterworth, 13 March 1948, RG 59, 740.00119 Control (Japan) file, NACP.
22) ウィリアム・ドレイパーについては，ハワード・ショーンバーガーによる詳細な研究がある．Howard B. Schonberger, Aftermath of War: Americans and the Remaking of Japan, 1945-1952, Kent, OH: The Kent State University Press, 1989 の第6章を参照．日本語版は『占領　1945-1952──戦後日本をつくりあげた8人のアメリカ人──』宮崎章訳，時事通信社，1994年．
23) 同上書，234～235ページ．
24) *New York Times*, 20 May 1948.
25) Draper to Royall, 1 October 1947, RG 59, 795.00 file, NACP.
26) CIA, "The Ryukyu Islands."
27) Report on the Canberra Conference on the Japanese Peace Settlement, 27 October 1947, PRO, F.O. 371/14594; Japanese Peace Settlement: Report on British Commonwealth Conference, Canberra, 26 August-2 September 1947, PRO, F.O. 371/14874.
28) 木畑洋一『帝国のたそがれ──冷戦下のイギリスとアジア──』東京大学出版会，1996年，6ページ．
29) Gascoign to Denning, 19 March 1948, PRO, F.O. 371/69885.
30) Memorandum by Marshall Green, 28 May 1948, FRUS, 1948, VI, pp.769-779.
31) 木畑，前掲書，48ページ．
32) Kennan to Marshall, 14 March 1948, FRUS, 1948, I, pp.531-538.
33) Benedict J. Kerkvliet, *The Huk Rebellion: A Study of Peasant Revolt in the Philippines* (Lanham, MD: Rowan & Littlefield, 1977, reprinted edition 2001)；中野聡『フィリピン独立問題史──独立法問題をめぐる米比関係史の研究，1929-46年──』龍渓書舎，1997年参照．
34) Kerkvliet, *ibid.*, p.193.
35) 伊藤裕子「戦後アメリカの対フィリピン軍事政策と日本要因，1945～1951」池端雪

浦・リディア・N・ユー・ホセ編『近現代日本・フィリピン関係史』岩波書店，2004 年，336 ～ 343 ページ．
36) Bruce Cumings, *The Origins of the Korean War, Vol. II: The Roaring of the Cataract, 1947-1950*, Princeton, NJ: Princeton University Press, 1991, p.380.
37) Allison to Butterworth on Comments on PPS28, 29 March 1948, RG 59, Records of Policy Planning Staff, box 29a, NACP.
38) NSC8, The Position of the United States with Respect to Korea, 2 April 1948, *FRUS*, 1948, VI, pp.1164-1169.
39) エルドリッヂは，アリソンのコメントは国務省極東局の「伝統的な政策と訣別した」ものであるとし，その「断絶は，国際環境の変化と，日本と極東地域に対する米国の政策を考察したケナンの研究成果によってもたらされたものであった」と述べている．しかし，その「国際環境」がいかなるものであったか，ケナンの「極東」概念で括られた地域に対する認識はいかなるものであったか，そして「国際環境」は何であり，いかなる作用をもたらしたかについては説明や分析は示されていない．Eldridge, *op. cit.*, pp.217-218（エルドリッヂ，前掲書，159 ～ 160 ページ）参照．
40) Memorandum for Dupuy, Lecture on Japan by Mr. George Kennan at National War College on 19 May 1948, 20 May 1948, RG 335, Under Secretary of the Army, Project Decimal File, 1947-1950, Box 5, NACP.
41) 東京滞在中，ケナンが朝鮮を視察するかもしれないという報道や噂があったが，ケナンは視察を断った．Langdon to Secretary of State, 3 March 1948, RG 59, 740.00119 Control (Japan) file, NACP.
42) Hodge to Secretary of State, 22 February 1948, *FRUS*, 1948, VI, p.1126.
43) Jacobs to Secretary of State, 29 March 1948, *ibid.*, p.1162.
44) PPS 28/2, 25 May 1948, *ibid.*, p.777．また，4 月 16 日付の PPS28/1 の文言は以下の通りであった．
琉球諸島　　米国政府は，沖縄にある諸施設を長期間保有しようとすることを現時点で決断すべきであり，沖縄の基地はそれに応じて開発されるべきである．諸島の統治に責任を有する米国政府の諸機関は，土着民の経済的社会的安寧を長期的にはかる計画を直ちに考案し実行すべきである．適当な時期に，米国の琉球諸島の中央部と南部に対する米国の長期的支配が可能となるような，その時点で最も実行可能な手段によって国際的承認が得られるべきである．
(PPS 28/1, 16 April 1948, RG 59, PPS papers, National Archives Microfilm Publication, M1171/32.)
45) 宮里，前掲書，225 ～ 228 ページ；Eldridge, *op. cit.*, pp.218-224（エルドリッヂ，160 ～ 166 ページ）．
46) Memorandum on Conference on Japanese NSC Paper, 28 May 1948, RG 335, Under Secretary of the Army, Project Decimal File, 1947-50, box 19, NACP. このなかでドレ

イパーは，NSC13 の「土着民の経済的社会的安寧をはかり」の「社会的」という文言が，米国が沖縄を「奪取する」という「謝った印象」を与えるとして削除を求めた．しかし，国務省はこれに対して，この表現はそうしたことを意味するのではないと反論し，文言は残された．

47) たとえば，Memorandum by Weatherby to Allison, 2 August 1948, RG 59, 890.0146 file, NACP. この東京駐在の米国政治顧問団（Office of U.S. Political Advisor, Tokyo）にいたウェザビーによる琉球の軍政と社会状況に関する報告の余白には，バタワースの「ぞっとする」という走り書きが残されている．また，アリソンは，在米沖縄人の指導者たちに面談した．Memorandum of Conversation, Problems of the Ryukyus, 28 May 1948, RG 59, 890.0146 file, NACP. アリソンが面談したのは，湧川清栄と島庄寛であった．このなかで，湧川は，琉球の住民の窮状を訴えているが，同時に，琉球には最終的に独立を望む志向が疑いなく強く存在しており，しかし，将来が不明確で，しかも住民がアメリカの援助に全面的に依存している現状では，米国の通常の「信託統治」を求めるしかなく，この姿勢は後に変化するかもしれないが，現状ではその選択を住民は申し立てるだろうと述べている．湧川はまた，琉球の日本への返還は，「琉球でどの程度支持があるかによる」として，あまり大きいものとはとらえていない．この点は，先のウェザビーの記録が，「沖縄は日本と文化的にも一体である」とする認識とは異なるものであったが，アリソンや国務省北東アジア課はとくにコメントを残していない．いずれにしても，アリソンらには，沖縄の民族や帰属をめぐる意識について，なぜこのような異なった報告が生じるのか，理由はわからなかっただろう．この興味深い記録は，湧川清栄が，何らかのチャネルを通じて，沖縄における自主的な政治の動向について情報を得ていたことを示唆するものであり，事実，湧川は，池宮城秀意らとやりとりをおこなっていた．湧川清栄については，湧川清栄遺稿・追悼文集刊行委員会編『アメリカと日本の架け橋・湧川清栄』ニライ社，2000 年；山下靖子『ハワイの「沖縄系移民」と沖縄帰属問題・返還問題』未刊行論文・津田塾大学大学院国際関係研究科博士後期課程終了報告論文，2005 年第 4 章を参照．

48) Draper to Saltzman, 18 August 1948, RG 335, Under Secretary of the Army, Project Decimal File, 1947-50, Box 22, NACP.

49) Saltzman to Draper, 22 October 1948, RG 335, Under Secretary of the Army, Project Decimal File, 1947-50, Box 22, NACP.

50) Record of Action, NSC, by Memorandum Concurrence by the Department of State as of 26 October 1948, RG 273, Entry 6, Box 1, NACP.

51) NSC 13/2 (5), 7 October 1948, RG 59, PPS Papers, National Archives Microfilm Publication, M1171/33A.

52) Memorandum for the Under Secretary of the Army, 4 November 1948; Memorandum for the Chief of Civil Affairs Division of the Army, 9 November 1948; Memorandum for the Under Secretary of the Army, 17 November 1948; Memorandum

for the Under Secretary of the Army, 23 November 1948, RG 335, Under Secretary of the Army, Project Decimal File, 1947-50, Box 22, NACP.
53) Foltos, *op. sit.*, pp.210-214; Schaller, *op. cit.*, pp.132-133.
54) 麗順反乱については，近年の韓国における研究成果として，金得中「麗順事件と民間人虐殺」徐勝編『東アジアの冷戦と国家テロリズム』御茶の水書房，2004年，135～152ページを参照．
55) Bishop to Butterworth, 17 December 1948, *FRUS*, 1948, VI, pp.1337-1340.
56) Butterworth to Lovett, 20 December 1948, *ibid.*, pp.933-934.
57) NSC13/2（5），7 October 1948, RG 59, PPS Papers, National Archives Microfilm Publication, M1171/33A.
58) PPS 28, Recommendations with Respect to U.S. Policy toward Japan（Accompanied by Explanatory Notes)." 25 March 1948, RG 59, 740.00119 Control（Japan）file, NACP.
59) Sebald to Secretary of State, 16 July 1948, RG 59, 740.00119 Control（Japan）file, NACP.
60) Arnold G. Fisch, *Military Government in the Ryukyu Islands, 1945-1950*（Washington, D.C.: Center of Military History, U.S. Army, 1988），p.115（財団法人沖縄県文化振興会公文書管理部史料編集室編『沖縄県史　資料編14　琉球列島の軍政　1945－1950　現代2　和訳編』宮里政玄訳，沖縄県教育委員会，2002年，98ページ）．
61) 琉球銀行調査部編『戦後沖縄経済史』琉球銀行，1984年のII, 第3章第7節参照．
62) 中野好夫編『戦後資料沖縄』日本評論社，1969年，10ページ．
63) 同上書，11～12ページ．
64) 「港湾作業労務者待遇改善に関する請願」沖縄県公文書館所蔵琉球政府文書『陳情書，1946年10月～1949年5月』［文書番号 R00000490B］．
65) 「政党に関する書類（8月分）提出の件　スローガン」沖縄県公文書館所蔵琉球政府文書『1948年1月以降沖縄人民党に関する書類綴』［文書番号 R00000475］．
66) Intelligence Summary, 1-15 November 1948; 16-31 August, 1948, RG 319, "P" file, 1946-1951, Intelligence Summary – Ryukyus Command, 1947-1950, NACP.
67) 渡口武彦「苦い経験」『新沖縄文学』50号（1981年12月），16～17ページ；前掲，「すべてを賄った那覇港」．
68) 大湾喜三郎「民政府の発想？」『新沖縄文学』50号，18～20ページ．
69) 国場幸太郎「私の戦後史」沖縄タイムス編『私の戦後史　第1集』沖縄タイムス社，1980年，前掲，85ページ．
70) Sebald to Secretary of State, 5 November 1948, RG 59, 740.00119 Control（Japan）file, NACP.
71) CINCFE to RYCOM, 25 October 1948, RG 59, 740.00119 Control（Japan）file, NACP.

第6章

「シーツ善政」
―― 朝鮮戦争前夜の沖縄 ――

1 「忘れられた島」の背景

　1949年秋は，沖縄現代史の最初の大きな転換点と言われている．東アジアの地域的な構造変動を決定づけることになる中国革命が進展するとともに，アメリカは沖縄がアジアにおける冷戦の死活的な軍事的拠点であるとの認識を強め，米軍基地建設が本格化したからである．

　中華人民共和国が成立した同じ1949年10月1日，米陸軍少将ジョセフ・R・シーツ〔Josef R. Sheetz〕が軍政長官に就任した．シーツが軍政長官の地位にいたのは，このときから1950年6月に朝鮮戦争が勃発するまでのわずか数ヶ月に過ぎない．しかし，沖縄現代史のさまざまな文献のなかでは，彼の施政は「シーツ善政」あるいは「シーツ時代」と呼ばれ，戦後沖縄の復興と「民主化」を象徴するかのように表現されている．沖縄の文脈からすれば，シーツの施政というものは，経済的水準がいくらか上向き，群島知事選挙という形でわずかに表面的に「公選」が許されたが，同時に基地建設が本格化し，要塞化が進み，朝鮮戦争というアジアの熱戦に結合されたという，ある種の屈折した認識を伴わざるを得ないものである．「シーツ善政」とは何だったのか．

　「善政」という言い方は，おそらく，1950年の公選で沖縄群島知事に選ばれた平良辰雄が1960年代前半にまとめた回顧録『戦後の政界裏面史』の叙述に始まるのではないかと思う．平良辰雄は次のように述べている．

　　　"シーツ"といえば，短い勤務期間ではあったが，それにもかかわらず
　　　沖縄の人たちに数多くの思い出を植え付けた人の一人にあげられる．（中

略）私は彼とは個人的に接触したことはなかったが，善意の人だったことはまちがいないようだ．沖縄の過渡期に太平洋を渡って来てこちらの希望をよくきき入れたということが，彼の善意を一層光るものにし，客観的にも『シーツ時代』とかいう呼び名で，表現される実績をもたらすことになったともいえよう．

平良は，親しく対話したこともない相手を「善意の人」と書いている．それは，彼自身がシーツの政策の「成果」として宣伝された「公選」で沖縄群島知事になったからかもしれないが，しかし，かといって，平良はシーツの施政について諸手を挙げて賛美しているわけではない．

回顧録のなかで，平良はシーツ施政を取材した『タイム』誌の記事「忘れられた島 The Forgotten Island」をほぼ全文引用し，記事が「戦後ある時期における米軍為政者への批判を含めながら，シーツが打ち出そうとする善政に，かなりの期待をかけているものがある」としている．だが「米人記者に沖縄人は米国の属領化を希望しているように見させた責任はだれにあったのだろうか」と自問する．そして，「『仕方がなかった』だけでは片づけられない当時の指導者たちの思想的な責任が，ひそめられているのではないだろうか．私もまた弱かったのかもしれない」と記している[1]．

平良辰雄が引用した「忘れられた島」は，『タイム』誌の1949年11月28日号に掲載された．その内容は，占領から4年間放置された後，米軍政府が本格的に沖縄復興に取り組みを始め，軍政長官であるシーツは朝鮮軍政で功績をあげた人物で，沖縄では過去の無能な将校たちを一掃し，住民の福祉や生活向上に取り組んでいるというものであった．その記事には一枚の写真が添えられている．それは闘牛大会の後で牛を囲んで手踊りする人びとを写したものである．キャプションには「自由のなかで，希望」と記されている．

だが，その伝えられるインパクトとは対照的に，実際のところ，「忘れられた島」という記事は，『タイム』誌の海外通信欄1ページ強を割いているに過ぎない小さなコラムであった．「忘れられた島」とは，シーツの施政以前の占領初期を端的に表現するものとして，沖縄現代史の語りのなかで頻繁に使われる常套句のようなものである．この小さなコラムは，時がたつにつれ，記事の

内容の細部は徐々に忘れられ，その強烈なタイトルだけが残った[2]．

　実際，この記事の経緯を調べてみると，「忘れられた島」には特別な背景があることがわかる．この年，11月から12月にかけて他にもいくつかの米国の新聞や雑誌が琉球軍政について扱っていた．この時期になるまで，米軍政府は日本の通信記者はもちろん，東京駐在の米国の特派員にすら沖縄現地の取材をほとんど認めていなかった．そのため，琉球諸島で何が起きているかについては，東京の極東軍総司令部を通じて断片的に流れてくる情報に頼っていたが，1949年秋頃から，陸軍省，極東軍，そして琉球軍はこうした遮断を解き，意図的に琉球軍政のイメージ作りに利用した．その典型が「忘れられた島」であった．

　陸軍省は，タイム社編集部とのやりとりのなかで，意図的に記者のフランク・ギブニー〔Frank Gibney〕の文章に手を加えている．たとえば，ギブニーが，沖縄にいる米兵たちのモラルは，世界のあちらこちらの駐留米軍のなかで最も悪質であり，フラタナイゼーション（敵国民・被占領者との交流，fraternization）を禁止しているにもかかわらず，「GIたちは沖縄人の友人を数多く得ていて，戦後の米軍で比類のないほど性病率が高くなっている」と書いている箇所があるが，これは掲載時には削除された[3]．

　この記事の成立には，極東軍司令部，沖縄の基地建設と復興計画を担当した陸軍省占領地域担当次官トレイシー・S・ヴォーリーズ〔Tracy S. Voorhees〕，そして，当時，国務省の対中国政策に批判的だった有力なジャーナリストで「チャイナ・ロビー」の代表格であったタイム・ライフ社のヘンリー・ルース〔Henry Luce〕が関与していた[4]．「忘れられた島」は，米国内向けに，軍部が政策の遅れを取り戻し，東アジアの構造変動のなかで軍事拠点としての沖縄を保持し開発するという方針を明確化したのだということを印象づけるものであり，1950年1月の国務長官ディーン・アチソン〔Dean Acheson〕のプレス・クラブ演説に先行するものであった．

　沖縄の現地ではというと，「忘れられた島」の記事はシーツ施政の「善政」のイメージ作りに結びつけられていた．平良辰雄は先に示した自伝のなかで，記事の内容は当初，沖縄民政府と米軍政府の連絡会議の席上，シーツ自身によって公表され，「志喜屋知事は『これで沖縄も前途に明るいものを見い出し

た』と，こおどりしたとかという話が伝わっていた」と書いている[5]．また，「忘れられた島」の翻訳は，『うるま新報』に掲載され，沖縄の有力者たちを強く惹きつけた[6]．RYCOM の G-2 はこうした沖縄での反応についてレポートしている[7]．

では，新しい軍政長官のジョセフ・シーツは，歴史に残る何か特別な政治的能力のある軍人だったのだろうか．シーツのことを調べてもそういった評価は見いだせない．むしろ，シーツは戦場を渡り歩いた叩き上げの陸軍将校だったというべき人物であって，しかも，実は，シーツが沖縄にやってきたのは，これが初めてではなかった．彼は「アイスバーグ作戦」，すなわち沖縄戦における主力部隊であった米陸軍第 24 軍団（U.S. Army 24th Corps）の火砲部隊を率いる司令官として，嘉数高地や首里，南部戦線に参加していた．沖縄戦終結後，1945 年 9 月，第 24 軍団は北緯 38 度線以南の朝鮮半島の占領のため仁川(インチョン)に上陸し，シーツは軍政長官ジョン・ホッジの副官として USAMGIK で働いた．

USAMGIK の終了と 1949 年 7 月の在朝鮮米軍の撤退後，再び沖縄に行くことになったシーツに対して，マッカーサーは「君は戦争であの島を粉々に吹き飛ばした．だから，私は君にそこに戻り，もう一度破片を一つにくっつけて欲しいのだ」と言った．11 月，沖縄に移って間もないシーツは，クリスチャン・サイエンス・モニター紙の取材に対して次のように答えている．「一筋縄ではいかない仕事になるだろう．だが，朝鮮に比べれば，朝飯前だ」[8]．

結局のところ，「シーツ善政」とは何だったのだろうか．一言で表現するとすれば，それは「恒久基地化の 政 治 経 済(ポリティカル・エコノミー)」の創出に他ならないものだった．マッカーサーは「粉々に吹き飛ばした」ものを「もう一度破片を一つにくっつけて欲しい」と言った．だが，破片をいくらかき集め，接着したところで，同じものが作れるはずがなく，しかも，マッカーサーのいう作業をやる主体は米軍を指していた．

宮里政玄は，1966 年に発表された『アメリカの沖縄統治』のなかで，シーツの施政について，「米軍政府政策の正しさにたいする強い自信と，沖縄人が『アメリカナイズ』されるべき従順な後進民族であるという前提」をもち，「全琉球人に健全な民主主義」を教えることを「使命」としていたと述べている．

そして,「アメリカの国民的利益が必然的に要求する沖縄基地の恒久化と沖縄住民の民主化が矛盾するとは考えていなかった.民主化はアメリカによる沖縄基地の維持を脅かすものではなく,むしろ米軍政府と沖縄住民の関係をさらに緊密にすると考えたのである.すなわち,民主的政府は必然的に親米的であるという楽観的な考え方がシーツ政策の根本をなしていた」としている.

宮里は,そうした「楽観主義」は,いわゆる「中国の教訓」,すなわち,中国内戦における国民党の敗北が軍事的というよりもむしろその行政能力と紀律の欠如,民衆からの信頼の喪失にあり,対アジア政策においては,軍事的なことがらと同様に「健全な行政の助長や経済的安定」が鍵を握るという当時の国務省を中心とするアメリカの考え方と根は同じものであると指摘している.そして,「中国の教訓」が,アジアにおける冷戦体制の軍事的拠点としての沖縄の位置づけとともに,アメリカの対沖縄政策にも決定的な影響をもたらしたとする[9].

確かに,シーツの政策に関するアメリカ側の公文書には,こうしたいわば「楽観主義」のような傾向が繰り返しあらわれる.しかし,現実としては,アメリカの沖縄統治は直接的なものであり,その論理と実践は沖縄側の自主的な動きに対しては場合によっては介入,もしくは弾圧を加えることも辞さない,冷戦的な反共主義のレトリックと実践をともなうものだった.そうした政治の下での「経済復興」は社会の基礎の部分を基地に結びつけ,その半身をぐるぐると締め上げた.

それは,宮里政玄も示したように,米軍の統治と沖縄の民衆にとっての「自治」「民主」との間に矛盾を生じさせるものであった.そして,そこで生じた矛盾は,沖縄社会の内部に政治的ヴィジョンにかかわる葛藤をもたらし,さまざまな政治意識や行動,論理を徐々に顕在化させることになった.沖縄側の動きについては次章で具体的に扱うこととして,本章では,シーツの施政に至る過程,とくにこれまでほとんどその動きが解明されていなかった極東軍琉球軍政課の動きについて,また,シーツの政策の内容,そして,それが朝鮮戦争前夜のアジアにおける冷戦体制の形成のなかでどのような意味をもっていたかについて,考えてみたい.

2 琉球軍政課とグロリア台風

　1948年8月初旬，ワシントンではNSC13が形成され，琉球諸島の長期保有と基地拡充の方針が明確になっていくが，この時期，琉球の米軍政府は，米極東軍司令部（Far East Command. 以下，FECOMと略す）に対し，四つの各群島の臨時政府と一院制の立法機関の設置について，その法的根拠となる「憲章（Charter）」の制定を認めるよう求めた．これは，8月1日，PHIL‐RYCOMからRYCOMが分離された直後のことである．RYCOMを指揮するFECOMの回答は，琉球諸島の地位に関する国際的承認が未決定である以上，琉球の自治政府は限定的なものにとどまらざるを得ないのであり，「限定的な選挙」によって徐々に自治権を拡大していくことが望ましいというものであった[10]．

　それを具体的に実現するための組織的再編として，1948年9月6日，FECOMは琉球軍政課（Ryukyus Military Government Section. 以下，RMGSと略す）を設置した．RMGSの任務は，1) 琉球諸島の軍政府の運用について極東軍司令部やその他の部局への情報と助言，2) 極東軍司令部各部局間の琉球関係の問題処理の促進であった[11]．極東軍における琉球関連の担当部局としては，この組織の前身として朝鮮・琉球局（Korea-Ryukyus Division. 以下，KORYUと略す）が設置されていたが，1948年8月，大韓民国の建国が宣布されたことを契機に，組織再編がなされた．RMGSの課長には，ジョセフ・シーツ同様，南朝鮮における軍政に関与し，とくに1947年に設置された国連臨時朝鮮委員団（United Nations Temporary Committee on Korea. 以下，UNTCOKと略す）とUSAMGIKの連絡担当将校として1948年5月の単独選挙に関与したジョン・ウェッカリング〔John Weckerling〕が任命された[12]．ここからジョセフ・シーツが軍政長官に就任するまでのおよそ1年間，琉球の軍政の政策決定の中心はRMGSにおかれることになる．

　宮里政玄は，ウェッカリングの言動には彼の朝鮮での経験，とくに単独選挙に関与したことからくる影響が見られると指摘している[13]．この指摘をさらに資料から掘り下げてみると，実際，RMGSの資料のなかには，琉球におけ

る選挙を遂行するうえでの参照とするため，数多くのUSAMGIKによる選挙の方法に関する覚書や書類が収められている．選挙を通じた「教化」の道具として，ラジオや雑誌，パンフレット，映画といったメディアをいかに活用するかといったものなどが多く含まれており，そこには，占領地で選挙をおこなう際の技術的な参照以上の意味合いがあるように思われる．

ウェッカリングの朝鮮に対する見方は琉球に対する見方にも反映している．彼は，「東洋」に民主主義を根付かせるのは困難で，そのためには「教化」が必要だと述べている．そのとき，「東洋」とは，「我々」すなわち「アメリカ流の民主主義」にとって「教化」の対象であった．ウェッカリング個人の経歴に照らせば，それはまずアメリカの日系人に対して実践され，そして，朝鮮でも関わったものであって，それを琉球諸島に横滑りさせただけのものであった．その際，ウェッカリングは，それぞれの対象とされた集団固有の歴史や文脈を重視しなかった．

ただ，ウェッカリングは日本については詳しく，その経歴には興味深いものがある．彼は，1930年代初めに駐日米国大使館付武官として東京で生活した経験があり，流暢な日本語を話し，日本の帝国軍人たちとも懇意であった．日本と日本軍に関する知識，言語能力によって，第二次大戦中には，ウェッカリングは米陸軍のG-2専門家の将校として，強制収容所にいた日系人を「再教育」し，MISLSに関わり，日系二世兵士による情報部隊を組織した[14]．こうした経験はウェッカリングのその後のアジアでの仕事に反映された．激烈な民族的抵抗をみせる朝鮮も，所詮「東洋」である限り，「我々，アメリカ流の民主主義」に抗うことはできず，「教化」次第なのだ，と．ウェッカリングにすれば，事実，1948年5月の朝鮮での単独選挙は9割を超える人びとが投票したのだ，というのが言い分であった．朝鮮から沖縄に視線を移してみれば，朝鮮の激烈さとは対照的に，沖縄の住民たちは「無気力」な存在に映った．こうした「無気力」を取り除いてやること，「民主主義」への心理的な障壁を克服することで選挙は順調におこなわれるだろうとウェッカリングは確信していた．つまり，朝鮮の「熱情」と沖縄の「無気力」はウェッカリングにとってたいした違いはなく，北朝鮮やソ連といった考慮すべき存在がない分，ジョセフ・シーツの言葉どおり，ウェッカリングにとっても琉球は「朝鮮に比べれば，朝飯前」に映っ

ただろう．

　しかし，琉球における米軍支配の確立は，決してウェッカリングが望むように進んだわけではない．すでに見てきたように，沖縄における 1945 年以来のアメリカの占領政策の行き詰まりが表面化し，1948 年夏の食糧配給停止問題は，沖縄民政府の労務者補充の確約という妥協によって一応収拾されたかに見えたが，都市部でも農村部でも住民の生活の困窮は深まる一方であり，さらに 1948 年秋，琉球諸島を襲ったリビー台風による被害は大きく，米軍政府と沖縄民政府に対する不満はさらに高まっていた．

　琉球を視察した極東軍司令部のエドワード・M・オーモンド〔Edward M. Almond〕少将による 1948 年 12 月 19 日付のマッカーサー宛の報告には興味津々たるものがある．オーモンドは，沖縄の米軍政府を訪問した際の記録として，軍政長官のイーグルス〔W.W. Eagles〕が，琉球の経済の不安定さと悪化，そして政治状況の混乱を理由に，自治のための選挙は時期尚早だと考えていると述べている．さらに RMGS から琉球の軍政府に派遣されている陸軍大佐ジェシー・P・グリーン〔Jesse P. Green〕の意見を聴取しており，グリーンが「選挙をおこなうに先だって必要とされているのは，保守的な政党の創出」であり，それを「6 ヵ月」で成し遂げることができると言っていると伝えている[15]．グリーンの言う「6 ヵ月」が何を根拠とするものかは不明だが，保守政党の創出という米軍政府の欲求を満たすのに，実際には 2 年近くかかった．戦後沖縄初の保守政党・共和党が発足するのは 1950 年 11 月，群島知事選挙で松岡政保が平良辰雄に敗れた後であった．

　オーモンドの訪問後，1949 年 1 月，ウェッカリングは，四群島知事と地方議会選挙の準備にあたって自治の「憲章（チャーター）」の準備が妥当だと陸軍省に伝えた．選挙を「時期尚早」とするイーグルスに対して，ウェッカリングは逆に，北部琉球（奄美諸島）を除いて，琉球の住民たちが自らを「日本人」とは認識していないのを前提として，選挙によって自治を与えることが住民の「心理的な傾向」「真空状態」を改善し，経済と政治の混乱から生じるリスクを補っていくと考えた[16]．こうしたウェッカリングの見解の根拠は，先に述べたような北緯 38 度以南の朝鮮半島での単独選挙における「アメリカ流の民主主義」の「教化」の経験であった．しかし，ウェッカリングがさまざまな文書のなかでも決

して触れていないのは，彼がかかわった単独選挙が分断の固定化に対する朝鮮人の抵抗を招く事態につながったということである．それは，済州島では民衆抗争へと展開し，さらに大韓民国の建国後に起きた国軍反乱，いわゆる麗順事件の引き金となり，これらはすべて，李承晩政権下のさまざまな政治暴力，そして，後には朝鮮戦争の勃発へとつながっていくものであった．結局，ウェッカリングの主張は，陸軍省によって「時期尚早」として斥けられたが，彼自身は選挙と「アメリカ流の民主主義」の「政治教育」「教化」に執着し続けた．そして，それは沖縄の住民の求める「民主」，あるいは「自主」の政治との懸隔をもたらし，占領政策のさまざまな矛盾を表面化させることになった．

　この時期，1948年の市町村選挙を経て，より高度な自治のための公選を求める社会的要求が前面に出てくるようになっていた．政党が公認候補を立てるといった事態ではないものの，沖縄の各市長らが選挙の支持をめぐって会合を開き，新聞は社説等で公選について議論を展開し，一部では3月頃には選挙がおこなわれるのではないかという噂まであった．しかし，米軍政府としては，経済問題から社会不安がもたらされている状況では選挙について何かしら明言するのを避ける必要があった．米軍政府は選挙の風聞には何の根拠もないという声明を出し，住民のなかから出てくる政治動向を牽制した[17]．

　こうした政治の動きの背景は1949年2月の所得税導入や食糧の値上げである．各村売店で販売される物資の価格，とくに主食の穀物が一気に60％も値上げされると，各市町村から「陳情書の洪水」が沖縄民政府や米軍政府に押し寄せることになった．各地で多くの住民大会や集会が開かれ，また，沖縄人民党や沖縄民主同盟といった政党も米軍政府に対して値下げを要請した．

　値上げに関するグリーンのコメントには興味深いものがある．グリーンは米軍政府は「陳情書の洪水」に見舞われており，実際，確かに食品の価格は高すぎると考えていた．市町村長たちの訴えに説得力があるのはわかっていたが，グリーンは値下げを受け入れるわけにはいかないと一旦これを拒絶した．そして，その上で一気に25％まで価格を落としてみた．そうしたところ，市町村長たちは彼らの見解を受け入れてくれたといって，今度は逆に感謝しにやってきた，と記している．こうして「我々は彼らの心からの協力」を確実に得たのだから，「彼らは一生懸命にできる限り援助するよう努力するだろうと信じて

いる」と述べている．

　グリーンの言っている値上げ率の上下動をみれば，この物資値上げの方法が経済的な理論上あるいは実践上の十分な裏付けなしに場当たり的で恣意的におこなわれたものであり，まるである程度の値上げを納得させるための「自作自演」のような奇妙な政策であったことがわかる．のちにジョセフ・シーツが軍政長官就任挨拶で述べたように，安定した占領統治は「住民の協力なくしては」維持することができない．こうした奇妙な価格の上げ下げは，そうした米軍政府の弱みのあらわれでもあった．

　実際，その後の過程は，必ずしもグリーンの望むようにはいかなかった．物資価格の値上げ問題では，各地で抗議集会が開催され，そして，沖縄民政府に無視されたまま長らく開店休業状態におかれていた沖縄議会にももちこまれ，議会は3月1日，総辞職を決議し，3日には全議員が米軍政府に辞表を提出しようとした．しかし，米軍政府はこれを認めなかったため，8日，沖縄議会は議事のボイコットを始めた[18]．

　グリーンは，沖縄民政府が沖縄議会をほとんど開催せずに無視する状態だったことについて，沖縄の側で政策を作っていく上で沖縄知事がもっと議会を利用するよう勧告する必要があり，議員のなかに潜在的な将来の指導者がいるのではないかと述べている．しかし，ウェッカリングは，グリーンに対して苛立ちを隠さず，沖縄議会は「共産主義者」の活動の場になっているので，とくに瀬長亀次郎と仲宗根源和を議会から排除しなければならないと述べている．ウェッカリングは，所得税と物資値上げ問題に端を発する沖縄議会の問題は，「民政府と議会両方のきちんとした浄化が具合よくできる」ちょうどよい機会だと考えていた．ただし，「共産主義者」はこちらの問題を自分たちの有利なように利用するので，警察を使って問題の人物を摘発するという手段は，逆に彼らに有利に働いてしまうだろうとしている．そして，議会には「諮問する機能」を「可能な限りうわべで」与えるのが得策なのだとしている[19]．

　こうしたウェッカリングの反共主義的な傾向については，1988年に米陸軍戦史編纂所がまとめた琉球軍政史のなかで指摘されているように，1948年末からの「軍政府がその統治に対する強い批判者を共産主義者と決めつける傾向」と一致するものである[20]．ただ，軍政の現場にいるグリーンよりも，東京にい

るウェッカリングの方が沖縄議会の動きに対してより警戒的であった．もちろん，ウェッカリングは CIC の情報レポートを丹念に読んでいたが，グリーンが議員総辞職の報告をした数日後，そして議会の「共産主義者」への警戒についてグリーンに回答する数日前，3月9日に次のような書簡をイーグルスに送っている．

ウェッカリングは，沖縄の社会経済的あるいは政治的事態から，すでに知事など自治に向けた選挙が 1950 年まで延期されるべき状況になっていることを認めたうえで，当座の「欲求不満の琉球人たちのモラル」と「政治的真空状態」を埋めなければならないと述べている．そして，これに関連して，沖縄人連盟副会長であった稲嶺一郎からある「覚書」を受け取ったと記している．

稲嶺一郎は 1950 年，占領期に沖縄の石油輸入を独占した米国の石油会社カルテックスとともに琉球石油会社を設立し，1970 年第 1 回国政選挙で参議院議員に当選し（以後 3 期 13 年），また，東南アジアに太い人脈をもち，後に自由民主党の外交部長をつとめた．稲嶺は戦前，満鉄調査部に勤務していた．沖縄はフィリピンやミクロネシア，台湾などの日本の支配地域にかなりの規模の移民あるいは移動労働者を送り出し，また，台湾での教員や警察官など下級官吏も多かったが，植民地統治に直接かかわる高級官僚は極少数で，例えば，台湾総督府に勤務し，後に琉球政府の行政主席となった大田政作や稲嶺一郎はその代表的な人物であった．

稲嶺一郎は戦時中には満鉄調査部から出向し，敗戦のときには，東亜経済調査局の鉱物資源の専門家としてジャカルタの海軍武官府に赴任していた．1947 年 1 月，日本に引き揚げ，東京で沖縄人連盟にかかわり，その活動を通じて東京の連合国総司令部との関係ができた．そして，1948 年秋に RMGS が設置されて以降，ウェッカリングとの関係は濃いものになった．稲嶺は 1949 年 3 月から 6 月にかけて沖縄に一時的に帰郷し，東京に戻った後ウェッカリングに報告書を提出しているが，ここで言われている「覚書」はその出発前に書かれたものである．ウェッカリングの記録によれば，稲嶺は「多くの点でとてもナイーヴだが，全般的にみて二つの点がかなり理屈にあ」っていると書いている．ウェッカリングが注目したのは，琉球の問題は「文化的あるいは教育における物質的な発展と再教育プログラムの欠落」であり，それを「琉球における

第 6 章　「シーツ善政」

現在の困窮に共産主義者がつけ込んで利用する恐れ」があるという稲嶺の見解であった[21]。

　稲嶺一郎は自伝のなかで,「GHQ の調査員」としての一時的な「帰郷」という形の視察は,まさにウェッカリングの「計らい」であったと記している[22]。稲嶺のウェッカリングとの関係は,沖縄人連盟を通じての沖縄出身者の処遇の問題だけに限らなかった. 1949 年 2 月頃,沖縄に帰郷する直前,稲嶺一郎は 2 人の旧日本軍将校らとともに総司令部のウェッカリングを訪ねている. 元日本軍将校らは総選挙での共産党の躍進に恐怖を抱き,アメリカの占領政策が「共産主義者に対して自由過ぎるのだ」と言い,日本の共産主義化を防ぎ,それに対抗するには「愛国的な組織」を作る必要があると主張した. ウェッカリングは,自分は琉球のみを担当しているのだとして,さすがにこれを認めることはなかったが,明らかに 3 人が「彼らの計画に対する総司令部の公的な裏書き」を欲しがっているとしている[23]. ともかく,稲嶺一郎がウェッカリングに琉球の状況に関する「覚書」を差し出し,さらに詳しい調査のためにウェッカリングが稲嶺に対して特別の「計らい」をしたのは,この訪問の直後のことである. 稲嶺一郎が 1949 年 6 月に東京に戻ってからウェッカリングに提出した「琉球視察報告書」については,後で詳しく触れたいと思う.

　ウェッカリングの反共主義的警戒心はもちろん強いものであったが,同時に,彼は,沖縄民政府が沖縄議会や世論,政治活動を管理できず,「政治的真空状態」を生み出す原因となってさえいるとして不満をあらわにし,イーグルスに対して次のように書き送っている. この「政治的真空状態」を埋めていくのに「検討するに値する計画」としては,まず,四群島政府のそれぞれの幹部たちを完全に,あるいは部分的にすげ替え,地方議会のメンバーを入れ替えて刷新することである. また,沖縄民政府の志喜屋孝信知事の能力に対しておもに「共産主義者」による批判があるが,それは的を得てもいる. 実際に彼は「強健な人物」でなく,そのうち辞任でもしようとしているぐらいだとする. そして,知事を「共産主義者にペコペコするような真似」をすることのない,「もっと精力的で強硬な人物にすげ替える」ことで変化を起こすことができるのだと述べている[24].

　3 月前半,沖縄議会の総辞職問題は,議員が正副議長の選任権や臨時議会招

集権，発議権等を含む要望書を提出するまでに発展したが，米軍政府はこれを却下し，議会の役割をあくまで民政府に対する「諮問」に限定した．そして，志喜屋知事が議員に対して「和睦状」を送り，3月25日には議会が再招集され，全員が出席することで一応の決着をみたとされている[25]．「和睦」とは，1945年8月の沖縄諮詢会設立以来，「自治」論争においても食糧配給停止問題においても，「忍従」と「正しけれど危うし」という志喜屋知事のいつものやり方だったが，こうした決着の方法は，沖縄社会の内部の動きからいっても，また，恒久基地化をめざす米軍側の動きからいっても，実際には無駄骨に等しかった．事態はすでにそうしたことでは収まらないものになっていた．

1949年4月末から5月上旬にかけて起こった「人民戦線」の動きは，そうした事態を示す一つのあらわれであった．「人民戦線」については次章で詳述したいと思うが，ごく簡単にまとめれば，所得税と物資値上げの撤廃要求を背景に，沖縄人民党，沖縄民主同盟，そして，社会党が合同し，高度な自治をめざした知事と議会の公選，憲法制定，所得税廃止，米軍補給物資増配を掲げた統一的な行動である．

統一的な政治行動は，もちろん米軍政府の最も強い警戒の対象であったが，1948年末の段階ではまだ，CICは沖縄の治安維持の重点を「占領当局に対する組織された『受け身の抵抗』」の監視に置いていた[26]．しかし，「人民戦線」が開いた各地での政治集会はそれぞれ2000から2500人規模の住民が参加し，沖縄戦が終結し，米軍による占領が始まって以来，最初の大規模な大衆行動となった．

「人民戦線」の大衆行動は，米軍政府とRMGSにとって衝撃であった．米軍政府は，沖縄議会の総辞職問題の延長上にこの大衆行動を位置づけ，これを契機として，占領統治機構の再編のための準備を急ピッチで進めていった．すでに4月に米軍政府は沖縄民政府内に「沖縄軍政官府」を設置していたが，「人民戦線」の直後の5月中旬からは議員の刷新のための準備を始めた[27]．また，沖縄民政府の幹部に対するG-2の調査が活発になり，それは，恒久基地化を前提とした琉球の「自治政府」あるいは議会の刷新を進める際に，米軍政府にとって有利に働く人事を探るためであった．時期は前後するが，戦前の国会議員の調査もおこなわれ，グリーン宛のメモのなかには，戦前では稀少な沖縄出

身の高額納税者であった当間重民の名前もある．彼は 1949 年の那覇市長選挙で立候補，当選し，合併問題をはらんだ戦後の那覇市の都市・再開発計画にかかわった[28]．また，次章で触れるが，グリーンは，「潜在的な知事候補」として，松岡政保に対して援助を与える可能性について検討していた[29]．そして，5月1日のメーデーにあわせて「人民戦線」が開催した那覇での人民大会に仲宗根源和と瀬長亀次郎が参加したことに関して，彼らが沖縄議会の議員として問題ある行動をとったとして非難し，議会を「手に負えない」状態に放置しないために，G-2 による調査を経た上で，議会の刷新に際しては現在の 25 名という議員数を 12 から 15 という半分の規模にするとしている[30]．この数字は，ほぼ，1949 年 10 月の沖縄議会の解散後に編成された米軍政府任命の民政議会の議員数に相当するものである．そして，1949 年 5 月末には選挙前の政治教育キャンペーンと選挙に至る日程が提出され，1949 年末までを「準備と計画」段階，1950 年 6 月末までを「選挙準備」段階，そして，最終段階として，8 月 15 日から 10 月 15 日の間に選挙をおこない，11 月 1 日から 12 月末までの間に当選者の就任，琉球諮詢委員会の代表の選挙をおこなうというものであった[31]．このスケジュールもほぼ実現された．

ところで，国務省は，こうした 1949 年前半の沖縄の事態をどのように見ていたのだろうか．すでに，1948 年暮れ，マックス・ビショップら国務省北東アジア課で対沖縄政策にかかわる官僚たちは，RMGS が「提案されている立法行政府の選挙が，『琉球で成長しつつある共産主義勢力が自己主張する手段になるかもしれない』という懸念を抱いている」として，国務省の対沖縄政策の立て直しが必要であるとの認識をもっていた[32]．1949 年に入ると，東京や横浜の領事や米国政治顧問団はたびたび琉球への視察をおこなっているが，とくに住民の反応については厳しい報告ではない．しかし，1949 年 5 月，沖縄議会の問題や「人民戦線」による政治行動の直後，米国副領事による視察報告には，それまでとは異なる様相が記録されている．

1949 年 6 月，横浜の米国政治顧問の U・アレクシス・ジョンソン〔U. Alexis Johnson〕は，ある琉球視察覚書を国務省に送っている．それは副領事ダグラス・W・オヴァートン〔Douglas W. Overton〕による報告書である．オヴァートンの視察は「人民戦線」の直後のもので，1949 年 5 月 13 日から 24

日の日程であった．その報告書のなかで，オヴァートンは学校制度の改善や民間裁判所の設置，道路網の確立，RYCOMのFECOMへの直接的な連結，フィリピン・スカウトの撤退，経済状況がやや向上しているなどといったアメリカにとって好ましい状況を説明した後，しかし，沖縄のなかでの占領軍に対する態度に顕著な変化がみられると記している．

　過去一年の間に，占領軍に対する沖縄の人びとの態度にはぞっとするような変化があらわれている．占領の最初の 3 年間は，戦時中の経験に照らせば容易に理解できることだが，数多くの人が無気力状態のままで，占領軍に対する怨恨の兆候はまったくなかった．それどころか，少なからぬ親善のしるしや兵士や軍政部隊に協力する希望もあったのだ．思いがけない日常的なやりとりでさえ，こうした変化から逃れることはできなくなっている——人びとの凝視するまなざしや子どもの態度のなかにさえ明白なのだ．私は，軍の情報将校や軍政府の保安部長から，現在，少なくとも 80％の沖縄人が島にいる米国の占領軍の存在に対して憤りをもっているという話を聞かされた．

　オヴァートンは，こうした変化は 1949 年初めの所得税や物資価格の引き上げに端を発しており，米軍政府の情報将校たちは，この状況を「左翼」が利用していると言っているとしている．そして，多くの政治集会が開かれており，そこでは沖縄民政府批判にとどまらず，米軍政府をあからさまに批判する場合もあり，米軍政府はこうした言動を軍政を妨害するものとして取り締まろうとしていると述べている．

　拡大する社会不安に対抗するため，米軍政府はいくらか価格引き下げ，おそらく大衆の騒ぎはそれに応じて沈静化するだろう．しかし，米国の威信が傷つけられ，米軍政府が打ちのめされ，そして，左翼であろうとなかろうと，将来不満の種になるようなことを探し出しては勝利を叫ぶ者たちを人びとが闘士だと思うようになっているのを見過ごしてはならない．沖縄の占領において初めて米軍政府はそのイニシアティヴを失い，受け身の姿

勢をとり続けている．そして，イニシアティヴを回復する積極的な手段が取られ，効果的な対応策が採用されない限り，沖縄の人びとの信頼を取り戻せるかどうかは疑わしい[33]．

こうした報告が国務省に送られた同じ頃，二つの大型台風が立て続けに琉球諸島に上陸した．1949年の夏の二つの台風は，一つは6月のデラ台風であり，もう一つは，戦後沖縄で最大規模の台風の一つとして数えられる7月下旬のグロリア台風である．FECOMと米空軍の公式発表では，グロリア台風の被害は，死者38人，うち沖縄人36人，そして，米軍の家族部隊の女児，米軍属のフィリピン人1人で，米軍将校や兵士の死者はいなかった．重軽傷者252人のうち大半は沖縄人で，米兵は36人であった．4万2502戸の家屋，公共施設，ビルが全壊または半壊したが，そのうち75％以上が沖縄の住民の家屋であった[34]．米軍施設のおよそ半分が破壊され，25％のコンセットといくつかの倉庫などが全壊し，とくに物資輸送の要であった那覇港湾地域の被害は大きかった．陸軍省は緊急の災害援助と復旧のためにおよそ577万ドルの資金が必要だと見積もったが，その大半は食糧援助と住民援助，そのための人件費であった[35]．しかし，それは米軍基地を維持していく上での損害見積もり額とは一桁違っていた．グロリア台風の場合，2，3日後の非公式発表では，損害はおよそ2000万ドル以上だと推定され，それは沖縄議会問題や「人民戦線」の形成の背景にある沖縄社会の困窮の原因の一つであった1948年秋のリービ台風による軍事基地の損害1000万ドルの倍であった[36]．その費用は結局，10月になってからアラスカの基地建設費用と併せて連邦議会を通過し，米軍の住宅施設建設として見積もられ，ちょうど損害推定額の2000万ドルをわずかに上回るものだった[37]．

確かにグロリア台風の損害は甚大であった．基地は使い物にならなくなった．占領政策は破綻寸前であった．この状況は米軍にとって一見不利なもののようであった．しかし，グロリア台風はその強い風で潮を巻き上げ，恒久基地化の段階を押し上げた．この待ったなしの状態は，陸軍省にとっても国務省にとっても，対沖縄政策を恒久基地化に向けて動かす契機であった．自然の驚異は，まさに長期間の使用に耐えるだけの軍事施設を作るために，貧弱な施設を

スクラップにし，だらだらとしたワシントンの重たい腰を上げさせてしまう力があった．ウェッカリングとRMGSの役割はこの時点で終わったと言えるだろう．彼は7月末，RMGS課長を辞し，ワシントンに戻り，沖縄統治の刷新の必要性を盛んに説いてまわった．8月下旬，トレイシー・ヴォーヒーズが米陸軍占領地域担当次官に任命され，その足で，彼は最初の仕事として日本に向かい，沖縄を視察した．

3　恒久基地化の政治経済

とはいえ，地域的な地殻の構造変動の圧力はより根本的かつ強力である．1949年7月，国務省での対アジア政策に関する議論は，アジアの構造変動の決定的な変化を反映したものであった．1949年5月，上海が陥落し，そうした中国革命の進展に照らして，ジョージ・ケナンは，米国の対アジア政策は「流れ(クライメイト)を変える」必要があるという考えを示した．国務省無任所大使フィリップ・C・ジェサップ〔Philip C. Jessup〕のアチソン宛の覚書によれば，「我々は，そうした流れの変化が米国の非共産主義世界との国際関係のゆえに，そして，アジアにおける米国の政策の背後で国内的に議会の考えを結束する必要のゆえに重要だと確信する」として，中国で起きている問題をより広範なアジアの問題を展望する視点へと転化し，拡張することが必須だとしている．それは，冷戦体制をアジアという「地域(エリア)」全体へのアプローチとして成立させることに他ならない．そして，その要は対日講和条約をいかにして米国の利益にひきつけた有利な条件で締結するかであり，琉球諸島については，「対日講和条約の主題とするか，あるいは国連安全保障理事会によって，米国が将来にわたって無期限に琉球にとどまるという米国の意志を公表する」という方針が提起され，その裏付けと土台を作り上げるために，経済政策を推進するとともに，軍政長官により高い階級の人物を指名することが示されている[38]．

7月下旬，国務省極東局のバタワースは，陸軍次官補ロバート・ウェスト〔Robert R. West〕に宛て，グロリア台風の被害の影響が今まで以上に琉球の住民の生活を混乱させ，「反米感情」を激化させるのを恐れ，NSC13の第5項の履行をめぐって陸軍省にその調整を促し，極東軍司令官に対する琉球の軍

政に関する指令の草稿を示した．草稿では，米国による軍政とは，琉球諸島の主権と政治の形態の決定にかかわらず，1) 米国の利益に照らして長期にわたって重要なものとして，琉球諸島に施設を開発し維持すること，2) 軍事的目的の遂行に貢献するために住民にとって実質的に満足できる段階を作りだし維持することであるとし，そのためには自治の基盤を拡大し，文化教育面の発展を図り，そして，社会経済的な安定を生み出すのに琉球人自身の手によって経済発展をめざすが，その場合に，戦前の

写真7 米軍基地での沖縄視察歓迎会．ヴォーリーズ（中央）とRYCOM司令官イーグルス（左），1949年9月5日．（沖縄県公文書館所蔵占領初期沖縄関係写真資料陸軍21 [0000013355/04-85-2]）

琉球経済の市場や貿易のパターンに照らして，「他の占領地域」（日本）に依存したものになる，としている[39]．8月22日に陸軍省の占領地域担当次官に任命されたヴォーリーズは直ちにこの指令草案を受けとり，また，国務省は，軍政長官に少将クラスの人物を指名することや軍政の遂行についてガリオア・エロア援助金を利用することなどを提示した[40]．

　1949年9月，トレイシー・ヴォーリーズが来日し，短時間だが沖縄視察をおこなった．ヴォーリーズは弁護士出身で，第二次大戦中に陸軍軍事裁判所法務官となり，1946年からは陸軍長官の特別補佐官をつとめた．以後1960年代半ばまで，彼は絶え間なく陸軍や国防総省のさまざまなプロジェクトのコンサルタントや顧問をしていた．ヴォーリーズは，個人的に沖縄をかなり好ましい場所だと考えたようで，「まるでフロリダのようでリゾートにふさわしい」と

述べている．しかし，彼は行楽地に降り立ったわけではなかった．ヴォーリーズは，沖縄はすべての占領地域のなかで最も深刻な問題を抱えており，彼の任務の「最優先課題」であるとし，軍政の組織を有能なスタッフに刷新すること，台風被害に耐える軍事施設，米軍のモラルを回復するための家族部隊住宅やその他の施設の修繕や刷新をはかること，さらに，そのための資材や労働力確保のための検討を始めることなどをあげた．そして，そうした米国の軍事的要請に対して，「我々の沖縄における主要な目的とは，コストを抑えて，友好的な現地住民を養うことだ」とし，「適切な教育が与えられれば，技術的に良質な水準をもつ」可能性のある「軍事目的の沖縄人労働力」があると述べている．その労働力が稼いだドルは復興資材や消費財を日本から購買するものとなり，琉球と日本を経済的に再結合させ，米国が支払う占領経費を最小限度に抑え，沖縄の経済復興をはかるという効率的なシステムができあがる，としている[41]．

　こうした経過を経て，中華人民共和国が成立した同じ 1949 年 10 月 1 日，更迭されたイーグルスにかわって，ジョセフ・シーツが軍政長官に就任したのである．シーツは就任後，四群島を統括する琉球軍政本部の設置，軍紀の粛正，そして，基地開発を目的とするノールド調査団の導入をおこない，軍事基地の恒久化に向け，そうした組織あるいは物質的な基盤の整備・開発が始まった．また，宮里政玄が指摘するように，シーツの政策の中心は沖縄の経済復興をはかることであった．それは軍関連だけでなく民間企業の活動をも促進し，沖縄食糧，琉球火災海上保険，また，後に稲嶺一郎が会長となる琉球石油など，主要な戦後沖縄の企業はこの時期に創立された．1950 年 4 月，琉球復興基金が作られると，1 ドル 120B 円の為替レートが設定された[42]．同時に，シーツは恒久基地化と経済復興を支える沖縄の政治の「変容」を求めていた．沖縄民政議会の刷新は，シーツが就任後，直ちに着手したものであった．

　10 月 22 日，米軍政府は沖縄民政議会に対して，突然解散命令を出し，それにかわる 13 名の任命議員を公表した．一方，住民は選挙によって新たな議員選出を望み，また，そのように予想していたため，これは大きな衝撃を与えるものであった．米軍政府の 10 月 1 日付の指令第 20 号によれば，新たな任命議員は，各居住地区の人口比率に応じるものとされるが，先に触れたように，5

第6章 「シーツ善政」

月の「人民戦線」への対応としてグリーンが提示した議員数と一致するものである．また，指令の第3条「民政議員の職分」では，議員の役割はあくまで知事への諮問が原則であり，「議会は公開するが，秘密会を開くことを得，知事の承認なく秘密会の内容を公表した者は議会侮辱として告訴され定罪者は1万円以下の罰金，1年の懲役またはその両刑に処す」と記されている．任命議員の選出にあたっては，米軍政府は，「人民戦線」の直後の6月，志喜屋知事に対して「知事の最も信頼出来る人を三十乃至四十名」提出するよう命じている[43]．

この事態について，当時沖縄民政府総務部に勤務し，その後琉球政府時代には総務局長や法務局長を歴任した嘉陽安春は，こうした事態の「直接の原因」が沖縄議会の総辞職にあったとし，「軍事占領というものの常識として，議員の『連袂辞職』といった『不穏』な行動が軍政府によって受け入れられる筈がなく，ましてや，辞表提出の時期は，住民の陳情に答えて，補給食糧の値上げ幅を緩和した直後のことですから，軍政府が議会側のこの行動を甚だ心外のことと受けとめたのは，それとして自然の成り行きであった」と述べている．そして，議会の解散措置が「懲罰」ではなく，「議会公選の前提として，何時かは当然になされるべき措置を，この機会に実行に移したというのが事の真相」だと記している．その理由について，嘉陽は次のように述べている．「軍政府は，もともと，沖縄議会に対しては戦時中，翼賛選挙によって選出された旧体制の遺物として，その任命替えの必要を感じていながら，軍民政府への協力を期待して，便宜上仮にその存続の方針をとったのであり，従って，何時かは任命替えを実現すべく，適当な時期を待っていたであろうことは，当然に推察されるところであり，その意味では議員総辞職の申し出が議員刷新の好機と考えられたであろうことも，また十分に察知できることであります」[44]．

しかし，そもそも，「民意代表機関」と「首長」の「公選」は仮沖縄人諮詢会の第1回会合以来の住民側の主たる要求であった．戦争が終わって，「翼賛選挙」の「旧体制の遺物」の解体と刷新をまずは要求したのは住民側だった．そして，繰り返し議会議員選挙を実施する，あるいはそのための選挙法を検討するとしながら，住民の「自治能力」を制限し，幾度も選挙の実施を引き延ばしたのは米軍政府であった．米軍政府は，反共主義的なさまざまな対応によっ

て，たとえば，1948年半ばの食糧配給停止問題や1949年の配給物資値上げ問題などに見られるように，占領政策の失敗の責任を公選の実現を望む民衆に転嫁した．また，沖縄民政府は，占領支配の重力を所与のものとし，従って，民衆のなかに根強く，また盛り上がりを繰り返し見せる公選要求を政治的な自治あるいは自主的な政治の実現の機会とすることができず，逆にそれを「問題」として取り扱い，結果，困難だが必要とされていた「交渉」の地平に顔を出すための粘り強い態度を示せず，ただ「忍従」を言うだけであった．

同時に，具体的な恒久基地化に向けての基地建設の動きも急速に動き出した．1949年10月，米陸軍参謀総長J・ロートン・コリンズ〔J. Lawton Collins〕は，ハワイ，グアム，日本，韓国と併せて，沖縄の基地を視察した．そして，議会解散命令と民政議員の指名の翌日，10月23日，コリンズと入れ替わりにヴォーヒーズの計画したジョージ・J・ノールド〔George J. Nold〕准将を団長とする調査団が沖縄に到着した．ノールド調査団の目的は，軍事基地の建設と整備のための具体的な計画，たとえば，資材，労働力，そして技術的な方法に関する勧告をおこなうための視察調査であったと同時に，先に示したヴォーヒーズの言う資源調達の経済的側面，つまり，基地建設によるドルの流れによる琉球と日本の経済的結合を具体的に探ることであった[45]．

沖縄の視察の前に，ノールドらは東京で連合国総司令部のスタッフとともに，沖縄の基地建設に関する準備のため，帝国の崩壊によって植民地利権を失って米軍の生み出す新たな機会に狙いを定める複数の日本の建設業者と面談し，彼らの技術力や労働力確保について調査した．日本の高い失業率を解消する意味でも，基地建設に向けた熟練・半熟練の労働力を日本で確保することは重要だとした[46]．同時に，ノールドは，日本の労働力を沖縄にもちこむには依然問題が残っているにしても，少なくとも沖縄だけでも「有益で効果的な技術をもつ」労働力をおよそ2万5000人確保できるとしている．この数字は，この当時軍関連の労務，いわゆる「軍作業」に従事していた労務者数から若干少ないが，ほぼ一致するものである．また，沖縄は基本的に物資不足で，住民は米軍から物資を抜き取る，いわゆる「戦果」をも厭わない状態であり，単に賃金を上乗せするだけでは経済水準を上げることにならず，実際の経済水準の上昇を意識させるには，基地建設の労働力に対して支払われる賃金で日本から移入す

る消費財を購買するシステムが必要とされるとする．さらに，この時点で米軍の基地建設の下請けであった米国の建設会社に支払う費用が固定化されているが，これを一括払い方式での入札に変更することでコストを削減し，入札には米国だけでなく，日本，フィリピン，そして沖縄の建設会社の参加の可能性を示唆した[47]．

琉球に対するガリオア援助金は，1950年会計年度になると，それまでの占領地域住民の援助という性格から「基地経済」の鋳造の役割へと変化している．規模も1950年度は最大で，前年度総額2485万6000ドルであったのに対し，1950年会計年度はその倍以上の4958万1000ドルに達した．しかし，その内訳を見ると，物資及びサービス部門の援助額はほとんど変化していないが，復興関連の建築部門が前年度77万4000ドルから一挙に1379万8000ドルに増額され，この時期の沖縄における経済復興がいかに急速で，恒久基地化の政治経済の鋳造に向けて圧縮されたものであったかがわかるだろう[48]．

ワシントンに戻ったヴォーリーズに代わって，彼の部下たちは，東京の総司令部にいた陸軍省経済顧問で軍事エコノミスト，ラルフ・W・E・リード〔Ralph W. E. Reid〕の下に残り，沖縄の恒久基地化と経済復興に関する政策を管理していた．リードはドレイパーやドッジのアドバイザーであり，日本の経済復興とアジアにおける「共産主義封じ込め」が表裏一体であるとの考えから，1948年末から1949年にかけて，ヴォーリーズとともに，共産主義に対抗し得るアジアの中心に日本を位置づけ，そこから同心円的に中心から外延に向かって，徐々に経済援助から軍事援助へと移行していくという「日本経済自立化計画」，いわゆる「ブルー・ブック」と呼ばれる政策を立案した．リードやヴォーリーズは，すでに中国における内戦で国民党が勝利することはあり得ないという観測に基づき，日本の対中貿易再開を阻止したうえで経済復興の鍵を握る資源や市場を確保するため，中国の代替として東南アジアを想定した．それは，あたかも「大東亜共栄圏の再興」のようであったが，ヴォーリーズやリードにとってそれは「相互補完的な経済」であり，日本はまさに米国がアジアにおける冷戦に勝利するための機械装置の旋回軸であった．「大東亜共栄圏の再興」とは，この計画がアジア全体への援助によって米国経済を逼迫させてしまう可能性があるとして懸念を表明していた国務省極東局のバタワースの表現で

あるが，こうしたアプローチは，1949年後半から1950年になるとより軍事色を強めたものとして，国務省を含めて濃厚なものになっていった[49]．

沖縄における基地建設や経済復興をこうしたアメリカの戦後構想の見取り図のなかで位置づけるとすれば，もちろん日本経済の復興と「相互補完的」に位置づけられているが，それだけでなく，日本という中心あるいは旋回軸から外延に向かって，つまり，第二次大戦後の植民地解放あるいは民族解放の課題のなかで，旧植民地勢力あるいは帝国主義的支配から脱する過程にあるアジアに対するアメリカの「軍事」あるいは「軍事援助」による介入に直接結びつけられている．別言すれば，沖縄の恒久基地化が「経済援助」と「軍事援助」の結節点に置かれ，それはまさに沖縄を「キー・ストーン」とすることで，中心から外延へと広がるアメリカの対アジア構想における，いわば上から押しつけるようにしてひとつの地域(エリア)が成立する，ということでもあった．

1949年7月，米連邦議会において5800万ドルの軍事建設計画が承認され，10月28日，トルーマン大統領がこれを承認した．1949年11月末，東京の総司令部は，台風被害に耐え得る住宅と港湾，道路，倉庫等の整備として3800万ドルの予算を沖縄の建築費用として計上したと発表した[50]．さらに，極東軍司令部は米軍の娯楽施設のために別途2500万ドルを計上した[51]．また，10月13日，国務省は膠着していた対日講和条約の包括的な草案を提起し，関係各部局に回覧した．この草案が1951年に締結された対日講和条約の土台となるが，ここには米国が南西諸島を信託統治下に置く権利を得るということが記された．すでに見たように，1947年のキャンベラ会議以来，英連邦はこうした米国の信託統治案を認めており，9月，英国外相デニングは国務省に対して，占領の長期化が日本を西側諸国から離反させ，アジアの不安定化を招くかもしれないと懸念を表明し，再度，軍事的な裏付けとして，講和条約のなかで琉球諸島を米国の信託統治下に置くことを認める発言をした[52]．

国務省は，陸軍省が軍事基地の建設と整備に集中し，住民に対する政策が遅れをとっていることを懸念していた．米国は，琉球諸島を長期保有し，尚かつ軍事基地として使用していくのに，その国際的地位に関して国連での信託統治の承認を求める場合，同盟国による承認だけでなく，施政権者としての地位を裏付け擁護する必要があったからである．11月30日，バタワースは，琉球に

おける民事指令の草案を作成した．これは琉球統治における極東軍総司令官（マッカーサー）の責務を確認し，「民主的原則に基づいて行政，立法，司法の各機関を設置することによって，自治政府の基盤を拡大し，選挙された代表によって発布される基本法を採択する」よう求めていた．つまりは，沖縄人による政府を通じた「間接統治」の形式である．国務省は，NSC13 に示された「経済的社会的福祉」の増進を重視した．それは，恒久基地化において，沖縄の政治的安定が必須条件であるという認識に基づいていた．つまり，アーノルド・フィッシュが書いた陸軍省の『琉球列島の軍政』によれば，「米国の極東政策が成功するかどうかは，沖縄の政治的安定を定着させる軍政府の計画の如何によるということであった．それに失敗すれば，アジアにおける冷戦から生じた政治的・社会的動乱によって米国の基地は脅かされかねない」というものであった[53]．

　新しく任命された沖縄民政議会は，ウェッカリングの「可能な限りうわべで」という言い分通り，ほぼ有名無実化した．一方，米軍政府は，1950年1月3日，新たに臨時琉球諮詢委員会（Interim Ryukyu Advisory Council）設置を命ずる布令を出したが，これは「軍政府が付託する全琉に利害関係のある事項（限定された自治を住民に与えることを含む）を審議し，その事項について軍政府に助言する」ことを目的とするものであった．後には沖縄民政府に代わって行政執行をもおこなうようになった同委員会は3月になって具体的に委員が任命され，その最初の仕事として群島ごとの知事および議会議員選挙の方法に関する諮問をおこなうよう命じられた．そしてその答申をもとに，1950年7月10日，布令第19号「各群島知事及び群島議員選挙法」および8月4日布令第22号「群島組織法」が公布された．

　政治学者の島袋邦は，これについて「沖縄の自治制度上の画期的前進」としているが，その理由は，本法が住民自治の原理に基づき，住民は知事，群島議会議員の解職請求権や議会解散請求権をもち，また，議会は知事不信任の議決が可能となったからである[54]．しかし，もちろん，その「画期的前進」の解釈の範囲には限界がある．繰り返しになるが，こうした首長および議会の「公選」は，第1回仮沖縄諮詢会以来の住民側の要求であり，「政治的不安定」を理由に米軍政府によって延々と4年間も引き延ばされてきた課題であった．そ

して，シーツの「善政」がそうした沖縄戦終結以来の沖縄の広範な社会的政治的要求を受け入れるという形式を強調しながら，しかし，現実には，占領政策の失敗を突き上げる民衆，台風，そして中国革命によって緊張の度を増すアジア情勢におされて政策転換を迫られた結果，米国政府および軍部が協調してとった手だてであった．また，宮里政玄は，こうした「民主化」を敗戦直後の日本の占領改革と比較すれば，沖縄の場合，「恒久的な基地の建設を契機として」「民主化」がはかられたという点に本質的な違いがあり，両者の「戦後民主主義」の懸隔を指摘している[55]．

沖縄の恒久基地化をめざし，アメリカによる占領統治の正当性をいかに確立していくかは，対日講和条約締結の難関の一つであった日本の再軍備問題ともかかわるものでもあった．すでに見たように，マッカーサーは日本の再軍備に強く反対し，沖縄の軍事戦略的価値を強調した．しかし，中国革命の進展は，米国にとって，その対アジア政策全体の再検討を迫るものであり，最終的なNSC13文書が正式に大統領承認された直後，1949年6月，国防長官ルイス・ジョンソン〔Louis Johnson〕は，NSCに対して対アジア政策見直しを要請した．これは後にNSC49として日本の戦略的価値に関する政策文書となるが，ジョンソンは国務省の対中政策を牽制しながら，「アジア大陸で深まる混沌，ならびに共産主義的傾向」から，米国が日本の潜在的工業力と軍事力をソ連に明け渡さず，尚かつアジアにおいて「アメリカの軍事力を見せつける」のを可能にするために，日本占領の延長および対日講和条約締結後の基地権の確保，そして米軍と補完的な日本軍の創設を主張した．ここでNSC49が前提としているのは，NSC13のなかで示された琉球諸島の長期保有であり，日本の基地網と連関して沖縄を確保した上で，しかし海軍の観点からは沖縄の基地としての価値が低いとして，すでに商業用港湾へと転用が検討されていた横須賀が取り上げられ，基地権の確保を求めた[56]．

1949年10月4日の国務省作成のNSC49/1には，こうした軍部の要請が強く反映されることになった．それは，対日講和条約締結後も米軍が基地権を確保でき，尚かつ「治安維持および防衛のために軍隊を日本に創設する」と明記されているが，もしも日本再軍備を条約に盛り込めば他の連合国からの批判は必至であり，これを回避するには，条文上では日本の非軍事化を示し，その上

で基地権については対日講和条約とは別に二国間協定を締結し，再軍備については一定期間を経て再検討する，というものであった[57]．これが対日講和条約締結をめざす米国政府の前提，いわば講和条約へのステッピング・ストーンとなった．

　また，日本と沖縄の基地網は，フィリピンのそれと併せて，米国のアジアにおける死活的な「防衛線」として位置づけられ，NSC48 文書「アジアに関する米国の立場」のなかでも強調された．NSC48 はアメリカの冷戦戦略の政策的指針となった NSC68「安全保障のための米国の目的と計画」のアジア版とも言うべきものであった．NSC68 は，ケナンに代表される，いわゆる「封じ込め政策」に比して，軍事力をより強く重視し，防衛支出によって経済全体が刺激されて成長を促すという主張で，1950 年代の米国経済の軍事化の根拠となるものであった．1949 年 12 月，NSC48 のなかに，米国の冷戦戦略にそって，アジアにおけるアメリカの死活的な軍事拠点として日本，沖縄，そしてフィリピンの米軍基地の強化，また，アジア地域の米国の安全保障と各国の治安維持のための軍事援助と集団的安全保障を促し，そのための相互防衛援助計画とその MDAP 資金の運用が盛り込まれた[58]．

　米国政府が琉球諸島の長期保有と基地開発についてはっきりと国家政策として公表したのは，1950 年 1 月 12 日のアチソンのプレス・クラブ演説だが，その土台にはこうした政策決定があった．この演説の 2 ヵ月余り後の 1950 年 3 月末，陸軍省は 9000 万ドルの基地建設予算について国際入札を発表し，基地建設工事にさらに勢いがついた．しかし，アチソンの示した，アリューシャンから日本，琉球，フィリピンを結ぶ「不退防衛線 Defense Perimeter」という「鎖状の島嶼」のなかに含まれない大きな島があった．それは，中国内戦で敗走南下した国民党が逃れた島，台湾である．

4　二つの沖縄視察——琉球と台湾——

　琉球・沖縄と台湾の関係は，それぞれの日本，あるいは中国大陸との関係がいわば「中心」と「周辺」の関係が大にして重く捉えられるのに対し，いわば「周辺」同士の関係，あるいは「社会」間関係とでも言うべきものだろう．

八重山などの離島と台湾のあいだの人の移動や産業の移転，あるいは，日本による植民地支配下の関係などに関する研究蓄積がある．だが，沖縄現代史研究のなかで，とくに政治史では台湾への言及は管見の限りにおいて皆無である．しかし，実際に資料から見えてくる台湾の比重は決して小さいものではない．

　第5章でも触れたように，1948年8月のCIAの分析では，琉球諸島を中国国民党に与えることは，彼らの「台湾での失敗」を鑑みても米国の利益に結びつかないと述べられている[59]．これは1947年に国民政府が琉球諸島の領有権を主張したことに対する直接的な反応であるが，ここで「台湾での失敗」とは，具体的には記されていないものの，日本の敗戦による光復後の社会経済の混乱，二・二八事件とその後の台湾における政治暴力，国民党政権による抑圧的政策を指し示しているだろう．

　1949年4月，国共和平の交渉が決裂した後，人民解放軍は長江を渡り，翌5月25日には上海が陥落するが，その前後，台湾では敗走した国民政府によって軍事戒厳令がひかれ，6月末には懲治叛乱条例が公布された．10月1日，中華人民共和国が成立すると，1950年3月には国民政府は正式に台北を遷都し，朝鮮戦争の直前，6月初旬に戡乱時期検粛匪諜条例を公布，本省人外省人を問わず，体制に危険と見なされた人びとを「共匪」として無差別的に弾圧し，反共主義の嵐が吹き荒れた．この時期から1954年12月の中米共同防衛条約締結に至る時期が，いわゆる台湾における「白色恐怖」の時代である．「白色恐怖」は，台湾の現代史がその内部に抱えていた中国との，そして日本の植民地支配との関係から生じた矛盾が先鋭化したものであり，同時に，東アジアにおける冷戦体制の形成がもたらした過酷な人間と社会の破壊であった．1950年6月27日，朝鮮戦争勃発直後，米国は第七艦隊を台湾海峡に送り，そして，トルーマン大統領は「台湾中立化宣言」をおこなった．米国の両岸関係への直接介入によって，台湾における「白色恐怖」は徹底的かつ残酷なものになった[60]．

　1949年8月，沖縄がグロリア台風で打撃を受けた夏，中国人民解放軍は上海からさらに進軍南下し，福建に至った．そこは台湾海峡を隔てて蒋介石と向かい合う位置であった．8月19日付のクリスチャン・サイエンス・モニター紙は次のように伝えている．台湾問題が米中関係の文脈で国際的に微妙な含み

を帯びていることから，東京の連合国総司令部も米軍関係者もとくに台湾について言葉を濁すことが多い．しかし，実際のところ，多くの米軍幹部たちは以前から台湾を人民解放軍によって占領させてはならないという意見をもっていた．これまで，マッカーサーは対ソ戦略において沖縄がアメリカの空軍に優位性を与えるとしてきた．今，人民解放軍が破竹の勢いで台湾に迫っているとき，米国の政策はそこからさらに「軍事的封じ込め」に移行すべきなのだ．沖縄の空軍基地網から米艦隊が停泊しているフィリピンへと結ばれる「鎖状の島嶼の基地」を北端で投錨しているのは日本である．そして，「おそらく，台湾はこうした防衛線の外側だと考えられるだろう．しかし，もしも共産主義者によって台湾が奪取されてしまえば，その地理的な近接性のために，台湾の飛行場網，そして現実の，あるいは潜在的な台湾の産業資源とあいまって，決定的な軍事的脅威となるだろう」[61]．

　この時期，アチソンを中心とする国務省は「中国白書」を公表して国民党の腐敗を激烈に批判し，対アジア政策が日本を中心として，そして東南アジアを後背地として形成されるならば，中国の重要性がそれに応じて縮小されると考えていた．また，台湾に敗走した国民党に対する軍事的な保護を与えることに反対していた．その理由は，もしそうすれば，中国をソ連から引き離すという米国の戦略自体を後退させ，中国人の反米感情を刺激するということからであった．アチソンは，「われわれは同島を大陸の支配から切り離したいという思惑をむやみやたらと表に出してはいけない」と述べ，台湾への経済援助を遂行しても，軍事的関与はしないという方針をNSCに提出した[62]．

　しかし，JCSや国防総省は，そうした国務省の対中政策を批判し，台湾の防衛に対する軍事支援を主張した．もちろん，すでに1949年までには，JCSも中国内戦において蔣介石政権には見込みがないと考えていた．だが，国防総省は「対共産主義封じ込め」をより軍事的に解釈し，すでに見たNSC49の対日戦略，あるいはNSC48の対アジア政策にも反映されたように，こうした中国情勢を背景に日本での基地権確保を要求した．クリスチャン・サイエンス・モニター紙の，台湾が奪取されればフィリピン，琉球，そして日本への脅威になるという主張は，軍部，そして沖縄を重視するマッカーサーの主張と一致するものであり，また，JCSは台湾問題の進展と沖縄の戦略的重要性が関連するも

のだと主張し，それは，10月のNSC37「台湾に関する米国の立場」にも反映された[63]．

　沖縄の恒久基地化に向けたシーツ施政の急速な軍事基地建設と経済復興政策がうなりをあげてエンジンを吹かし始めたこの時期，ワシントンではNSC48をめぐる国務省と軍部の攻防が熱をおびたものになっていた．こうして台湾問題がクローズアップされるなか，琉球の軍事的価値が繰り返し問われることになった．10月半ばにできあがったNSC48草案は，軍部の主張が強く反映され，中国革命が決して穏健なものではなく，中華人民共和国を「揺籃期のうちに窒息させる」手だてがとられるべきだとし，そして，米国は共産主義に対抗するための「太平洋連合 Pacific Association」を作り，台湾の統治権を保持して，さらに「太平洋連合」の信託統治へと移行すると記されていた．また，軍事的な観点から守勢・攻勢両面で重要な「アジアの沖合にある鎖状の島嶼 the Asian offshore island chain」のなかに，日本，琉球，フィリピンに加えて，台湾が明示された[64]．

　これについて，国務省北東アジア課のジョン・アリソンは，「太平洋連合」は十分に検討されていないうえ，しかも，もしも米国が台湾の統治権を得たならば，中国が台湾を奪還しようとして，結果として第三次世界大戦を招く可能性があり，その場合米国の責任が発生するとして，こんなことは偶発的にも巻き込まれたくない事態だと述べている．アリソンらはこの草案の対中政策を骨抜きにするため，台湾への米国の介入を要求する部分をそぎ落とそうとした[65]．そして，12月15日付の草案のなかでは，「米国が政治的経済的な手段を通じて目標を達し得ないならば，そして，統合参謀本部の見解として，『我々の軍事力とグローバルな責務のあいだに当面の不均衡がある限りは……現在の台湾の戦略的重要性はあからさまな軍事行動を正当化しない』場合に，米国はフィリピン，琉球，そして日本に関する全般的な米国の立場を強化するあらゆる努力をすべきである」とされ，台湾は「沖合の鎖状の島嶼」から削除された．加えて，その「努力」として，NSC13の第5項に示された琉球に関する政策遂行を速やかに前進させるべきだと強調した．この文言は，最終的に承認された12月30日のNSC48文書に残された[66]．

　実際，軍部は台湾が奪取されるのを警戒してはいても，台湾そのものの戦

略上の重要性を明白にしてはいなかった．1949年11月，暮れから年明けにかけてアジア視察を計画していた国務省無任所大使フィリップ・ジェサップは，マッカーサーが台湾を「是が非でも」「共産主義者の手に渡さない」と主張すると同時に，「その島を管理することが本質的だとは思わない」としていると述べている．その上で，ジェサップは，マッカーサーは「依然として，米国は，大陸の沖合にある鎖状の島嶼のなかで，もう一つの絶対的な環である琉球を保持すべきだとの考えがある」と述べている[67]．また，NSC48文書が承認される前日のJCSと国務省の会合では，アチソンは，台湾問題や中国国内の反共勢力を支援することで中国を挑発し，中ソ関係を緊密にするリスクについてJCSを説得することに成功し，また，JCSは台湾が奪取されても日本や沖縄，あるいはフィリピンへの脅威にはならないということを認めるようになった．陸軍参謀のコリンズは，国務次官ディーン・ラスク〔Dean Rusk〕の質問に答えて，台湾と沖縄の戦略的重要性を比較したとき，大陸からの攻撃に対して台湾と沖縄にはさほど違いはないと述べた．実は，ここでのラスクの質問は，すでに撤退が完了した韓国と台湾の戦略的重要性の比較に関するものだった．コリンズは韓国の方が日本の防衛上重要だと応じたが，こうした国務省とJCSの関心については，コリンズがおこなった10月の琉球視察，そして，NSC48の国務省草案の作成チームには，琉球の保有と基地開発の国際的な公表が朝鮮からの米軍撤退を「心理的に」裏付けると述べた国務省北東アジア課のアリソンがいたことなどを想起してみる必要があるかもしれない[68]．

年明けのニューヨーク・タイムス紙は，こうした米国政府の対アジア政策と台湾問題への動きについて報じている．その内容は，もしも台湾が軍事的に特別な重要性がないとすれば，そして，米国が直接的な軍事介入をせず，尚かつ外部からの敵から台湾を防衛する別の手段があるとすれば，それは政治的心理的経済的な手法で台湾を内側から強化するということが本質的だというものであった．そして，その前提として，「米国にとって本物の防衛の砦」である沖縄の基地建設の「ここ数ヵ月の」加速ぶりがあげられている[69]．年末の国務省とJCSの共通認識は，台湾に（すなわち中国に）深入りせず，無謀な軍事介入によってリスクを負うことなく，そして，台湾を中国に引き渡すことを許さず，また中国を刺激することなく，アメリカがこの地域に関与する方法は，

ポイント・フォーなどの開発のための経済援助とともに，沖縄の長期保有と米軍基地の拡充であった．これが，1950年1月から3月にかけておこなわれた二つの沖縄視察の前提であった．

国務省無任所大使で，アチソンの側近であったフィリップ・ジェサップは，1949年12月から翌年3月までアジア13ヵ国を視察した．1950年1月9日，ジェサップはマッカーサーとのあいだで沖縄について次のような議論をしている．ジェサップとマッカーサーの共通認識は，アメリカによる占領，統治あるいは影響によってもたらされる利点をアピールすることが重要で，そうすればアジアにおいてアメリカの役割が正しく理解されるだろうが，沖縄ではそれがうまく実践されていないということであった．マッカーサーは，それはワシントンの失敗であって，総司令部の問題ではないと言い放った．そして，ジョージ・ケナンがやってくるまではレポートが増えるばかりで実践がともなわなかったが，最近になってやっと新たな軍政長官を任命したので，沖縄は貴重な拠点の一つになるだろうと述べた．マッカーサーはジェサップのための計らいとして，自分と側近たちが利用していた「バターン号」を用意し，本来ジェサップの訪日日程には含まれていなかった沖縄視察を促した[70]．

ディーン・アチソンがまさにプレス・クラブにおける演説で，アメリカの対アジア政策を開示し，日本がその中心に位置することを強調し，太平洋の「不退防衛線」から台湾を除外し，そしてその軍事的な要として琉球諸島の長期保有と基地拡充について触れていた頃，1月14日，ジェサップは「バターン号」で沖縄に到着した．ジェサップはジョセフ・シーツと沖縄に駐留する主力部隊である第20空軍司令官の案内で，沖縄の軍事施設や住民の施設等を見て回った．

視察報告では，まず，シーツの政策が米軍の軍紀を引き締めるとともに，住宅など駐留の物質的条件を向上させており，同時に，沖縄人の生活条件も発展しているとしている．米軍の内部では，兵士の性病感染率の低下，兵士の人種間の問題の解消，また，陸軍が空軍駐留を支えるという意識が広まり，軍内部の対立がないことがあげられている．沖縄人の生活や社会条件としては，琉球大学創設を含んだ学校施設の充実，沖縄の下請け業者による那覇軍港の港湾労働者の労務管理の効率化と生産性向上などが報告されている．この「下請け業

第6章 「シーツ善政」　　　　217

者」とは、元「みなと村」村長の国場幸太郎のことである。

　残された重大な課題の一つは、土地問題であった。土地台帳が戦争によって焼失しており、土地所有権が不明確なため、「土地改革」は沖縄で最も困難な課題だ、とジェサップは記している。しかし、もちろん、そもそも共同体的な土地・農地管理が浸透し、小作人が少なく、「琉球処分」以後に日本政府がおこなった土地整理事業によって生み出された小規模自作農が中心であった沖縄において、この「土地改革」は土地の再分配を指すのではなく、そのものすでに米軍が沖縄戦後に占領した軍用地について整理するか、あるいは契約制度を導入するか、ということであった。また、人びとの帰属意識について、ジェサップは、奄美を除いて日本との再結合を好ましく思う声は少なく、沖縄人は「アメリカが日本を破り、ずっと優れた国なのだから、日本と再結合するよりもアメリカと一緒の方がよいと考えている」という将校たちの見解を記録している。そして、この新たな基地建設と拡充のため、沖縄人労務者を大規模に雇用すれば、米軍兵士のための住宅建設のコストが安くすむだろうと述べている。こうした沖縄視察の印象から、全体として、ジェサップは「沖縄での我々の職務の成功は、我々がなし得ることは共産主義政権がやることとは対照的に、より大きな意義があるということを証明」するものだと結論づけた[71]。

　ジェサップはさっさと沖縄視察を済ませると、翌15日に台北に到着したが、このときにディーン・ラスクに宛てた書簡は、沖縄から台北への短い旅がジェサップにとっていかに憂鬱なものだったかが記されている。ジェサップは、アチソンのプレス・クラブ演説を「輝かしい」と絶賛し、それがいかに自分を歓喜させたかを述べたうえで、だが、明日は蔣介石に連絡しなければならないので怯えているが、自分がここに来たのは米国内の問題のために指示を受けたからであって、こちらから蔣介石に与えるものは何もないのだ、と書いている。そして、「私は沖縄訪問によって大いに勇気づけられた」として、次のように記している。「そこには新たな人材と新たな精神がある。シーツ将軍は達人だ！彼らにはやらなければならない厄介なことがたくさんあるが、まさに、しかも優れた精神をもってそれに着手しているのだ」[72]。

　こうした報告の後、1月31日、国務省は陸軍省のヴォーリーズに対して、国務省の立案した民事指令を受け入れるよう要請した[73]。それは、もう一つの沖縄視察、

写真8 嘉手納基地に到着したJCSのメンバー，1950年2月6日．左からブラッドリー統合参謀本部議長，ヴァンデンバーグ空軍参謀総長，コリンズ陸軍参謀総長，シャーマン海軍参謀総長，シーツ軍政長官，キンケイド第20空軍司令官．（沖縄県公文書館所蔵占領初期沖縄関係写真資料陸軍23［0000013357/05-20-1］）

JCSの四人のメンバーたち，オマー・ブラッドリー〔Omar N. Bradley〕，ロートン・コリンズ，海軍提督フォレスト・シャーマン〔Forrest P. Sherman〕，そして，空軍のホイト・ヴァンデンバーグ〔Hoyt S. Vandenberg〕による視察の最中であった．JCSの視察は日本，沖縄，グアム，ハワイ，アラスカで，1月29日から2月11日の予定であった．統合参謀本部の記録では，視察前のブリーフィングが二種類残されている．一つは，日付はないが確実にアチソンのプレス・クラブ演説の前に準備されたもので，もう一つは，出発直前の1月24日のものである．後者では，JCSは，アチソンが琉球諸島の長期保有と基地拡充の方針を公にしたことを強調し，今後継続的に琉球諸島の信託統治に関する協議を国務省とおこなうと述べたうえで，プレス・クラブ演説の前に作ら

れていたブリーフィングのなかで強調されていた台湾問題に関する部分が完全に削除された．ブラッドリーは，視察から台湾（とフィリピン）が除外されていることについて，記者団に答え，「それはアメリカの領土でもなければ，占領下でもないからだ」と述べ，決してそれ以上深入りしなかった．だが，非公式の会議の席上では，マッカーサーとの間で台湾問題についてかなりの時間を割いていた．ブラッドリーは，台湾は「我が政府に対して敵対的な者によって占拠されれば，ある種の戦略的価値をもつ」とし，また，視察報告では，台湾に関するコンセンサスをマッカーサーとの間で得たと記されている[74]．

　この視察直後，2月半ば，中ソ友好同盟条約が締結され，国務省の対中国政策の前提が崩され，台湾問題に対する対応は大きく変更を迫られることになり，米国内の台湾問題だけでなく，対アジア政策をめぐる軍部，国務省および議会の動きは激しく変動した．台湾を直接軍事的に保護するかどうかをめぐって，また，同島にある空港および港湾施設の軍事的価値の再評価だけでなく，米国にとっての蒋介石政権の価値を厳しく査定することを含めて，問題が再燃した．しかし，沖縄は，この段階で，もはや前年8月のグロリア台風の直後，「もしも共産主義者によって台湾が奪取されてしまえば，その地理的な近接性のために」脅威にさらされるだろうとされた「鎖状の島嶼」の一部ではなかった．もちろん，対日講和条約における琉球諸島の処理という難題が控えてはいたものの，それに先行して具体的な恒久基地化に向けての基地建設と統治政策の土台作りが着々と進行し，そうした国際的あるいは地域的な諸条件が障害になるというより，そうした諸矛盾を吸収しながら軍事的な担保としての島の要塞化が進み，既成事実が積み重ねられていた．

　JCSの視察の重点は，将来の戦略配備によって駐留する兵士のための施設づくりであった．直前のブリーフィングでは，沖縄の長期保有と基地建設の概要に加え，兵力配備の状況が加えられていた．この段階での在沖縄米軍の兵力は1万8000人で，沖縄戦終結時の米第10軍のおよそ10分の1の規模にまで縮小されており，その内訳は陸軍1万2000人，空軍6000人，海軍80人であった．そして，陸軍の場合に，歩兵部隊と対空砲火部隊併せて3500人で，残りは軍政や基地サービス関連であったことを考えると，全体的に兵力の比重が空軍に置かれていたことがわかる[75]．

写真 9 ジョンソン国防長官（左）を迎えるシーツ軍政長官，1950 年 6 月 22 日．（沖縄県公文書館所蔵占領初期沖縄関係写真資料陸軍 24 ［0000013357/05-31-1］）

　JCS の視察報告，あるいは記者団への応答は，とくに沖縄の米軍住宅の状況に向けられている．1949 年後半の基地拡充では，兵舎や兵士のための娯楽施設が中心であったが（ひいては兵士の性病感染率を低下させるという目的だったが），これについて，空軍のヴァンデンバーグは，兵士の生活環境が貧弱だと訓練された人員を集めるのに失敗するだろうと言い，JCS はその改善をさらに推し進める必要があると述べている[76]．また，RYCOM は，軍政部門において社会的インフラ整備，たとえば道路，交通機関，倉庫，学校，病院，放送局，大学，あるいはハンセン病療養所の建築整備，さらには乳児用粉ミルクの支給など，シーツ施政が始まってからわずか半年間で達成されたと報告している．3 月 1 日，RYCOM の民間情報教育担当官アーサー・ミード〔Arthur E. Mead〕は，こうした発展のなかで，沖縄人も米軍人も，そして，米軍政府にいる民間人もみな道義高揚し，「黄色にも白にも等しく，我々すべてに等しく

第6章 「シーツ善政」

希望がもたらされた。今、琉球のかかえる問題が、琉球からワシントンの陸軍省に至るすべての回路の司令官レベルで理解されていると確信をもっている」と述べた[77]。

3月30日、米陸軍は、前年に連邦議会が承認した5800万ドルから大幅に予算を拡大し、およそ9000万ドルの基地建設予算を沖縄に投下するとし、その方法として国際入札をおこなうと発表した。さらに5月、陸軍省は、1月以来放置されていた国務省の民事指令案による中央政府の設置に同意した。1950年6月、国防長官ジョンソンはブラッドリーとともに再びアジア視察をおこない、短時間だが沖縄に立ち寄った。6月23日、ジョンソンは、ワシントンへの帰路、アラスカのアンカレッジでニューヨーク・タイムス紙のインタビューに応え、「琉球の開発こそがアメリカにとって絶対的に死活的だ」と述べた。

1) 平良辰雄『平良辰雄回顧録・戦後の政界裏面史』(南報社、1963年)、46、50〜54ページ。
2) Frank Gibney, "Forgotten Island," *Time*, 54, 28 November 1949, pp.20-21.
3) Parks to CINCFE, 22 November 1949, Document E, Box 7, Tracy S. Voorhees Papers, Rutgers University.
4) Parks to CINCFE, 7 November 1949; Parks to Luce, 3 December 1949, Document E, Box 7, Tracy S. Voorhees Papers, Rutgers University. タイム・ライフ社は、「忘れられた島」の他に、写真誌『ライフ』でも沖縄の軍政を取り上げている。"The Okinawa Junk Heap: After Four Years of Neglect U.S. Tries to Clean up a Shameful Mess," *Life*, 19 December 1949. また、ヘンリー・ルースとアジアとの関係については、Michael H. Hunt, "East Asia in Henry Luce's 'American Century'," in Michael J. Hogan, ed., *The Ambiguous Legacy: U.S. Foreign Relations in the "American Century"*, New York: Cambridge University Press, 1999を参照。
5) 平良辰雄、前掲書、50ページ。また、『うるま新報』1949年12月2日も参照。
6) 『うるま新報』1949年12月3日。
7) Intelligence Summary, 1-31 December 1949, RG319, "P" file, 1946-1951, Intelligence Summary-Ryukyus Command, 1947-1950, Box 1856, NACP. また、鹿野政直『戦後沖縄の思想像』朝日新聞社、1987年、106ページ参照。
8) *Christian Science Monitor*, 18 November 1949.
9) 宮里政玄『アメリカの沖縄統治』岩波書店、1966年、24〜32ページ。
10) 宮里政玄「米国の沖縄統治政策、1948〜1953」『沖縄戦と米国の沖縄占領に関する総合研究』平成14年度〜平成17年度科学研究費補助金《基盤研究 (A)》研究成果報告書、課題番号14202010、研究代表者・我部政男、2006年3月、64ページ。琉球軍の設置に

ついては，Sebald to Secretary of State, July 16, 1948, RG 59, 740.00119 Control（Japan）file, NACP.
11）Sebald to Secretary of State, 14 September 1948, *FRUS*, 1948, VI, pp.844-45. また，宮里，前掲論文，64ページ参照．
12）ウェッカリングのUSAMGIKおよびUNTCOKでの活動については，*FRUS*, 1948, VI, p.1146; Bruce Cumings, *The Origins of the Korean War, Vol.II: The Roaring of the Cataract, 1947-1950*（Princeton, NJ: Princeton University Press, 1991）, pp. 72-78. を参照．
13）宮里政玄，前掲論文，64～65ページ．
14）ウェッカリングと日系二世の情報部隊との関係については，James C. McHaughton, "Nisei Linguists and New Perspectives on the Pacific War: Intelligence, Race and Continuity," Center of Military History, U.S. Army（2003年10月3日取得＝http://www.army.mil/cmh/topics/apam/Nisei.htm）．また，Brian Masaru Hayashi, *Democratizing the Enemy: The Japanese American Internment*, Princeton, N.J.: Princeton University Press, 2004, pp.16-39. John Weckerling, "Japanese Americans Play Vital Role in the United States Intelligence Service in World War II," *Hokubei Mainichi*, 27 October-5 November 1971 を参照．ウェッカリングは，日系二世情報将校について，「戦闘に必要な情報と心理戦の死活的な菌車」として，「ガダルカナルからアッツ島，さらに東京進駐に至るあらゆる作戦のあらゆる部隊に参加」し，日本降伏後も各地で占領政策に関与したと述べている．ウェッカリングはまた，功績をあげた将校として，占領初期の沖縄における海軍軍政で政治部の軍政官であったジョージ・P・マードックとともに活動したマサジ・マルモトや沖縄出身の将校の名前を挙げている．ウェッカリングは直接触れていないが，後にUSCARで沖縄統治政策に関与した沖縄系移民二世アメリカ人であるジョージ・サンキやロイ・ナカタといった人物たちも，MISLS等で訓練を受けた情報将校出身である．マルモトやサンキは朝鮮での占領にも参加した．
15）Eagles to Weckerling, 9 December 1948; Letter from Almond to Chief of Staff, Far East, 19 December 1948, RG 554, General Correspondence, 1949-51, Box 2, Government and Parties, 1949, NACP. 以下，この資料群をRG 554, Government and Parties と略す．
16）Memorandum by Weckerling, 4 January 1949, RG554, Government and Parties. また，宮里政玄，前掲論文，65ページを参照．
17）Green to Weckerling, 19 February 1949, RG 554, Government and Parties.
18）Green to Weckerling, 3 March 1949, RG 554, Government and Parties.
19）Weckerling to Green, 14 March 1949, RG 554, Government and Parties.
20）Arnold G. Fisch, *Military Government in the Ryukyu Islands, 1945-1950*, Washington, D.C.: Center of Military History, U.S. Army, 1988, p.115.（財団法人沖縄県文化振興会公文書管理部資料編集室編『沖縄県史　資料編14　琉球列島の軍政　1945－1950』宮里政玄訳，沖縄県教育委員会，2002年，98ページ）．
21）Weckerling to Eagles, 9 March 1949, RG 554, Government and Parties.

第 6 章 「シーツ善政」　　　　223

22) 稲嶺一郎『稲嶺一郎回顧録　世界を舞台に』沖縄タイムス社，1988 年．
23) Memorandum by Weckerling, 14 February 1949, RG 554, Government and Parties.
24) Weckerling to Eagles, 11 March 1949, RG 554, Government and Parties.
25)『うるま新報』1949 年 10 月 25 日．
26) Intelligence Summary, 1-15 November 1948. RG319, "P" file, 1946-1951, Intelligence Summary-Ryukyus Command, 1947-1950, Box 1856, NACP.
27) 嘉陽安春『沖縄民政府――一つの時代の軌跡――』久米書房，1986 年，275 ページ．
28) Heller to Green, 28 March 1949, RG 554, Government and Parties.
29) Weckerling to Green, 30 April 1949, RG 554, Government and Parties.
30) Green to Weckerling, 6 May 1949, RG 554, Government and Parties.
31) Weckerling to Green, 6 June 1949, RG 554, Government and Parties.
32) Feary to Bishop, 14 December 1948, RG 59, 740.00119 Control (Japan) file, NACP.
33) U. Alexis Johnson to Department of State, 14 June 1949, "Conditions on Okinawa," 8 June 1949, RG 59, 890.0146 file, Box 7182, NACP.
34) *New York Times*, 28 July 1949.
35) Message from CINCFE to DA, 29 July 1949, "A Report of Damage at Okinawa Caused by Typhoon GLORIA" file, Document Code 0000024278, Edward Freimuth Collection, OPA.
36) *New York Times*, 25, 27 July 1949.
37) *New York Times*, 6 October 1949.
38) Memorandum for Secretary of State, "U.S. Policy and Action in Asia," 18 July 1949, RG 59, Office Files of Philip C. Jessup, 1946-52, Box 13, NACP.
39) Butterworth to West, 29 July 1949, *FRUS*, 1949, VII, p.815.
40) Memorandum by Jessup and Allison, 23 August 1949, RG 59, Office Files of Philip C. Jessup, 1946-52, Box 13, NACP.
41) Notes concerning GARIOA and EROA Problems in the Ryukyus, 30 September 1949, Box F, Tracy S. Voorhees Papers, Rutgers University.
42) 宮里政玄，前掲書，27 〜 28 ページ．
43)『うるま新報』1949 年 10 月 25 日．新たに任命された民政議員は，平良仁一（大宜味村長），宮城敏男（開洋高校校長），具志堅興栄（屋部初等学校教員），稲嶺盛昌（北谷村長），当銘由伸（元労務部長），平良幸一（西原村長），山川宗道（元本部村長），島袋松五郎（野嵩高校校長），金城増太郎（三和村長），具志頭得助（那覇市議会議長），赤嶺恒春（鉄工所長），仲宗根朝武（元具志頭村長），武富セツ（首里高校教員）の 13 名で，戦前からの村長や教員がほとんどである．
44) 嘉陽安春，前掲書，275 〜 276 ページ．嘉陽安春は，1920 年那覇市生まれ，1943 年に東京帝国大学法学部を卒業し，貴族院事務局に勤務した．1946 年に沖縄に引き揚げている．
45) Voorhees to MacArthur, 11 October 1949, Box F, Tracy S. Voorhees Papers, Rutgers

University.　同文書は，沖縄県公文書館所蔵エドワード・フライマス・コレクションの以下のフォルダーにもある．"A Report of Damage at Okinawa Caused by Typhoon GLORIA," Document Code 0000024278, Edward Freimuth Collection, OPA.
46) Norvell and Martino to Voorhees, 18 October 1949, Box F, Tracy S. Voorhees Papers, Rutgers University.
47) Norvell to Voorhees, 20 October 1949; Nold to Voorhees, 4 November 1949; Box F, Tracy S. Voorhees Papers, Rutgers University. また，Nold to Chief of Engineers, U.S. Army, 28 October 1949, "A Report of Damage at Okinawa Caused by Typhoon GLORIA" file, Document Code 0000024278, Edward Freimuth Collection, OPA.
48) Civil Administration of the Ryukyu Islands, Vol. 9, No. 1, p.94.　宮里政玄，前掲書，27〜29ページ．
49) シャラー，前掲書，223〜233ページ参照．
50) *The Christian Science Monitor*, 28 November 1949.
51) 宮里政玄，前掲論文，68ページ．
52) シャラー，前掲書，261〜262ページ．
53) Butterworth to Secretary of State, 30 November 1949, *FRUS*, 1949, VII, pp.912-917. フィッシュ，134〜137ページ．この指令草案は，先に示したオヴァートンの視察と前後して国務省がおこなった太平洋諸島を専門とする文化人類学者ダグラス・L・オリヴァー Douglas L. Oliver の視察報告および勧告に基づいている．
54) 島袋邦「住民の政治的動向」宮里政玄編『戦後沖縄の政治と法　1945-1972』（東京大学出版会，1975 年），132〜133ページ．
55) 宮里政玄「アメリカの対沖縄政策の形成と展開」宮里政玄編『戦後沖縄の政治と法　1945-1972』（東京大学出版会，1975 年），24ページ．
56) シャラー，前掲書，255〜260ページ．また，我部政明「アメリカの基地網建設と『戦後』軍事戦略構想」『沖縄戦と米国の沖縄占領に関する総合研究』平成 14 年度〜平成 17 年度科学研究費補助金《基盤研究（A）》研究成果報告書，課題番号 14202010，研究代表者・我部政男，2006 年 3 月，86ページ．
57) 同上．
58) シャラー，前掲書，298〜321ページ．
59) CIA, "The Significance of the Ryukyu Islands".
60) 台湾現代史と「白色恐怖」について，日本語で読める文献は現在のところかなり限られている．丸川哲史『台湾ナショナリズム——東アジア近代のアポリア——』講談社，2010 年．また，証言や体験，ライフ・ヒストリーを通じた検証として，藍博洲『幌馬車の歌』草風館，2006 年．横地剛『南天の虹——二二八事件を版画に刻んだ男の生涯——』藍天文芸出版社，2001 年（光復から 1950 年前後を「台湾を含む全中国が『抗戦建国』から『和平建国』を模索し，民主革命を主題とした時代」ととらえ，とくにこの時代の両岸文化交流のなかで活躍した四川省出身の版画家で，二・二八事件の版画「恐怖的検

査」で知られる黄栄燦の生涯を通じて考察したもの）他参照．

61) *Christian Science Monitor*, 19 August 1949. この記事は，東京特派員ゴードン・ウォーカー Gordon Walker による．ウォーカーは沖縄戦時にも従軍記者として記事を送り続け，また，1949年11月のジョセフ・シーツへのインタビューもウォーカーによるものである．

62) シャラー，前掲書，274～287ページ．

63) NSC 37/8, The Position of the United States with Respect to Formosa, *FRUS*, 1949, IX, pp.392-397; Draft Notes for JCS Briefing Prior to Visit to the Far East, n.d. RG 218, Geographic Files, 1948-50, Box 21, NACP.

64) Draft of the Position of the United States with Respect to Asia, 14 October 1949, RG 273, Policy Papers, Box 6, NACP. また，シャラー，前掲書，309～310ページ．

65) Allison to Butterworth, 19 October 1949, RG 273, Policy Papers, Box 6, NACP.

66) Draft of Position of the United States with Respect to Asia, 15 December 1949, RG 273, Policy Papers, Box 6, NACP; NSC48/2, *FRUS*, 1949, VII, pp.1215-1220.

67) Memorandum of Conversation, General MacArthur's View on a Japanese Peace Treaty, 2 November 1949, RG 59, Office Files of Philip C. Jessup, 1946-52, Box 3, NACP.

68) Memorandum of Conversation by the Secretary of State, 29 December 1949, *FRUS*, 1949, IX, p. 467. また，シャラー，前掲書，319～320ページ．

69) *New York Times*, 1 January, 4 January 1950.

70) Memorandum of Conversation with General Douglas MacArthur, 10 January 1950, RG 59, Office Files of Philip C. Jessup, 1946-52, Box 3, NACP.

71) Notes on Okinawa Visit, 14 January 1950, RG 59, Office Files of Philip C. Jessup, 1946-52, Box 7, NACP.

72) Jessup to Rusk, 15 January 1950, RG 59, Office Files of Philip C. Jessup, 1946-52, Box 7, NACP.

73) 宮里政玄，前掲論文，69ページ．

74) *Christian Science Monitor*, 3, and 13 February 1950; JCS 2106, Notes on Visit of the Joint Chiefs of Staff to Alaska, The Far East, and the Pacific, 13 March 1950, RG 218, Geographic Files, 1948-50, Box 21, NACP.

75) Draft Notes for JCS Briefing Prior to Visit to the Far East, n.d.; JCS Briefing for Far East Trip, 24 January 1950, RG 218, Geographic Files, 1948-50, Box 21, NACP.

76) JCS 2106, Notes on Visit of the Joint Chiefs of Staff to Alaska, The Far East, and the Pacific, 13 March 1950, RG 218, Geographic Files, 1948-50, Box 21, NACP; *Christian Science Monitor*, 13 February 1950.

77) Mead to Voorhees, 1 March 1950, Box F, Tracy S. Voorhees Papers, Rutgers University.

第7章

自主沖縄
―― 占領初期沖縄における政治社会 ――

1 「政治的な子どもたち」の隠喩

　1949年11月末，AP通信社の記者は，シーツの政策について次のようなことを書いた．シーツ長官の下，米軍政府が引き受けている仕事とは，

> 島の経済を立て直し，住民を自立させることである．その仕事には島民――つまりは「政治的な子どもたち political children」――を可能な限り自分たちの力で自分たちを統治できるよう訓練することも含まれているのだ[1]．

　このとき，「政治的な子どもたち」とは一体誰を，あるいは何を指していっているのだろうか．もちろん，記事では「島民 islanders」と言っている．しかし，具体的な誰かのことを指しているわけではない．「政治的な子どもたち」という表現は，植民地統治を「文明」と置き換えた19世紀あるいは20世紀の植民地官僚たちの視点を彷彿とさせる表現でもある．AP通信の記事は，あたかも米軍政府の提灯持ちのような記事であった．つまりは，統治は厄介だが，「子どもたち」が米軍政府の意図にあわせて自ら成長するよう，米軍政府は彼らを導く責任があるのだというアメリカの自画像である．だが，すべてはあくまで米軍が恒久基地を獲得するためであった．
　彼らは，占領意識は露わであるが，米軍は実際に彼らと交渉していた沖縄の指導層たちをどのように見ていたのだろうか．たとえば，比嘉秀平という戦後の一人の指導者に対する評価を見てみよう．戦前に早稲田大学で英語を学び，沖縄に戻って教員をしていた比嘉は，戦後は沖縄民政府の知事官房室で通訳・

翻訳を引き受けていた一職員であった．それまで比嘉には行政経験も政治経験もなかったが，その語学力と温厚な人柄によってだんだんと沖縄民政府の中枢の幹部の一人になっていった．沖縄議会問題の混乱後，1950年3月，比嘉は米軍政府が設置した臨時琉球諮詢委員会の委員長に指名された．比嘉は，群島知事選挙では平良辰雄を担ぎ出し，その後，彼とともに社会大衆党の結成に加わるものの，やがて群島政府が解消されると，1952年に設置された琉球政府の行政主席に任命され，軍用地問題では「一括払い」に反対したが，1956年10月，島ぐるみ土地闘争の最中に急死した．

　米軍政府が見ていた比嘉秀平の能力とは，一言で言えば「翻訳」の力，つまり彼の語学力であった．比嘉の主観がどうだったかを知る手立てはないが，CICの側では，比嘉秀平について，「英語を読み，書き，話し，さらに英語で考えることさえできる，ほんのわずかしかいない沖縄人の一人」と評している．米軍にとって重要だったのは，英語を正確に理解する具体的な能力はもちろん（それは結局のところ，訓練の問題であるのだが），米軍の意図するところを正確に汲み取り，それを沖縄人にわかるように伝達する能力をもつ指導者を得ることであった[2]．

　しかし，単に英語の問題だけなら，北米生活の長かった松岡政保の方が，比嘉よりもずっと流暢かつアメリカ人に慣れた態度で英語を使いこなしたはずである．だが，松岡は，工務部長として沖縄民政府知事の決裁抜きで復興費用をさばき，直接米軍に張り付いていたものの，米軍政府にとって必ずしも扱い易い人物ではなかった．松岡はアメリカから具体的な利益を引き出したが，米軍は松岡を便利だが政治的には「日和見主義者」と見なしていた．米軍からすれば，彼は米軍政府への協力を全面に押しだしつつも，実は自らとその身内の利益に最も敏感で，そのためには「共産主義者」であろうが付き合うことを厭わない人物だと見なされていた．かといって，志喜屋孝信は煮え切らず，米軍には従順でも反抗する連中を強く押さえつける力量がないと見なされていた．また，又吉康和や当間重剛といった有力者は，軍政への協力を唱え，確かに沖縄では相当の実力者であったが，その思惑を推し量れない相手だった．一方，政治活動を活発におこない，とにもかくにも沖縄民政府の人間たちよりも強く「民主主義」を叫ぶ沖縄議会の瀬長亀次郎と仲宗根源和の2人は，米軍政

府にとって一筋縄ではいかない「トラブル・メーカー」であり，とくにこの時期，米軍は声高で強引な仲宗根を厄介な存在だと見なしていた．仲宗根は，うるま新報社長という肩書きをもつ瀬長ほどは保護すべき対象をもっていないため，逆に「合法的」に弾圧する手段が少ないと考えられていた．

　比嘉秀平の呼び名は「翻訳課長」からやがて「渉外課長」に変わっていった．1949 年から 1950 年にかけてのこの時期，沖縄諮詢会においてワトキンスが求めた「上意下達の政治」，あるいはウェッカリングの言った「アメリカ流のデモクラシー」の「教化」は，琉球の統治体制の確立と「翻訳」をもって実現しつつあるように見えた．しかし，米軍にとってそうした「政治」が軌道に乗るかのように思われた瞬間，実はそうした「政治」の限界もまた，その軌道に並行して目に見えるものになっていった．

　冒頭で触れた「政治的な子どもたち」のヴィジョンのなかで，「子どもたち」が「自立」あるいは「自分たちの力で自分たちを統治」するという部分は，実は核心的な問いである．「自立」は近現代の沖縄史を通じて，そして，今日尚，沖縄の大きな主題であるが，しかし，占領のヴィジョンのなかでは，それはあらかじめ「政治的な子どもたち」の主体化として囲いこまれ，政治には居場所がないことになっている．

　しかし，たとえ米軍政府がどのように考え，振る舞ったとしても，もしも人にはどうしても譲ることができないことがあるとしたら，事態はどういうものになるのか．また，人はどの道を行くべきなのだろうか．占領支配の重力に耐えかねてうずくまるのか（志喜屋孝信の「忍従」），占領支配の一端を担うのか（軍政の安定に協力する比嘉秀平の「翻訳」），あるいは米軍からあえて利益を引き出すのか（松岡政保にとっての「工務部」）．それとも，現実政治の重力に逆らい，隙間を拡げ，その空間のなかに政治を，つまり，自らの力で自らを再生させる場を作り出し，それを出口とするのか．そして，それを一体誰が，どのように担うのか．

　占領初期，そうした自らの力で再生するための政治は，「民主」と「自治」，あるいは「自主」という言葉によって表現された．この時代について，「独立論の時代」あるいは「青雲時代」として語られることがあるが，実際には安易な賛美を当てはめられるほどは単純ではなく，むしろ，占領初期の「民主」「自

治」,「自主」の政治は，占領の構造と矛盾を反映し，混沌として，葛藤をはらんでいた．

　本章では，その課題が問われた1949年から1950年にかけておきた三つの出来事,「人民戦線」「人民文化事件」「群島知事選挙」について，沖縄側と米軍側双方の資料から具体的に跡を辿りたいと思う．この三つの出来事は切り離せない一連の出来事である．しかし，前者二つについては，これまでまとまった研究はほとんどない[3]．群島知事選挙については，これまで，宮里政玄や比嘉幹郎，新崎盛暉等による通史的な叙述における分析がある．この他，近年の考察として，群島知事選挙と農村問題の連関に関する鳥山淳の考察があるが，群島知事選挙の経過については，ほぼ比嘉幹郎の考察に依拠している[4]．

　この三つの出来事は，占領支配の下の「民主化」と沖縄の民衆にとっての「民主化」「民主」との間の矛盾の表出である．そして，それは1947年に「周回遅れ」で走りだした自主的な政治とそれを担う主体が，占領と冷戦の力学のなかで現実政治の壁に直面し，そこで生じた矛盾のなかで葛藤をかかえながら，さまざまな政治意識や行動，論理を表明していく過程である．同時代，第二次大戦終結を契機とする世界史的段階のあらわれとして，条件には凹凸がありながらも地球上のさまざまな地域において，人びとにとっての「自主」の政治が問われた．沖縄においても，そうした世界の他の地域と同じように,「自主」と「民主」は切り離すことのできない，二つにして一つの問いであった．

　1949年春，沖縄では，喰うや喰わずであった民衆が食糧問題を契機として占領政策に抗議していた．当時『うるま新報』にいた池宮城秀意は，占領政策問題を掘り起こすような記事を書くたび，米軍将校が「革命が起きてしまう」と怯えて注意しにやってきたものだったと述べている．そんなとき，池宮城は，米軍将校に向かって,「沖縄側にはカービン銃一本もありゃしない．革命などとんでもない」と一蹴した[5]．しかし，5月1日の「メーデー」の日，池宮城は，沖縄戦で負った傷の癒えない足を松葉杖でかばいながら那覇の人民大会に出かけた．そこに集まった2500の人びとは，演説に耳を傾け，拍手を送り，あるいは共感の声をあげた．人びとは，まるで米軍が放出した払い下げが「人民服」であるかのように，一様にだぶついたカーキの開襟シャツにズボン，帽子を身につけていた．

2 「人民戦線」の背景

「人民戦線」とは，沖縄民主同盟，沖縄人民党，そして社会党という三つの戦後初期政党が合同して，所得税と物資値上げの撤廃要求を背景に，1949年4月から5月にかけておこなわれた統一的な政治行動である．「人民戦線」は高度な自治をめざした知事と議会の公選，憲法制定，所得税廃止，米軍補給物資増配を掲げていた．これを単に政党の合同として，あるいは時期を限定して考えると，「人民戦線」の意義を十分にとらえることはできない．

占領以来，米軍政府にとって，沖縄における自主的で統一的な政治行動は警戒の対象であったが，1948年末から1949年春を一つの転換点として，米軍の警戒はより冷戦的二元論あるいは反共主義的な色彩を帯びるようになった．1948年末のCICの情報報告では，米軍政府は，自給困難で生活基盤を米軍に依存する他ない沖縄の住民の軍政への協力は不可避である以上，沖縄では抵抗的暴力はあり得ず，治安維持の重点は「占領当局に対する組織された『受け身の抵抗』」であるとしていた．しかし，その後2, 3ヵ月のうちに，食糧値上げに端を発する各地の集会や陳情書，沖縄議会の総辞職問題が起こり，占領政策は破綻寸前に追い詰められていった．そして，それが目に見えるようになればなるほど，米軍は民衆の政治的な言動や活動に対する監視を強めるようになった．その過程の一部はこれまでも明らかにしてきた通りだが，もちろん，依然として米軍政府は住民の自治能力を過小評価し，「『完全な自治政府』を享受した経験のない民族」という一方的なレッテル張りを変えようとしなかった．しかし，「人民戦線」の大衆行動によって，「受け身の抵抗」が大衆運動へと発展する可能性はないという米軍政府の見解は変更を迫られていた[6]．

米陸軍戦史編纂所の『琉球列島の軍政』のなかでも触れられているように，この時期以降，米軍政府は，軍政に対する批判と見なされたものを何でも「共産主義者」と決めつけ，その監視を強めるようになった．そして，とくに日本本土の共産党との関係を疑い，あるいは中国革命や朝鮮戦争の影響，また台湾との関係を含めて，東アジアの地域的な構造変動が反映される形で「共産主義者」の洗い出しを始めるようになった．こうした傾向は，後の人民党事件や琉

大事件，あるいは島ぐるみ土地闘争などの民衆抵抗への弾圧など，1950 年代の沖縄における反共主義的なさまざまな事件や抑圧的な政策へと続く前史である．

実際，沖縄社会を対象とした情報収集をおこなっていた CIC，すなわち米陸軍第 526 対敵諜報部隊は，1948 年から 49 年にかけて人員を増やし，キャンプ瑞慶覧のなかの米兵墓地跡に新たな事務所を構え，1949 年秋には，つまり，中華人民共和国の成立，あるいはシーツ施政が始まると調査部門と政治部門を統合強化し，さらに 1950 年に入ると日本本土を活動対象としていた第 441 対敵諜報部隊の下で訓練を受けるようになった．監視の対象となる「破壊活動」の対象範囲も，現象そのものだけでなく，潜在的に関連すると見なされた個人や集団，さらにイデオロギー活動へと拡大され，日本，ソ連，台湾，そして朝鮮からの引揚者に対する調査までもおこなわれるようになった[7]．

「人民戦線」という呼称が使われる以前，三つの政党の統一的行動の重要性が提起されたのは，1948 年 8 月頃という記録がある．とくに，沖縄人民党では，浦崎康華が「沖縄のすべての政治党派を一つにまとめる」ことを提案している[8]．こうした提案の直接の契機は食糧配給停止問題であるが，米軍政府が食糧配給を停止するという恫喝をおこなった背景には，各市町村からの港湾労務やその他の軍労務への労務者供出の停滞があったことは，すでに触れたとおりである．しかし，米軍政府が場当たり的に，そして恫喝的に食糧配給の停止命令を繰り返したことは，たとえ沖縄民政府が「忍従」によって，つまり，沖縄民政府の責任において各市町村に労務者供出を確約させると言わせてみたとしても，実際には配給の問題を超えて，逆に占領下の沖縄の社会変革のさまざまな課題を浮かび上がらせる契機となった．

たとえば，8 月 22 日の沖縄人民党第 2 回党大会では，食糧配給の改善要求に加えて，「最大限の土地解放に依る疎開者の復帰」といったスローガンを採択したことは注目に値する[9]．沖縄人民党の 1947 年の結成綱領では，土地問題に関する政策については，単に「土地の適正分配」という表現が掲げられるのみで，依然として観念的な面があった．1947 年 7 月の沖縄人民党の結成時点では，まだ日本本土や旧日本支配地域からの引揚は始まったばかりであり，また，各民間人収容所からの再定住も流動的な段階であった．しかし，1948

年半ばを過ぎ，引揚による人口変動や旧居住地域への再定住過程での問題が顕在化し，また，中南部地域の米軍基地によって占拠されている土地はいっこうに返還される見込みがなかった．第2回党大会のスローガンには，食糧配給をめぐる問題の根本的な解決方法は，土地の返還に基づく自給を目指した生産活動の再開であるという認識が出てきている．

ただ，現実として，この時点でも，沖縄人民党は軍政批判を強めているわけではなかった．また，沖縄人民党と沖縄民主同盟の統一的行動は，提起はあったものの具体的に進展してはいなかった．しかし，前章で見たように，「住民管理」に反共主義的な色彩がより明白に持ち込まれるようになった1948年8月のRYCOMと沖縄だけを対象としたCICの設置，続く9月のFECOMのRMGSの設置，そして，ウェッケリング准将の就任という契機によって，米軍政府とCICは，こうした提起と直接的な人間関係を「人民戦線（Popular Front）」の試みであるとして，強い監視の対象と見なすようになっていった[10]．

また，すでに述べてきたように，1948年10月上旬のリビー台風の被害は大きく，食糧配給停止問題の直後からの沖縄社会の状況，とりわけ農村部の困窮は火急の事態へと発展しつつあった．しかし，島の自然とともに生きる農民たちも，あるいは彼らをとりまとめる各自治体の首長たちも，実は，困窮の根本原因は台風ではなく米軍による土地の占有にあると見ていた．台風に襲われた直後の10月18日，中部地域の越来村（現在の沖縄市）から沖縄民政府に提出された陳情書を見ると，戦前の耕地面積のおよそ8割が米軍によって占拠されており，そのために農業が著しく零細化し，農民たちが生活苦から土地の放棄，あるいはその危機に直面していると述べられている．また，11月12日には，沖縄全地区市町村長会が，農耕による自給回復を求める陳情書を提出している[11]．

こうした社会経済的な危機は，人びとのあいだに「忍従」に終始する沖縄民政府への不信感を募らせ，政治の貧困に対する批判を生み，その克服の方法として知事や議会の公選要求が高まっていった．米軍政府もまた，琉球諸島の長期保有と基地開発の米国の国家政策としての確立の過程のなかで，安定した軍政協力が得られる沖縄の「自治政府 self-government」を作り出さなければならないと考えていた．しかし，第6章で触れたように，極東軍司令部のオーモ

第7章　自主沖縄

ンドによる1948年12月19日付マッカーサー宛報告では，米軍政府は，不安定な経済状況と政治状況の混乱を理由に，「自治」のための選挙は時期尚早であると考えていた．米軍政府，そしてウェッカリングのRMGSは，ワシントンの政策決定と，破綻しつつある占領政策を突き上げる沖縄社会の要求との間で板挟みの状態にあった．

　こうしたなかで，軍政副長官の陸軍大佐グリーンが提示した打開策の一つは，「選挙をおこなうに先だって」「保守的な政党の創出」を目指し，それを「6ヶ月」で成し遂げるということだった．しかし，それは眼前で起こっている事態に対して，あまりにも現実味を欠くものだった[12]．実際，グリーンは工務部長の松岡政保や翻訳課長の比嘉秀平に注目していたが，ウェッカリングは松岡について，仲宗根源和と懇意にあることから，警戒心を隠さなかった[13]．こうした「保守政党の創出」という米軍政府の欲求は現実には早急には満たされず，その間に，沖縄社会はさらに占領政策の矛盾を突き上げるようになっていった．

　2月の所得税導入と配給物資値上げは，沖縄の民衆の強い抗議を招いた．沖縄民政府は「忍従」するのみで役に立たなかった．CICの報告によれば，住民の代表者は，次々と米軍政府に食糧価格値下げを直接訴えに押し寄せるようになっており，グリーンはこれを「陳情書の洪水」と呼んだ．また，各地で住民の集会が繰り返し開催され，そうした集会は，それまで50人，100人という規模であったものが，2000人規模の集会が相次いで開かれるようになっていた[14]．北部地域の本部警察署長の談話として，こうした事態が続けば，「沖縄は共産主義化する危険がある」と述べているというCICの記録が残されている[15]．「共産主義化」とは，実際にそうなるというよりも，治安維持をしようとする側の恐怖の極端な表現であって，それは人びとの不満が手に負えない状態に近づいているのではないか，という彼らの率直な印象を表している．

　沖縄民政府のみならず，米軍政府もこうした不満が溢れ出すのに対して打つ手がなかった．米軍政府にできたことは，実際，単に恫喝することだけであった．沖縄議会は，海軍の軍政下で「民主主義」の制度として残され，議員選挙こそおこなわれなかったものの，仲宗根源和と瀬長亀次郎が補充されて維持されていた．議会は，沖縄知事に対する諮問機関として，ほとんど飾り物のように数ヵ月に1度ほどの頻度でしか招集されなかったが，米軍政府と沖縄民政府

の上意下達の垂直的権力関係に対して，それでも民政府とは別の政治空間として存在し得る可能性が残されていた．議員たちは，事態打開を目指し，3月1日，総辞職を決議し，3月2日，志喜屋沖縄知事に辞表を提出した．これに対して，知事は8日，議会を招集して問題の解決を図ろうとしたが，全議員が議事をボイコットし，流会という事態になってしまった．沖縄民政府は社会の不満と米軍政府の間で板挟みとなり立ち往生した．米軍政府にとって，こうした事態がワシントンに伝われば，ただでさえ遅れが指摘されている琉球軍政の能力が疑われることは火を見るより明らかであった．

沖縄民政議会の議員たちは，その総辞職の理由について，以下のように述べている．

> 民政府の今までの議会運営は誠に非民主主義的であり無計画であり乱脈そのものであった．（中略）設置の翌年1947年以来は三ヶ月に一回または四ヶ月に一回それもいやいや乍ら招集し特に税金賦課予算編成民政府機構その他最も重要な事項についても三，四時間の短時間にこれを処理せんとして恥じざる事実は我等沖縄議会の存在を無視せりと言われても文句はない筈である．特に軍補給物資の値上げ等に関する最近の重要事項に付いての諮問も敢て之をせず安閑としてその職についている状態である．我等二十三名の議員は「住民に責任のもてる強力な民政府の樹立と決議機関としての新沖縄議会の設置を要望しつつ」，総辞職を決意せるものである[16]．

米軍政府のグリーンはこの総辞職を突っぱねた．グリーンは議員たちを米軍政府に呼びつけ，今回の議員総辞職という事態は「高圧的な策略」であり，「共謀」であり，米軍政府はこれを絶対に認めず，そうした「小さい子供のように拗ねた態度をとることは沖縄への害になるのみであって今後さう云う事件は絶対黙認しない」として，「政府機構を正常に動かすために非常手段をとらねばならないかも知れないが又そうすることに躊躇しない」と発言した[17]．

ここでもまた「子ども」という隠喩が登場するのだが，しかし，沖縄民政議会はこのとき，グリーンの強硬な対応に対して，決して「拗ねた態度」で臨んだのではなく，むしろ軍政下の諮問機関としての限界をぎりぎりまで利用しよ

うとしていた．民政議会の代表者たちは，グリーンを再度訪問し，「設置以来民政府との連携協力を要望してきき容れられず，現在の民政府の態度では議員として軍民両政府に協力すべき余地も使命も充分に果たすことが出来ず沖縄人の幸福をはかることは困難である．我々の陳情を諒とされるなら総辞職以外の道も考えられる」として，再度要望事項をまとめて提出した．その要望とは，（1）議長および副議長の議員互選，（2）議会の定期開催，（3）4分の1以上の議員連名による議案提出権および臨時議会招集権，（4）議会による会期決定，（5）議員の発議権，（6）軍政府係官の傍聴，（7）委員会設置と各部門の議案・請願・陳情書その他の審査（予算案等），（8）議会事務所および専任書記の設置，（9）議員に対する会期中日当（遠方からの議員など），であった．しかし，1949年10月，米軍政府が議会解散後に設置した新たな民政議会では，米軍政府が認めたのは6の軍政府係官の傍聴のみである．そして，沖縄知事の志喜屋孝信は，議員全員に対して「和睦状」を送り，その内容は「議員諸氏の総辞職の報に接しまことに憂慮に堪えません．何卒過去の事は凡て水に流し沖縄復興のため今後御互に御協力下されん事を御願い申し上げます」というものだった[18]．志喜屋は知事としての自らの限界をさらけ出すしかなく，この頃になると，実際に軍民協議会を主に仕切っていたのは比嘉秀平であった．

沖縄民政議会は3月25日に再招集されるが，それはこの「和睦状」のためではなかった．民政議会はより具体的であった．3月末から4月にかけて，議会は沖縄民政府に対して，所得税の過重負担，納税対象者の調査不十分，失業対策を追及し，さらに民政府の提示するデータを検証するため，議会が主体となった生産と補給物資に関する実態調査の実施を決めた[19]．さらに，ここで最も重要なのは，やがて「人民文化」事件や群島知事選挙に関連することになる沖縄人の軍労務賃金と工務部の復興資金の使途が初めて具体的に追及されたことである．

4月21日，民政議会では，まず，渉外課長となった比嘉秀平から1949年度のガリオア・エロア資金の説明がおこなわれた．このなかで，議会側は，米軍の労務の賃金が村売店の売上金によって賄われることを問題にし，これは結局沖縄人の軍労務が「無償」で提供されるという貨幣の「循環政策」ではないかと追及した．民政府は，米軍政府によれば，軍労務賃金が今後部隊別になる過

渡期にあたり，現時点では労賃に振り分けられる分を復興資金に回したと説明した．では，復興資金はどうなっていたのか．松岡政保が提示した翌1950年度復興資金7億5000万円の予算案は，8割弱が土木建築や港湾，電気整備の各部門であるが，全体の12％が「予備費」に当てられ，それは「戦災耕地復旧」に当てられた予算およそ8400万B円を上回る額で，尚かつこの「予備費」のうち1％，およそ90万B円は「工務部長権限による使用」となっていた．議会は，この予算案が米軍政府の提示なのか，それとも沖縄民政府のものなのかを追及したが，松岡政保はこれが沖縄民政府でもなければ，米軍政府でもなく，工務部の立案であると述べた．加えて，所得税について，議会側は，沖縄民政府による生産高調査が議会による調査に比べて3000万円も上回ることを指摘した[20]．こうした沖縄民政府の「軍民協力」の実態は，疑わしくてもこれまでは水面下にあって，はっきりと人びとには知らされていなかった．民政議会は制度としては制約が多く，しかも戦後公選によって成り立ったものではなかったが，しかし，その短い会期のうちに，こうしたことを初めて公に知られるようにすることができた．

　1949年3月から4月にかけて，東京のRMGSにいるウェッカリングと米軍政府のグリーンの間ではこの事態をめぐるやりとりが続いた．それは，一日も早く沖縄民政議会を刷新し，いかに「共産主義者」を効果的にそこから排除するか，そして，この混乱に乗じていかに行政府と議会をすげ替えるかという内容であった．ここで「共産主義者」とされているのは，瀬長亀次郎と仲宗根源和であった．しかし，少なくとも新聞に掲載された短い議事要約だけ見ても，民政議会は瀬長や仲宗根が議事を牛耳るという内容ではなかった．沖縄議会は確かに任命議員によって成り立っており，前章で触れたように，嘉陽安春の言葉を借りれば戦前の「翼賛選挙」で選出された議会であった．しかし，たとえそうであったにせよ，この時期，各議員たちは「沖縄の実情」を正確に把握すべきだという考えをもち，実態調査やデータをもとにして議事を進めていた．かれらはグリーンの言うような「拗ねた子供」の態度では決してなかった．また，当のグリーンは，この時期，沖縄議会の議事を掲載している「うるま新報」を何とかして廃刊に追い込むか，あるいは別の形で追い詰めたいと躍起になっていた．それはうるま新報社社長が瀬長亀次郎であるということだけでは

3 「人民戦線」

　民政議会での沖縄民政府に対する追及がおこなわれていた時期，4月12日と13日，沖縄人民党，沖縄民主同盟，そして社会党の指導者たちは，統一行動のために会議を開いた．その課題は，1948年度の所得税撤廃，知事公選，そして，食糧不足への対応であった．そして，民政議会が復興資金の使途や予算案を追及した翌4月22日，三党は再び会議を開き，合同演説会の開催を決定し，ポスターの配布等の準備を始めた．そして，こうした統一行動を「人民戦線」と名付けた[21]．

　この日出された声明書は，「琉球知事並に議会を公選し速かに憲法を制定せよ」「1948年度所得税を全面免除せよ」，そして，「自治体制の確立するまで軍補給物資を増配せよ」という3点のスローガンを掲げ，協力して危機に対処する旨を確認するものであった．そして，こうした要求は「琉球民族の自主性を確立し平和琉球建設のために」解決されるべき問題なのだ，と述べている．興味深いことは，三党が組織した「人民戦線」に対して真っ先に反応したのは米軍政府ではなく，実は沖縄民政府であったということである．三党の決定の翌23日，沖縄民政府情報課は米軍政府に宛て，「人民戦線」の声明の内容を直ちに報告している[22]．

　4月末，「人民戦線」を呼びかけるポスターが街頭にはりだされた[23]．「人民戦線」の「人民」はいったい何を意味していたのだろうか．この点で関連するのは4月25日付「うるま新報」の報道である．「うるま新報」は，この呼びかけは「沖縄民族戦線の結成をめざ」すものであると伝えている[24]．「民族戦線」という見出しは，三党が組織した「人民戦線」の「琉球民族の自主性を確立し平和琉球建設のため」という声明から引き出してきたものである．また，この記事にさかのぼる2ヵ月前，民政議会総辞職問題が起こる直前，瀬長亀次郎は「うるま新報」に「知事選挙について」という論説を寄せているが，そのなかで瀬長は「琉球民族」の「民族主権の確立」，あるいは「琉球民族の解放」と

写真10 人民大会の演説に耳を傾ける聴衆,那覇,1949年5月1日.写真左,眼鏡をかけ,左脇下を松葉杖で支える池宮城秀意.("Third Year of Ryukyuan Politics." 526th CIC Detachment, RG 554, RCAS, Reports and Studies, 1947-1950, Box 1, NACP.)

写真11 露天劇場での人民大会,那覇,1949年5月1日.("Third Year of Ryukyuan Politics." 526th CIC Detachment, RG 554, RCAS, Reports and Studies, 1947-1950, Box 1, NACP.)

いう表現を使っている[25]．ここで重要なのは，瀬長は，戦前の翼賛政治に惑わされた者を「大衆」として「民衆」と区別し，その上で「民衆」「民」を「民族」とほぼ同義に用いていることである．加えて，注目しておかなければならないのは，この論説のなかで，繰り返し「民族」にふられたルビが「たみ」となっている点である．「民族」という言葉にまつわる近代日本の国家主義と軍国主義的な背景を考えれば，瀬長の「民(たみ)」という言葉に置かれた強勢は明らかで，「民」が「民族」「民衆」「住民」「民主政治」「人民」という言葉をつないでいる．「民衆」にも「たみ」というルビがふられている場合もある．つまり，「民族」は文化的なエスニックな括りというよりも「人民」，すなわち，「歴史を動かす者」という意味として，「人民」と「民族」は互換的に使用されている．「人民」と「民族」の互換は，各地での人民大会の演説の随所に見られる．

「人民戦線」は，1949年5月1日，那覇で最初の合同演説会を開催した．それは「人民大会」と呼ばれた．「人民大会」は那覇のアーニー・パイル国際劇場を皮切りに，5月2日には糸満町役場前広場，4日石川市宮森初等学校，さらに6日には名護の東江初等学校の計4ヵ所で開催された．CICの記録では，那覇ではおよそ2500人が参加し，そのうち女性が500人であったとされている．さらに糸満でも2500人，石川では2000人，そして名護では5500人の人びとが参加した[26]．CICは，「弁士たちは，回を重ねる毎に，米軍政府と占領に対する批判についてはっきりと，より大胆になっていった」としている[27]．5月1日，那覇での浦崎康華の発言は，この人民大会をメーデーに合わせた意義を次のように表現している．

> 私たちがこうした運動を5月1日に始めるということは記憶すべきことなのだ．なぜなら，今日この日，世界のあらゆる場所で，民衆の力を見せつけようと人びとが集っているからだ[28]．

人びとは5月1日に集まった．それは「メーデー」であり，労働者・勤労者の祝祭と同日であった．とはいっても，集まった人びとは米軍払い下げの服を着て，軍での労務は日雇い，あるいは何かあればすぐに労務カードを取り上げられ，やむにやまれず物資の抜き取りをすればカービン銃をもった米兵やフィ

リピン・スカウトに追われ，生き延びることに必死の「人民」であった．

　沖縄民政府総務部長は，5月11日付で米軍政長官宛に「三党合同演説会記録概要」を報告している．その記録から演説の内容を見てみよう．「概要」はまず，「人民党，社会党及民主同盟の三政党は夫々各党の揚ぐる自党の政策綱領を離れ」，先の三つのスローガンを掲げ，「共同戦線をはり民族戦線と呼称，或は人民大会の名の下に民意を結集するため」，合同演説会を開催したとする．そして，その論点を，税金の全額免除と「失業者の発生に伴ふ生活不安の助長」を訴え，さらに「知事公選，議会議員の公選及議会の役員を糾し連に憲法を制定すべきであるとし併せて知事選挙を目的として知事選挙運動に暗躍するものを警戒せよと主張」したと述べる．

　確かに演説は先に示した3点のスローガンのうち，とくに税金問題や失業者問題に集中している．当然，それは，具体的には沖縄民政府に対する批判であった．「知事や議員になる者は憲法制定を約束し得る人でなければならない」「民政府は軍政府のメガホン」「御役人は軍政府のお先棒をかついでやって居る．斯かる指導者が雲上に居る故に琉球住民は苦しみ入らねばならないのである」であるといった批判は，「民政府批判は軍政府批判である」とした米軍政府の警告ぎりぎりの発言であった．

　興味深いのは，この「概要」のなかでは，米軍政府に対する直接的な批判の記録は限られていることである．アメリカを直接批判した発言者の名前を具体的にあげているのは1ヵ所だけで，それは人民党の弁士が「人民は結束して支配者たる軍政府と闘はなければならない．軍作業面の三万の失業，離島，伊江，伊是名の飢饉はアメリカの責任である」と述べているところである．しかし，この部分の記録を沖縄民政府が残したのには理由があるようである．弁士は，そうしたアメリカ批判をする前に，中国革命に触れ，「中共軍の勝利は民族結集の勝利である」と発言している（これも「人民」と「民族」の互換に当てはまる）．「概要」は，弁士の，おそらくもっと長い演説であったものをこの二つの話題の部分だけを結合させて切り取っている．こうした「概要」の構成は，米軍政府への批判が沖縄民政府への批判の延長にあるというよりも，「人民戦線」，とりわけ沖縄人民党が中国で展開する革命の影響を受けているかのように強調して，沖縄民政府に対する批判を「共産主義の影響」だからだとし

第 7 章　自主沖縄

て，責任転嫁しようとしているようである[29]．

　一方，実際のCICの記録は，「概要」のそうした気のつかいようとはほど遠く，もっと直接的に米軍政府あるいはアメリカ批判に集中したものであった．第6章で触れたように，沖縄民政府が使い物にならず，志喜屋孝信知事以下，幹部たちの首をすげ替えたいと最も強く願っていたのは，実は米軍政府だったのだから．CICが注目したいくつかの発言を見てみよう．

> 1948年の所得税を例にとってみよう．米国は不可能な要求を沖縄の人民に対してやっているのだ／米国は琉球の支配者である．我々は，支配者が人民を食わせる手だてを怠った国で革命が起こるという多くの事例を知っている／我々の敵は沖縄民政府ではなく，米軍政府である／我々は，我々の自由を奪っている米国とその政府に対して徹底的に闘わなければならない[30]．

　また，CICは，演説のなかで，「ハワイ人たちは米国にその生得の土地を奪われ，今では1万人いたカナカ人たちは700人にまで減っている」という発言にも注目している．ハワイへの言及がアメリカ批判として記録されているという点は，たとえば第5章で言及した「領土的取得」という選択肢を含めたジョージ・ケナンの「強弁」に見るように，NSC13の決定と琉球諸島の国際的地位に関するアメリカの議論に関する認識に深くかかわるものだろう．

　この点に関連して，CICの記録，あるいはRMGSの記録では，「人民戦線」は"Popular Front"と表記されているが，それ以上に頻出するのは，「民族戦線」にあてた"Racial Front"という表記である．通常，「民族戦線」といった場合に，"National Front"という訳語があてられるのが一般的であり，"Racial Front"という訳はあり得ない．この"Racial"とは，単にCICのエージェントのうっかりした間違いではない．それはアメリカ史で繰り返されてきた民族＝エスニック集団を「人種化」するという思考を反復している．米軍は沖縄の住民の自己主張に遭遇したとき，それを"race"，つまり，ある「人種」の結束と主張と認識した．これは，先に触れた「人民」と互換的に使用された「民族」とはまったく異なるものである．

弁士たちは，税金問題や食糧配給問題から，さらに米軍用地として占有された土地の問題を大きく取り上げながら，「人民」「民族」「自主性」を主張した．もちろん，米軍政府とアメリカに対する批判は，弁士たちは必ずしも同じ強度ではなかった．社会党の大宜味朝徳は，「終戦後南洋に於て半年間アメリカ軍とつき合ってよくわかりますが，アメリカ人は話せばわかる民族です」と言ったが，沖縄の民衆はすでに4年も米軍とかかわっていた．だから，「アメリカ人は話せばわかる」というレベルの主張を改めて聞いたところで，占領批判を沈静化するのに何の役に立たないことは明らかだった．こうした大宜味のアメリカに対する楽観的な態度は，後述するが，「人民戦線」の結束のひび割れにつながるものとなった．しかし，この時点では，大宜味は，「人民戦線」の意義について，民政府の「形式的な政治」を批判し，「吾々自体が政治に参与する」という点をあげ，こうした自主性の獲得という目標において他の政党の弁士たちと共通する地平を維持した．

　大宜味に比べて，瀬長亀次郎の発言は，「食わしてくれるアメリカ」「食わせてもらっている沖縄」という認識においてよりリアルである．

> 沖縄の現状を考へ見るに先ず土地が足りない，食糧が足りない，衣類が足りない，漁船が足りない，総べて足りないずくし[ママ]である．亦一方多過ぎる点を申し上げますと人口は多過ぎる，税金は多過ぎる，犯罪は多過ぎると列挙に暇無にかかはらず昔から理想郷土とは足りない事多過ぎる事の無くなってはじめて築かれるものであります．そうかと云って今でも金がありさえすれば市場に行きますと食べたいものは幾等でもある．常に板挟みにされる者は貧乏者である．（中略）沖縄の現状として，土地も足りない，肥料も足りない，農機具総べて足りないずくしで，若し，琉球民族よ，自給し給へと云ふものならば徹底的に吾等仇敵と看なしてよいのであります．（中略）軍作業員五万の中二万人を残して三万人減其の外に農村に於ける潜在失業者迄合計約十万近い失業者を誰れが救ひ誰れが仕事を与へるか，民政府では当然出来ない．其れでは琉球民族がやるか，然し決して吾々の出来ることではありません．十万の失業者はやっぱりこれはアメリカに依頼する依り外無いのであります．

瀬長は，こうした状況にあるからこそ「人民戦線に意義」があると述べ，「沖縄に於ける最善の指導者」を出すには，「力を結集して平和的に職場を同じくして居る弱き人々がお互で組合を作つたり，或ひは会を作り其の結集より代表を出す事」だとした．ここで興味深い点は，その小さな結集の単位を「政党」に集約させるのではなく，「組合」や「会」といった小規模で有機的なアソシエーションの必要性に言及していることである．ここで，瀬長は必ずしも労働運動を強調しているわけではない．また，「会」の中身も具体的には触れていない．しかし，解散させられた那覇港湾自由労働組合の試み，あるいは，必ずしもアソシエーションにまで至らずとも，食糧問題を訴える農民たちの個人的あるいは集団的な訴え，各市町村における試み，さらには沖縄民政府の諮問機関として議決権を持たず，活動を限定されていた沖縄民政議会など，占領下の権力関係によって制約を受けていたにもかかわらず，穏健な形であってもさまざまな形で表に出てきた．こうした行動は，一つ一つは局所的で力量も小さく，また，試みの途中で挫折をしているが，そうした行動の蓄積がなければ，「人民戦線」の呼びかけに応じて，相当数の人びとが各地の人民大会に参加することもなかっただろう．

　また，他の弁士たちは，「人民戦線」のもう一つの重要な論点として，土地問題への言及を繰り返しおこなっている．たとえば，仲宗根源和は，土地問題に言及し，借地料も支払わず米軍は土地を占拠しているが，「アメリカが土地を買ふと云ふても売ってはなりません」と述べ，こうした問題は「何処までも請求する」べきであるとした．また，以下の演説記録には弁士の名前が記載されていないが，土地問題への言及は重要である．

> 戦に依りまして土地は荒れて，中南部の重要地が米軍の使用地として使用され，那覇市は其の全部を軍用地として使用してゐるのであります．その上，戦前沖縄本島内に四九万の人口が，終戦後他府県等より帰還致しまして五四万を数へてをり，特に留置場にある留置人の如きものでありまして，留置人より税金をしぼる様な如きものであります．

この弁士は,「人民総束となって,我々の支配者たる軍政府と闘はなければなりません.ばらばらになっては民族の団結はありません」と述べている.土地を譲ってはならないという主張は,1950年代の島ぐるみ土地闘争の前史にあたる発言である.

　同時に,この発言は,「占領」を空間化する一つの厳然たる事実を表している.弁士の比喩は誇張でも何でもなかった.島は外側と内側,両方の壁によって閉じられていた.島のなかでは米軍によって閉め出され,また,島の外に出ようとしても,米軍の「住民管理」の下,どこにも自由に行くことは許されなかった.故郷の島に暮らしていながら,さながら島は「留置場」なのだという表現は,占領から4年が過ぎ,人びとが気づいた自分たちの置かれている現実をそのまま言い表したものであった.

　「人民戦線」のスローガンの最初にあげられながら,しかし,人民大会の演説では具体的に展開できなかったのは,「琉球知事,並に議会議員を公選し速かに憲法を制定せよ」という要求であった.その実現のための具体的な議論こそ,「人民戦線」がこの人民大会を出発点として,強力に進めていかなければならない課題であった.人民大会の演説は「多大の感銘を与へ」,聴衆は「絶えず拍手を為し」ていた.5月6日,名護の人民大会では,「人民戦線」の三つのスローガンに「賛同すると共に之を全幅的に支持し,文化琉球再建に邁進せん」として決議文を採択した[31].

4 「人民文化」事件

　占領初期の沖縄において,自律的で自由な言論空間というものが果たして十全な形で存在し得たかといえば,否である.それは,沖縄民政府や米軍政府,アメリカに対する自由な批判ができないということに加え,まず,そもそも紙やインク,活字,印刷機はすべて米軍からの物資に頼らなければならず,自由経済に移行した後でも,そうしたものを手に入れるにはかなりの資金と流通手段,あるいは米軍とのコネが必要だった.それでもこの時期になると,複数の新聞(日刊と週刊),そしていくつかの雑誌が登場するようになっていた.そうした戦後沖縄の新たな言論空間として登場した雑誌のうちの一つが「人民文

化」であった．池宮城秀意の証言によれば,「人民文化」はこの時期のいくつかの雑誌のなかでも比較的部数を出し，青年層を中心によく読まれていたとされる[32]．

1950年夏,「人民文化」は，知事候補の一人である松岡政保と彼が長を務める沖縄民政府工務部の復興資金の使途不透明を盛んに追及していた．そして，投票日の直前，突然米軍政府から発行停止処分を受けた．この処分は，沖縄現代史では，群島知事選挙をめぐる不可解な出来事の一つとして,「人民文化」事件と呼ばれている．復興資金を具体的に追及した文章を寄せたのは，瀬長亀次郎と編集部であり，瀬長は沖縄人民党から群島知事選挙に立候補し，また，編集長の仲里誠吉は群島議会議員選挙に立候補した[33]．後に，仲里は「人民文化」が「事実上の党機関紙」とする方針で発行されたと述べているが，そうした方針が実際にあったかどうかは別として，確かに「人民文化」は沖縄人民党に近い立場の人間のかかわったメディアであった[34]．しかし，そうした「党機関紙」という位置づけでは,「人民文化」という雑誌，あるいはそれがなぜ群島知事選挙の過程で処分を受けたかについて，十分に理解することはできない．雑誌や新聞とは，文字通り「媒介(メディア)」であって，編集者や発行者だけでなく，著者，広告，販売，印刷等々，そして，何よりも読者がいて，さまざまな人間がかかわって成立する．

「人民文化」について検証するうえで，まず,「人民戦線」の結果何が起こったかについて触れないわけにはいかない．「人民文化」創刊号の発行は，まさにその瓦解の時期と一致しているからである．

「人民戦線」はどのように瓦解していったのか．それは，沖縄人民党の瀬長亀次郎と「うるま新報」編集長の池宮城秀意の逮捕がきっかけであった．これについて，CICは次のように記している．

> 1949年5月7日，沖縄民警察と米軍政府保安部将校，そして財産管理部は，法的な所有権の決定が保留にされていたうるま新報社の印刷機と他の所有物を押収した．瀬長亀次郎と池宮城秀意はともに逮捕された．逮捕は，他の政治指導者たちの一部の間でかなりの憶測をよび，多くは，瀬長の逮捕は政党合同演説会での演説の直接的な結果だと信じた．その結果，逮捕後

の数週間，政治集会は一度もなく，政治指導者たちは政治について語るのに気が進まない状態であった．しかし，瀬長とその他の者の逮捕は，合同政治集会と関連はなく，逮捕者たちの未登録の米軍政府財産の所有の摘発があった予備検査の結果であった[35]．

　この逮捕について，CIC は「政治集会とは関連はな」いと言っているが，それは本当だろうか．第6章で見たように，米軍政府は「人民戦線」の結成以前から，「うるま新報」を潰したいという欲求をもっていた．グリーンはその機会を狙っていた．「うるま新報」は米軍の宣撫工作を目的として発刊されたことはよく知られているが，実際には1948年以降，そうした米軍政府の管理から脱し，独立採算による経営に転換していた．このため，グリーンはなかなか手を出すことができなかった．しかし，沖縄議会問題の延長上で，「人民戦線」の演説会に対して断固とした態度を示したいと考えていたグリーンは，5月6日，名護での人民大会がおこなわれた日，米軍政府の保安部長ポール・スキュース〔Paul Skuse〕を那覇の人民大会の会場であったアーニー・パイル国際劇場に送り込み，その所有者である高良一を米軍財産の所有（発電機等）を理由に逮捕した．グリーンは同様の理由によって，瀬長亀次郎と「うるま新報」を追い込んだ[36]．

　スキュースは，この事件の直後，警察部長の仲村兼信を東京の RMGS のウェッカリングのところに派遣している．スキュースは，ウェッカリング宛の書簡のなかで，仲村が「心底から軍政府に協力的」であり，軍政府の「判断基準」を考究するのに，沖縄の政治の現状に関する仲村の知識は役に立つだろうと述べている[37]．

　グリーンにとって朗報だったのは，社会党の大宜味朝徳の離反であった．大宜味は，こうした米軍政府の動きを知るや，警察署に駆け込み，「自分の政党はこの連合から離脱し，彼らは共産主義的であると思われ，彼はその一部ではない」と述べた．大宜味を使って，「人民戦線」を米国に敵対する行為に仕立てることで，「沖縄人民党と沖縄民主同盟を解散させる」という計画について，グリーンはウェッカリングに報告した[38]．

　ウェッカリングの応答は，米軍政府の本音を伝えて，興味深いものがある．

第7章 自主沖縄

「琉球人の考え方に影響を及ぼしている心理的な要因」として,琉球人は「4年間もの間,手を伸ばしさえすればアンクル・サムの情け深い恵みで腹を満たすのに慣れてしまっている」のであり,米国は「彼らに喰わせ,衣服を与え,とんでもなく安い価格で物資を与え」,しかもそれはたいがい「タダ同然だった」.もちろん,「琉球人たちは,こうした気前のよく差し出される慈悲が無くなるのを望んでいない」.だが,「彼らは戦争が,つまり本質的にはアメリカが彼らの家や財産を破壊する原因だったと思っている」.そのうえ,「アメリカが現在,沖縄の戦略的利用価値から相当の優位性を得ようとしていると確信して,米軍施設が占領している土地の使用の支払いを望んでいる」.そうだとすれば,琉球人は「過去4年間に得たあらゆるものが,実は米国からの贈り物だということを忘れてしまっているということだ.そして,彼らは,戦争のとき,それが強制であろうとなかろうと,米国に敵対する日本人の側に付いて役割を果たしたということを忘れてしまっているのだ」.そして,グリーンの計画について,次のように答えている.「我々は,これ以上,交戦中あるいは交戦直後のようには琉球人を扱うことはできない」し,そうした「占領」は終わったのだ.つまり,「慈悲深く」与えたり,反抗すれば戦時法規を振りかざすということでは済まないというわけである.「軍事占領は単に技術的な意味で存在している」のであって,「我々は敗北した民族を管理する目的で琉球諸島に兵力を配備しているのではない.主として戦略的な理由からそうしている」.そして,「二,三人の共産主義者の告訴とか政党の解散が,米軍政府の問題を解決するとは思われない」と述べた[39].

ウェッカリングはもちろん,「共産主義者」の排除を望んでいたが,そのやり方には注意を払う必要があると考えており,グリーンもイーグルスも,この点ではうまく立ち回っていないように思われた.もっと別な効果的なやり方が琉球には必要だとするウェッカリングにとって,この時期沖縄に送り込んだ稲嶺一郎の報告は重要なものだった.ウェッカリングと稲嶺の関係については,すでに第6章で触れた通りだが,1949年3月から6月にかけての稲嶺の視察の目的は,琉球諸島における「反米的な感情の原因」と「共産主義者の動向」を探ることであった.稲嶺は,およそ70日余り沖縄に滞在し,数多くの有力者と会い,各地を視察して回った.そして,視察報告のなかで,沖縄民政府が

「共産主義と闘うのに何の考えもなく，無知で覇気がない」として，「共産主義の浸透の可能性を除去するため」に，「a) 反共政党の組織化，b) 民主的で親米的な新聞の発行，c) 民主教育の活性化，d) 健全な中産階級の成長，e) 米軍政府に対する反感の除去，f) 警察組織の統合と警官の教育」が必要だと述べた[40]．

　この報告書は，実際の視察から1年後の1950年3月になってから東京の領事館から国務省に送られている．その理由は，稲嶺一郎がこの時期になって東京を引き払い，すでに入域が制限されていた沖縄に戻るため，米国領事にアプローチしたためだと思われる（実際に稲嶺が沖縄に戻ったのは朝鮮戦争勃発の時期である）．稲嶺はこのとき，自らが沖縄で「反共政党を組織する」と領事に伝えている[41]．ウェッカリングは稲嶺が視察から戻ってすぐにこの報告を受け取っていたはずである．稲嶺の提案は，徹底した反共主義，そして「アメリカの民主主義」の「教化」という点でウェッカリングの考えと一致していた．

　多岐に及ぶ報告のなかで，稲嶺は，「教化」に関連して，沖縄の知識層や青年層について次のように記している．占領下の沖縄では，知識層の人びとは，「新しい書物を読むことができない」ため，「澱んで世間ずれした知識にしがみついている」．青年たちは「高等教育を受けられず，卒業しても肉体労働をするか，見込みのない仕事につくしかない」．そして，そうした人びとを導くために，稲嶺は，「反共的で親米的な新聞」の発行が，「啓蒙とプロパガンダ」のために必要だと述べている．

　稲嶺が「澱んで世間ずれした」と評した言論状況のなかで，それでも米軍管理下から脱し，自律的な言論空間を小さいながらも作り出していた「うるま新報」は狙い撃ちされ，瀬長亀次郎と池宮城秀意が逮捕され，「米軍財産」とされた印刷機その他の資材を没収された．「うるま新報」はそれでも圧力によく耐えてなんとか発行を続けていたが，8月，瀬長亀次郎はうるま新報社の社長を辞任し，政治活動に専念することになった．CICは，逮捕の余波，そして社会党の「人民戦線」からの離脱以降，1949年10月頃まで，沖縄の政党活動は比較的活発さを欠いていたとしている．実際に，この時期には台風の影響を含めて，活発な活動は見られず，演説会や集会の記録も少ない．そうした，米軍政府によって政治活動が切断され，あるいは結束の内側に亀裂が明白になり，

第 7 章　自主沖縄　　　　　　　　　　　　　　　　　249

表面的には政治活動が沈静化している時期,「人民文化」は発行を始めたのである.

　「人民文化」は，1949年6月5日に創刊された．その内容は,「琉球経済の自立」「議会のナンセンス」「増産の科学化」「農村物価」といった時事問題を扱ったものから,「演劇の民主化」あるいは短編小説や詩の創作があり，また,「民衆のメガホン」という投稿欄が設けられている．執筆者も必ずしも沖縄人民党に関係する人物たちではなく，沖縄民政府や貿易庁の関係者なども含まれている[42]．ここで注目したいのは,「人民文化」の発行許可と実際の創刊が3ヵ月ずれているという点である．米軍の認可は1949年3月に出されており，記事の執筆時期を見ると，3月から5月にかけて，つまり，沖縄議会のボイコットから「人民戦線」に至る時期にあたっている．つまり，ここには，1949年春の時期，占領政策を具体的に批判し，各地での集会が開かれるなど，占領が始まって以来初めて具体的に社会変革の願望が「声に出される」という社会の状態が反映された空気があらわれている．「人民文化」創刊号にはそうした，いわば「人民戦線」的な特徴があるが，それをあえて，瀬長や池宮城の逮捕や「人民戦線」の瓦解のなかで発行しているのである．「編輯の言葉」には次のようにある．

　　「人民文化」は働き且つ考えるすべての人の雑誌であり真の人民文化確立
　　のために人民大衆によって利用され人民大衆の手によって育てられ人民大
　　衆の知識と娯楽となるための雑誌にしたい．（中略）言論を他から押しつ
　　けられることなく大衆自らの自覚によって衆知を集めることによってお互
　　いの社会を明るく建設していきたい．

　創刊号の記事は，失業や農業に触れたとしても，たとえば，米軍将校との個人的な交流の印象記として,「アメリカン・デモクラシー」とは何かといった内容もあり，米軍政府やアメリカに対する敵対的な言説はなく，CICが警戒対象とするイデオロギー的な構成は見られない．しかし，言論状況を少しでも解放された空間として作り出そうという意気込みが見られ，それは編集の担い手であった20代から30代の青年層の「戦後」意識のあらわれでもあった．ある

いは，この時期の沖縄の「街頭」「街路」の空気が反映されている面もあるだろう．CIC の記録のなかで，しばしば，食糧問題をめぐる各地の集会などについて，「街路の弁士たち street-corner speakers」という表現が出てくるが，たとえば，この当時 20 代の労働者青年で，1980 年代から 2000 年まで長らく那覇市長を務めた親泊康晴は，その回想録のなかで，1950 年前後の，こうした「街頭」での演説や集会に出かけ，弁士の言葉を聴き，刺激を受け，それが長い政治家としての人生で最初に政治に触れるきっかけだったと述べている[43]．

　ウェッカリングの言う「政治教育」も，そうした言論空間に食い込むべく，この当時，沖縄民政府に「琉球弘報」を発行させ，米軍政府の「成果」を公にすることを始めるようになった．「琉球弘報」は写真を多用し，同じタブロイド判の「うるま新報」とは比較にならないほどカネがかかっていた．しかし，稲嶺一郎も報告しているように，それには「ほとんど誰も関心を寄せなかった」．実際，米軍政府の将校たちの経歴や活動，米国国内の「民主主義」とその制度に関する冗長な記事は，沖縄の民衆生活と何の関わりがあるのかと問われても仕方のないものばかりだった[44]．また，米軍政府は，各政党や「人民戦線」などがおこなった演説会に対抗し，米軍政府や民政府の政策を住民に伝えるため，沖縄民政府に対して，各地で演説会を開催するよう命じ，実践もされたようだが，これはあまり効果を生まなかったようである[45]．

　「人民戦線」の瓦解の後の 7 月発行「人民文化」第 2 号には，「付録」として，池宮城秀意作「沖縄の義人・謝花昇伝」の上演台本がある．さらに第 3 号（1950年 1 月発行）には，謝花昇の「未亡人訪問記」が掲載された．また，その記事には，辛亥革命に参加したとされる新垣弓太郎の訪問についても触れられている[46]．長い記事ではないが，しかし，謝花の「自由民権」や新垣の行動に，たとえ憧憬に過ぎないとしても，「抵抗」や「民主」「自主」の像を見るという注目のあり方は，「人民戦線」前後の青年層の関心を知る上で重要である．

　CIC と米軍政府が「人民文化」に対して強くマークし始めるのは，この第 3号以降からである．それは，一つには，編集長の仲里誠吉が 1949 年 11 月の那覇市長選挙に沖縄人民党から立候補したこと（結果は落選）[47]，また，「人民文化」が占領政策や経済復興について，あるいは農村の疲弊や地方自治体における汚職，労働問題，警察官による暴行事件等々，具体的な政治経済社会問題

について具体的に踏み込んだ分析記事やルポルタージュを掲載するようになったためである．記事の書き手には，うるま新報社を退職した瀬長亀次郎，また，上地栄など，人民党員も多くいた．同時に，農村問題をめぐる座談会では平良辰雄らが参加したりするなど，「人民戦線」的な結びつきを残している．

「人民文化」事件に結びついていく復興資金に関する記事は，発行停止にされた7月号以前にも，第5号（1950年4月）の「援助金とその運用について」，また，第6号（5月）の「平和の擁護と沖縄」があり，その他にも農村の疲弊状態のルポルタージュや軍労務で働いている労働者に関する記事などにも散見される．事件になった7月号の発行は，米軍政府特別布告第37号「群島政府知事および議員選挙」の公布と重なっていたことから，直ちに出馬表明した工務部長・松岡政保に対する「人身攻撃」であるとして処分を受けたが，実際にはそれ以前から問題の追及記事は始まっていた．興味深いことは，CICは，「人民文化」は，第5号がそれまでの謄写版から活版刷へと切り替えられ，それまでの500部という限られた販路と発行部数から，一気に4倍の2000部にまで部数を増やし，そのうち1000部が那覇，北部と中南部で各500部になったとして，販路の拡大を警戒していたことである[48]．

「人民文化」7月号は今日，瀬長亀次郎による「復興費の行方」を除き，その現存する冊子を確認することができない．おそらく発行後，群島知事選挙前後に回収され，処理されたのかもしれない．現存する「復興費の行方」を見てみると，これは情報としては必ずしも新しいものではなく，実は，すでに見た，1949年3月から4月にかけて沖縄議会で復興費問題を追及した際の資料を詳細に説明したものであった[49]．一部はその当時「うるま新報」に報道されていたが，瀬長亀次郎はさらに種目別，あるいは自治体ごとに問題点を明らかにした．とりわけ，自治体ごとの復興費の分配は，「その政治性との関連」があることを指摘し，ごく限られた市町村に建築，土木，港湾，あるいは農地復旧のための予算が高額配分されていることを示した．ここでは，松岡政保とその出身村である金武村の関係など，具体的な関係に触れているわけではないが，戦争被害の激しかった中南部の市町村への分配額の割合に比べて，戦災があまりなかった北部町村の異常に高い分配率は，数値を見れば一目瞭然であった．

瀬長亀次郎は，復興費の性格について，まず，「戦争で破壊されたこの島の

建築，土木，港湾，高地を復興し，人民の利益になるように公平に使用されるためのものである．従って，この莫大なお金は一工務交通部の人達のものではなく人民のものであ」り，「工務部長に陳情やら，お世じやらをしなくとも」公平に分配されるべきであるとし，また，その使途はもとより計画までもが知事はおろか財政部長でさえも関わっていないのだ，と述べている．この問題が沖縄議会で追及されてからすでに1年以上経過していたが，問題は解決されるどころか，ますますこうした状態が固定化していた．その間に，「人民戦線」は瓦解し，議会は解散させられ，名目上の民政議会が任命され，議会問題を追及していた「うるま新報」も慎重にならざるを得なくなり，この問題を具体的に追及する「場」は失われていたが，「人民文化」はそれを取り上げ，再び人びとの注意を喚起しようとした．

　CIC は，1949年3月末に米軍政府が「人民文化」の発行を許可した際，仲里誠吉と人民党の関係に気づかず，「雑誌が政治目的に使われるとは予想していなかった」と記している[50]．では，CICの言う「政治目的」とは何なのか．それは端的に言って，米軍政府にとって警戒すべき「共産主義のプロパガンダ」に使われるという意味である．しかし，そうした「政治」は沖縄の社会的現実，そして，そこで始まった「政治」と同じではない．CICが記録している「人民文化」第7号の記事のなかで，著者不明の「奴れい根性」という短い文章があるので引用してみたい．ここではCICが日本語から英語に訳したものをさらにもう一度日本語に訳すため，やむなく二重の翻訳になるが，文意をつかむには十分だろう．

　　私たちは，働きたくても仕事を見つけることができない．私たちは，月給や労賃を稼げる立場にある人たちでさえも，財布の帳尻をあわせることができないという世界に生きている．農地は荒廃している．人びとは貧窮して惨めな生活を送っている．「私たちは敗戦国民なのだから，どうしようもないのだ」と言う人がいる．違う，決してそうではない！ 豊かでなくても自分たちで復興を果たした敗戦国民はいるのだから．もしもすべての人間が団結すれば，大いなる力を得る．戦争屋の野望を打ち砕き，くい止め，そして平和を守る唯一の方法は，団結して闘うことだ．歴史の流れに抗う

反動勢力は，人民によって一掃され，そして踏みつけにされるだろう．

CIC は，この文章のなかで，「戦争屋」「反動勢力」という部分について，「共産主義者のやり方に近い言葉で，やんわりとベールに隠して，アメリカについて言及している」と記している[51]．

5　群島知事選挙

1950 年 9 月の群島知事選挙は，四群島に分割された限定的なものでありながら，戦後沖縄で最初に公選で知事が選ばれた選挙だと言われてきた．確かにその通りである．だが，この選挙で選ばれた群島知事および群島議会，そして群島政府は，1950 年 12 月の民事指令では残されたものの，結局，1952 年の琉球政府の発足とともに解消され，わずか 1 年半の活動期間しかなかった．平良辰雄の弁では，群島知事選挙は，沖縄群島を「一つの舞台」として，その「立役者を選ぼうという一種の"騒動"」であったとしている[52]．実際に群島知事に当選した人物が，なぜそのような表現をしているのか，不思議に感じられるが，その前後の過程を考えれば，平良の皮肉な物言いは事実のある一面を言い当ててもいる．

群島選挙は，シーツ軍政長官の最後の政策によって定められた．1950 年 6 月，米軍政府は特別布告第 37 号「群島政府の知事及び議会議員選挙法」を公布し，7 月 3 日，その選挙施行日を発表した．前章で見たように，米軍政府は 1950 年 1 月，臨時琉球諮詢委員会を設置し，3 月に委員を任命した上で，こうした住民自治の制度の検討を図るよう命じ，その委員長は比嘉秀平であった．群島選挙は，確かにそれまで住民が一貫して求めていた「知事と議会の公選」が実現されるものであった．しかし，それは奄美，沖縄，宮古，八重山各群島に分割された範囲での実現であった．米軍政府は群島選挙の実施が発表された直後，8 月初旬，臨時琉球諮詢委員会に対して「中央政府に関する詳細な計画」について諮問するよう要求した．つまり，群島選挙は「全琉統一政府の設立過程」のなかにあったということになる[53]．

「全琉統一政府の設立」は「民主的方法」によるものではなかった．臨時琉

球諮詢委員会は，1951年4月に廃止され，米国琉球民政府布告第3号によって暫定的に立法，司法，行政の三権をもつ琉球臨時中央政府が設置され，その行政主席には諮問委員長であった比嘉秀平が任命された．しかし，群島知事及び議会選挙を経た社会的要求そのものは，さらに全琉球的な中央政府の首長と議会の公選，そして，その議会を通じて「基本法」「憲法」制定というものになっていた．これは恒久基地化と「排他的統治」を求める米国にとって承服しがたいことであった．講和条約締結後の1951年秋，平良辰雄は，中央政府の設置方法に対する抗議文を琉球米国民政府宛に提出し，「公選された立法院によって基本法が制定され，これに新政府の機構権限が定められた後，主席の公選が施行されることが新政府樹立の常道であると信じる．現存する群島組織法によって組織されている自治政府即ち群島政府が官製の臨時中央政府に吸収され，なし崩しにされるのは法的にも容認できない」と述べている[54]．琉球米国民政府は，この時期，群島政府の機能を徐々に臨時中央政府に吸収する旨，通達を出した．ロバート・S・ビートラー民政副長官は，それは「経費節約と政府の能率的運用」のためであったと述べている[55]．

群島知事選挙の構図は，米軍政府の落とす復興資金がらみの利権を一手に握る松岡政保と，一見「反松岡」として一丸となっているように見える沖縄民政府の幹部，あるいはさまざまな有力者や青年指導者たちが担ぎ出した平良辰雄との間で，事実上の「一騎打ち」として対立が焦点となり，その政治劇の渦中に，選挙資金もない弱小の沖縄人民党から瀬長亀次郎が参入していくというものであった．そして，その選挙は投票率が9割近くに達し，結果は平良辰雄が15万8052票を獲得し，次点の松岡政保の6万9595票，瀬長亀次郎の1万4081票を大きく引き離し，圧勝した．さらに，9月29日の群島議会議員選挙では，20議席中平良辰雄支持者が15議席を占め，松岡支持者3議席，沖縄人民党（仲里誠吉）1議席，無所属1議席という構成になった．平良辰雄は自らも圧勝し，議会でも多数派を占めることになった．

平良辰雄は，戦前から農会を組織し，農民層・農村を基盤とするどちらかと言えば実務的な実力者ではあったが，必ずしも政治家として行動してきたわけではなかった．すでに見たように，1945年の沖縄諮詢会設立の際，平良辰雄は沖縄の有力者のなかに名前が挙がっていたが，大政翼賛会にかかわった経歴

から CIC の審査によって中央機構からは除外され，また，平良自身も関与する意志ははっきり示してはいなかった．平良はむしろ，戦後沖縄の農業の復興を中心に農連の活動を組織し，農民層や農村への影響力は戦前同様大きかった．平良辰雄は，同時代の他の指導者たちの経験とは異なり，日本本土で教育を受けた時期は極短期間で，青年期壮年期を通じてほとんど沖縄を離れず，ある意味で土着的で共同体的要素の強い指導者と呼べるかもしれない．農村への強いこだわりがあり，又吉康和から瀬長亀次郎，仲宗根源和に至るまで，政治的傾向とかかわりなくあらゆる層と関係をもっていた．生活空間あるいは社会空間の濃密な人間関係を前提とした行動様式として，疑念をもったり効率でなかったり，気に入らない点があったりしても，そうした人物をむやみと追い込んだり切り捨てたりという態度をなかなかとらない．そうした姿勢は，確かに共同体的な沖縄の社会で指導者になるには必要不可欠な要素である．ただ，平良が米軍支配の時代の戦争で荒廃した郷土で，アメリカ人との間で交渉し活動する指導者たちの傾向にどれだけ想像が及んでいたかはわからない点である．

　群島選挙に平良辰雄を最初に担ぎ出したのは，沖縄民政府の又吉康和や比嘉秀平，当間重剛，山城篤男，そして桃原茂太らであった．選挙参謀でもあった当間重剛は，戦前の選挙で帝国海軍の軍人であった漢那憲和の衆議院選挙時の参謀を務め，1945 年には大政翼賛会沖縄県支部の最高幹部であった[56]．当間も平良と同様，沖縄諮詢会設立の際には名前が挙がっていたが，CIC は却下した．だが，当間重剛はその後，徐々に米軍政下の沖縄で再び頭角をあらわすようになり，群島選挙のときには沖縄民政府行政法務部長の地位に着くまでになっていた．平良は，松岡政保のやり方には反感を抱いており，そうした点では又吉や当間らと共通するものがあった．しかし，その思惑が果たして一致していたかどうかはわからない．平良の回顧録を読むと，比嘉秀平や当間重剛らの米軍政府や琉球米国民政府との関係の不透明さに対する不可解な印象がさまざまな形で表されている．平良辰雄自身が述べているように，彼の出馬は，当初はこうした沖縄民政府幹部たちに推されたとしても，選挙の過程やその後の社会大衆党の結成などを考えれば，結果としてはむしろ農村や青年層の支持者たちの存在の方が大きく作用した[57]．

　平良辰雄の当選は，米軍政府にとっても必ずしも最悪のものではなかった．

平良は反米的ではなく，松岡政保のようにスキャンダルの波のなかを綱渡りすることもなかった．しかし，結果的に群島政府は廃止され，群島知事としての成果は失われた．回顧録のなかで，平良は，群島選挙の際各地で「タブー」であった日本復帰を語り，それが群島知事選挙の隠された主題であったのだとしている．しかし，彼はこのときどのぐらい強力に日本復帰を志向していたかについては検討の余地がある．

　群島選挙の争点とは何であったのか．少なくとも日本復帰と帰属問題が目に見える形で議論されたてはいなかった．先の平良辰雄の「タブー視された」日本復帰が隠された論点だったという証言は，その後の社会大衆党が1951年2月に出した「復帰決議」へと継起的に説明するうえではかなりわかりやすく，通りがよい．しかし，すでに見たように，最終的に平良辰雄がぶつかった壁は，日本復帰ではなく，沖縄を代表する首長や議会，政府の民主的な選出と運営，ひいては全琉球的な統一政府樹立の過程であった．

　比嘉幹郎は，群島知事選挙の際，その選挙公約からすれば，三候補の主張には大差がなかったとしている[58]．実際，この当時，CICも同じように見ていた．加えて，CICは，大差はなくとも，沖縄人民党は自分たちのプロパガンダを拡げ，民衆を扇動する道具として選挙を利用しているとした[59]．この点について，瀬長亀次郎の政見演説記録を見ると，平良辰雄が沖縄民政府の幹部たちの支持ではなく，もしも「独力で立ちうる勇気があったならば沖縄の革新勢力はこぞって同氏を推したであろう」としている[60]．一方，平良辰雄は，瀬長亀次郎が立候補した理由は，知事選挙そのもののためではなく，戦後沖縄における「政党政治」の試金石であるという見解，そして，具体的にはその後の群島議会議員選挙を重視するなかから出てきたと述べている．CICの記録を見ると，実際，人民党には潤沢な選挙資金がないので，瀬長ら人民党自身もほとんど選挙に勝つ見込みがないと考えており，選挙は松岡と平良の一騎打ちであるとしている[61]．

　「政党政治」の試金石という考えがすべてであったかどうかは別として，群島知事選挙は，1947年に相次いで結成された沖縄の戦後初期政党が大きく変化していく契機となった．沖縄民主同盟の場合，群島知事選挙を契機に，「人民戦線」以後もさまざまな形で連携し，関係を維持していた沖縄人民党と袂を

分かち，また，民主同盟の活動を援助したこともある平良辰雄とも離れ，仲宗根源和を中心に松岡支持を打ち出した．仲宗根源和は，松岡の「共産主義でもなく，帝国主義でもない」信条，そして，「アメリカ民主主義」の理解に共鳴し，支持を決めたとしている．CICの記録では，そうした仲宗根の松岡支持は，山城善光ら沖縄民主同盟の他のメンバーとの間に軋轢と不和を生んだとしている．仲宗根は松岡支持の演説のなかで，松岡政保が群島知事に当選したあかつきには副知事のポストを狙って支持をしたのではないかという噂を強く否定した．しかし，CICは，仲宗根が，松岡が影響力をもっている海外移民促進を訴える沖縄海外協会の会合に参加し，各市町村の有力者たちと会うなど，票田開拓に熱心に付き添っていることから，仲宗根にそうした野心があるものと見なしていた[62]．いずれにせよ，仲宗根源和の強力な松岡支持は，沖縄民主同盟の終焉を表していた．それはつまり，「周回遅れ」で始まった戦後初期政党の時代が終わりを告げたということに他ならなかった．

　三候補の政策の主張が大同小異であったかという点について，比嘉幹郎は，松岡の「軍民政治の一体化」，平良の「全琉統一政府の実現」，そして瀬長の「人民自治政府の樹立」には，「ニュアンスや強調点の相違を見出せないこともないが，全般的にみると各種の問題に対する政策を網羅的に列挙しているので，殆どの有権者は候補者間の政策に大差はないと解しただろう」と分析している．そして，講和会議前では帰属問題は争点にならず，また，平良の勝因に見るように，農業関連の有力者であった平良の地域自治体との紐帯から票を掘り起こしたことなど，実際の争点は不明瞭だったとしている[63]．確かに，平良の票田は厚みがあり，そうした面は無視できるものではない．しかし，松岡政保の「軍民政治の一体化」は，明らかに平良や瀬長の主張とは異なるものであった．

　9月2日，選挙戦の最中，シーツから軍政長官の任務を引き継いだロバート・マクルーアーは談話を発表し，次のように述べた．

　　私は来る9月並びに10月に予定されている選挙と関連した琉球人の現在の政治的活動に非常に大きな興味を持っている．各群島の知事及び議会議員の自由な民主的選挙はこれが始めてである．過去に於いては皆が知っている如く市町村長及び議会の民主的選挙は行われていた．琉球全体に亘り

琉球人の政治的発達に対するわれわれの確信並びに信念を裏書する重要な証拠である．私が民主的という言葉を使用する場合アメリカ並びにその西洋に於ける自由な邦の人々が解釈している如くその意味を解釈してもらいたい．人権を完全に侮辱した全体主義及び独裁的政府の解釈を私は意味しているのではない．（中略）来るこれらの選挙の結果は琉球列島の将来にとって量り知れぬ重要性を持っている．これら選挙が朝鮮の暴力による侵略を面前に於いて琉球人が自治政体の原則及び民主的方法を実行していることを世界に示すであろう[64]．

沖縄の米軍基地は，仁川上陸を目前にして，空軍を中心に，すでに朝鮮戦争の前線に直結する態勢にあった．アメリカにとって，群島知事選挙のもつ国際的な意義について，マクルーアーは端的に語っている．当然，反米的言動をおこなう候補の当選は，米軍政府にとってあってはならないことであった．この点で，平良辰雄の立候補挨拶は興味深いものがある．

戦後の混乱の収拾に当って現民政府は，ここにその歴史的使命を終え，性格の変わった新しい自主的民主的な民政府が雄々しく生まれようとしています．（中略）企業営業を自由に伸して行くことは経済の復興に必要であるが，一面農民や勤労大衆の経済的社会的地位の向上を図り且つ各人がその能力と技術に応じて働くことの出来る失業者のない社会にするということが民主主義沖縄建設の根本理念でなければならないと私は信じているのであります．政治は人民のものであります．政府は人民の総意によって行動せねばなりません．それが議会政治であります．しかし議会政治といっても，運営の如何によっては独裁政治にもなります．日本では議会はあっても天皇の袖にかくれて独裁政治を行なった．軍政下にある沖縄では軍を肩に独裁政治が行なわれないとも限らない．私はこの点に留意して真に議会政治の実を挙げたいと決意しています．

平良辰雄は，「軍を肩に」した政治という言い方で松岡の「軍民政治の一体化」を牽制し，また，軍政下にある沖縄の限界を日本の戦前の議会政治と重ねて批

第 7 章　自主沖縄　　　　　　　　　　　　　　　　259

判した上で,「自主的」「民主的」な沖縄建設は,「人民」, とくに「農民」や「勤労大衆」の社会的向上と議会の健全な運営を基盤としなければならないとした. こうした記録を読んでみると, それは 1947 年の沖縄人民党や沖縄民主同盟の結成綱領を彷彿とさせるものがあるのと同時に, 群島知事選挙の後に結成された沖縄社会大衆党の結成綱領とも重なってくる. それは, 素朴な形ではあるが, 平良辰雄のみならず, この当時のさまざまな「場」において取り上げられてきた「新沖縄建設」という言葉に込められた政治社会の像とも言うべきものである.

　群島選挙は投票率の高さはもちろんのこと, 人びとの関心は高かった. 平良辰雄が回顧しているように, 群島知事選挙の大きな山場であった 1950 年 9 月の首里での合同演説会に集まった聴衆は, 各候補者の予想と彼らの明らかな支持者の規模の範囲を大きく超えたものであった. CIC は, これをおよそ 2 万人規模として, 占領以来最大規模の集会であったと記録している[65].

　この合同演説会の開催日は, 投票日直前の 9 月 12 日,「人民文化」の発行停止処分と同日であった. 平良辰雄は, この日, 瀬長亀次郎の応援演説をした上地栄が, 日本復帰の主張をにおわせるような,「瀬長の"亀さんの背中"に乗っかって, 本土の岸まで運んでもらおうではありませんか」という発言をしたとしている. しかし, CIC の記録では, 上地のそうした発言は記録されておらず, むしろ,「琉球の知事と議会議員の公選を促進するようあらゆる努力をしよう. すべての琉球諸島は一つの中央政府の下に統一されるべきである」と述べた部分が取り上げられ, それはあたかも平良辰雄の応援演説であるかのようである[66]. 上地栄は, 人民党員のなかで, 最も CIC が厳しくマークしていた人物の一人であったにもかかわらず, CIC の記録には, 日本復帰の傾向をチェックした箇所は見あたらない.

　この選挙戦の最中, 各地で開かれた人民党の演説会や集会のなかで, 人民党員たちは, しばしば「民族解放」という言葉を使い, CIC は, それが「人民戦線」や「民族戦線」の主張に直結するものとして厳しくチェックしていた. しかし, 幾度かだが,「民族解放」ではなく「独立 independence」という言葉が記録されている. しかし, それは, 琉球についてではなく, 朝鮮戦争の過程を説明している箇所であった.

写真 12 沖縄群島知事選挙の合同演説会, 首里, 1950 年 9 月. ("Fourth Year of Ryukyuan Politics." 526th CIC Detachment, RG 554, RCAS, Reports and Studies, 1947-1950, Box 1, NACP.)

8月13日, 沖縄人民党は党大会を開催し, 瀬長亀次郎を群島知事候補として出馬させることを決定した. CIC の記録では, 党大会にはおよそ 180 人の党員と 2000 人の非党員が参加したとされている. 党大会で, 瀬長は, 次のように述べた.

> 北朝鮮の人民軍が南朝鮮に侵攻してから 50 日が経つ. 北朝鮮はロシアに援助され, 南朝鮮はアメリカによって手助けされていると一般には思われている. しかし, 私はこの戦争を朝鮮において独立が達成される動きとして見ている. 朝鮮は日本の支配が終わったときに独立を獲得すると考えられていたわけだが, 38 度線で二つに分断されてしまった. こうした行為は, 民族の期待とすべての抑圧状態からの独立を求める朝鮮人の叫びに対抗するものであった. 朝鮮には平和と自由の流れがあり, 我々は現在の状況から世界の発展の方向を学び, それを自分たち自身の知恵にしなければならない[67].

また，瀬長の立候補に先立つ7月初旬，嘉手納町でおこなわれた演説会で，上地栄は，朝鮮戦争の過程について，「1947年にロシアが朝鮮からの撤退を提起した際，アメリカはそれに反対した．しかし，ロシアは朝鮮からすべての占領軍を撤退させ，アメリカはその半年後にそれに従ったが，およそ300の軍事顧問団を残した．もしも二つの勢力が調和的な朝鮮にあったなら，今頃は，朝鮮は独立し，多くの尊い生命は失われることはなかっただろう」と述べている[68]．

　こうした人民党の朝鮮戦争への言及について，CICは，「朝鮮危機が琉球のラディカルな指導者たちに占領政策の批判をよりあからさまに，そして民衆による政府についてより大胆に言及させる原因になっている」としている．

　沖縄人民党は，知事選挙後におこなわれた群島議会議員選挙において那覇市での1議席を獲得した．「人民文化」の編集長であった仲里誠吉が当選し，選挙に際しては，平良辰雄の協力も得ている．その選挙戦のなかで，仲里誠吉は，農村の疲弊や失業問題といった具体的な政策の他に，朝鮮戦争，そして，原爆について言及している．演説にあらわれた，戦争と核兵器が沖縄に何をもたらすのかという仲里の危機意識は，群島選挙の時期の沖縄社会の底部を流れる，米軍の存在と要塞化する島の変貌に対する人びとの前―言語状態にある不安の表出である．同時に，なぜ「新沖縄建設」，すなわち，「民主的」で「自主的」な沖縄でなければならないかという問いかけであり，そして，同胞への，さらに世界への問いかけであり，その後の戦後沖縄の政治を根源的な部分で規定した問いかけでもあった．

1）*Christian Science Monitor*, 30 November 1949.
2）"Third Year of Ryukyuan Politics," 526th CIC Detachment, RG 554, RCAS, Reports and Studies, 1947-50, Box 1, NACP.
3）ただし，「人民戦線」については，拙稿「第二次世界大戦後の沖縄における政治組織の形成」『沖縄文化研究』28号（2002年）のなかで，その経過を米軍情報資料から概観した．
4）鳥山淳「復興の行方と群島知事選挙」『一橋論叢』第125巻第2号，2002年．
5）池宮城秀意『激流――ジャーナリストのみた沖縄，戦前・戦後――』（那覇出版社，1979年）118ページ．
6）Intelligence Summary, 1-15 November 1948, RG-319, "P" file, 1946-1951, Intelligence

Summary-Ryukyus Command, 1947-1950, Box 1856, NACP. 以下，Intelligence Summary と略す.

7) History of the 526th Military Intelligence Corps Detachment, 15 December 1947-1 July 1970, RG 319, E. 1077, Box 78, NACP.

8) "Fourth Year of Ryukyuan Politics," 526th CIC Detachment, RG 554, RCAS, Reports and Studies, 1947-50, Box 1, NACP. 以下，"Fourth Year of Ryukyuan Politics" と略す.

9) 「政党に関する書類（八月分）提出の件・スローガン」『人民党綴』.

10) Intelligence Summary, 1-15 November 1948.

11) 「食糧増配陳情」および「農家救済に関する件」『陳情書綴』.

12) Eagles to Weckerling, 9 December 1948; Letter from Almond to Chief of Staff, Far East, 19 December 1948, RG 554, General Correspondence, 1949-51, Box 2, Government and Parties, 1949, NACP. 以下，この資料群を RG 554, Government and Parties と略す.

13) Weckerling to Green, 14 March 1949, RG 554, Government and Parties.

14) Intelligence Summary, 16-28 February , 16-31 March 1949; Green to Weckerling, 3 March 1949, RG 554, Government and Parties.

15) Intelligence Summary, 16-28 February 1949.

16) 『うるま新報』1949 年 3 月 14 日.

17) 同上.

18) 『うるま新報』1949 年 3 月 21 日.

19) 『うるま新報』1949 年 4 月 18 日.

20) 『うるま新報』1949 年 4 月 25 日.

21) "Fourth Year of Ryukyuan Politics".

22) 「三党合同協議会について」, RG 260, HCRI-LN, Box 278, Folder No. 3, United Front, 1949, NACP（沖縄県公文書館所蔵琉球米国民政府文書マイクロフィッシュ，Sheet No. USCAR10202, OPA）.

23) Intelligence Summary, 16-30 April 1949.

24) 『うるま新報』1949 年 4 月 25 日.

25) 『うるま新報』1949 年 2 月 14, 21, 28 日.

26) Intelligence Summary, 1-15 May 1949.

27) "Fourth Year of Ryukyuan Politics."

28) Intelligence Summary, 1-15 May 1949; "Fourth Year of Ryukyuan Politics." 日本語の記録は残されていないため，CIC の英語訳から日本語に直したものである．実際の日本語の表現はわからないが，文意は充分に伝わるだろう．

29) 「沖縄総務部長より沖縄軍政官あて　三党合同演説会記録概要」『1948 年 1 月以降政党に関する書類綴』(沖縄県公文書館所蔵琉球政府文書，文書番号 R00000477B). 以下，『政党綴』と略す.

30) "Fourth Year of Ryukyuan Politics".

31）「名護警察署長から沖縄民警察部長宛　三党合同演説会開催について」『政党綴』.
32）池宮城，前掲書.
33）仲里誠吉は，1916年，粟国島生まれ．大阪で大学卒業後，1937年に沖縄に戻り，英語教師を務めるが，病気療養などのため，兵役は逃れる．1947年から沖縄民政府翻訳課，1948年から49年8月まで琉球貿易庁に勤務．
34）鳥山淳「米軍政下の沖縄における人民党の軌跡——1947～56年——」『戦後初期沖縄解放運動資料集』第1巻，不二出版，2005年，4ページ．
35）"Fourth Year of Ryukyuan Politics".
36）Green to Weckerling, 6 May 1949, RG 554, General Correspondence, 1949-1951, Box 2, Government and Parties, 1949, NACP.
37）Skuse to Weckerling, 21 May 1949, Paul Skuse Papers, Hoover Institute Archives, Stanford University.
38）Green to Weckerling, 26 May 1949, RG 554, General Correspondence, 1949-1951, Box 2, Government and Parties, 1949, NACP.
39）Weckerling to Green, 13 June 1949, RG 554, General Correspondence, 1949-1951, Box 2, Government and Parties, 1949, NACP.
40）"Political Conditons in the Ryukyu Islands", 18 March 1950, RG 59, 794C.00 file, NACP（日米関係沖縄情勢報告，資料コードU90006077B，沖縄県公文書館）．稲嶺一郎の報告書の背景と英訳は，江上能義「沖縄議会総辞職事件と稲嶺一郎の琉球視察報告書」琉球大学法文学部『政策科学・国際関係論集』第3号，2000年を参照．
41）Huston to Department of State, 18 March 1950, RG 59, 794C.00 file, NACP（日米関係沖縄情勢報告，資料コードU90006077B，沖縄県公文書館）．稲嶺一郎は，帰郷後，政党運動に直接関与することは避け，1950年末には米軍関連の石油を独占していたカルテックスとともに琉球石油会社を創設した．アメリカ領事に対しておこなったこの発言が，稲嶺の本心であったかどうかはさだかではないが，領事はその「共産主義に対抗する強い口調」に圧倒されたようである．
42）『人民文化』は，創刊号，第2号（付録のみ），第6号，および第8号は沖縄県立図書館郷土資料室所蔵．また，『戦後初期沖縄解放運動資料集』第1巻，不二出版，2005年には，創刊号，第3号～第8号が収められている．ただし，第7号については，数ページのみ．また，第8号については，『激動の沖縄百年・新聞，雑誌，教科書復刻版』シリーズとして復刻されている（月刊沖縄社，1981年）．
43）親泊康晴『心　水の如く』（沖縄タイムス社，2002年）．
44）『琉球弘報』は，沖縄県立図書館郷土資料室所蔵．
45）沖縄県立図書館史料編集室編『沖縄県史料　戦後3　沖縄民政府記録2』沖縄県教育委員会，1990年，204ページ．
46）新垣弓太郎（1872～1964）は，南風原に生まれ，謝花昇とともに奈良原繁知事の追放と参政権獲得の運動に参加した．その後，新垣は，1905年，東京で頭山満や孫文と知

己となり，1911 年中国に渡り，その後，宮崎滔天らとともに辛亥革命に参加したとされる（『沖縄大百科事典』上巻，沖縄タイムス社，1983 年，115 ～ 116 ページ）．
47) Intelligence Summary, 1-31 January 1950.
48) "Fourth Year of Ryukyuan Politics".
49) 『人民文化』第 7 号（1950 年 7 月）『戦後初期沖縄解放運動資料集』（第 1 巻，不二出版，2005 年）252 ～ 254 ページ．
50) "Fourth Year of Ryukyuan Politics".
51) "Fourth Year of Ryukyuan Politics".
52) 平良辰雄，前掲書，110 ページ．
53) 比嘉幹郎「政党の形成と性格」宮里政玄編『戦後沖縄の政治と法 ― 1945 - 1972 ―』東京大学出版会，1975 年，231 ページ．
54) 宮里政玄「米国の沖縄統治政策，1948 ～ 1953」『沖縄戦と米国の沖縄占領に関する総合研究』平成 14 年度～平成 17 年度科学研究費補助金《基盤研究（A）》研究成果報告書，課題番号 14202010，研究代表者・我部政男，2006 年 3 月，71 ～ 74 ページ．
55) 宮里政玄「アメリカの対沖縄政策の形成と展開」宮里政玄編『戦後沖縄の政治と法 ― 1945 - 1972 ―』東京大学出版会，1975 年，26 ページ．
56) 漢那憲和（1877 ～ 1950）は，那覇生まれ．軍人．1899 年に海軍兵学校を卒業，1901 年に海軍少尉となり，日露戦争では駆逐艦音羽の航海長として参戦．1921 年，当時の皇太子のヨーロッパ巡行に御召艦香取艦長として随行する．1928 年第 6 回衆議院議員選挙に立候補し当選，以後，5 期 14 年間務める（『沖縄大百科事典』上巻，沖縄タイムス社，1983 年，804 ページ）．
57) 比嘉幹郎，前掲論文，237 ページ．
58) 同上，233 ページ．
59) "Fourth Year of Ryukyuan Politics".
60) 「瀬長亀次郎の政見演説」中野好夫編『戦後資料沖縄』日本評論社，1969 年，69 ページ．
61) "Fourth Year of Ryukyuan Politics".
62) Ibid.
63) 比嘉幹郎，前掲論文，233 ページ．
64) 『沖縄タイムス』1950 年 9 月 2 日．
65) "Fourth Year of Ryukyuan Politics".
66) Ibid.
67) Ibid.
68) Ibid.

終　章
「荒涼たる風景」のなかの問い

1　「黒ダイヤ」

　沖縄の戦後小説に「黒ダイヤ」という作品がある[1]．この作品は，400字詰め原稿用紙にして15枚程度の短編で，太田良博が1949年3月号の『月刊タイムス』誌上に発表したものである[2]．文学者の岡本恵徳は，「黒ダイヤ」について，沖縄の「戦後小説の嚆矢であり，また，1949年末から1950年代初頭にかけての戦後の沖縄文学の再興期の先駆をなした作品」としている[3]．
　とはいっても，「黒ダイヤ」は，作品のなかにまったく沖縄が登場しない小説である．作品の舞台はジャワ島中部の高原の都市バンドンである．小説は，1945年8月，日本の降伏直後の「インドネシア共和国」独立宣言と，その後の「進駐軍」による再植民地化の危機の時代を描いている．「進駐軍」とインドネシアの諸勢力のあいだで軍事的衝突が続くバンドンで，在ジャワ日本軍の通訳将校だった「私」が，かつて日本軍政下で組織されたジャワ防衛義勇軍に参加していた青年「パニマン」との出会いと交流を回想し，そして，市街戦の混乱のなかで彼と再会するという物語である．「黒ダイヤ」とは，「私」が出会った「パニマン」の漆黒の瞳のことである．
　太田によれば，この作品は完全な創作ではなく，その「素材は，ほとんど実話である．主人公パニマンも実在の人物であった」[4]．その手法について，新川明は，1954年に『琉大文学』に発表した「戦後沖縄文学批判ノート」のなかで，「沖縄に即した記録的作品（ルポルタージュ文学）を生む一つの重要な可能性のモメント」と評価している[5]．
　しかし，同時に，新川は，「『黒ダイヤ』はパニマンという一個の人物を描く

のが主眼で，インドネシア革命は，その背景として扱」い，主人公の「私」は，「パニマンには人間的共感を持ちながらも，祖国解放運動に従う多くの青年たちに対しては依然として侵略者であった日本軍の立場に立」ったまま，「日本軍の本質的性格に疑いを持っていなかった」と批判した[6]．太田良博自身も，後年，こうした新川の批判を「作品の本質がするどく見ぬかれていたという感じをうける」と述べている[7]．この批判をさらに進めて考えてみれば，この作品のなかでは，日本がもたらした強制労働も性奴隷も飢餓も描かれない．「黒ダイヤ」はあくまで「私」の願望で貫かれた物語である．同時に，新川の批評は構図的である．新川は，「本質的に侵略者であった日本軍の立場にある作者とインドネシアとの関係，新しい侵略者である英軍に対するインドネシア民族解放運動，その中でパニマンを定着させ，行動的青年の一典型として描くべきだった」とも述べている[8]．しかし，これもまた一つの「願望」である．現実のインドネシアの独立運動は，その後九・三〇事件などの政治暴力につながる対立を抱えていた．1948年にジャワ島で起きたマディウン事件では，インドネシア共産党と国軍が衝突し，多数の共産主義者の虐殺が起き，民族解放運動内部の分裂が深まった．再植民地化と内戦的危機のなかで，「パニマン」がどのような立場をとったのかはこの小説からはわからない．しかし，エリート将校であった「パニマン」がこうした対立と無関係でいられたとは想像しにくい．

　その点で，太田は独立戦争のなかの「パニマン」を英雄のようには決して描かない．むしろ逆である．太田は，1977年に『新沖縄文学』に寄せた文章のなかで，「荒廃した戦後の沖縄の状況のなかから，ムルデカ（独立）の熱気にわきたつインドネシアへの憧憬が，執筆当時の私の心のなかにあったことだけはいなめない」と述べている[9]．だが，興味深いことに，この作品のなかでは，「ムルデカ」は決して輝かしいものとしては描かれないのである．むしろ，「ムルデカ」は，後退を余儀なくされるインドネシア革命軍の混沌とした状況として描かれている．「ムルデカ」を渇望する青年たちも「雑多な服装をして戦闘のために汚れ疲労した落武者の群」であり，「パニマン」自身もまた，「判別することができな」いほどに「汗と土に汚れた服，帽子も冠らないザンバラ髪，心持ちやつれた頬の色」をして，「その姿にはどこか労苦がきざまれて」いるのである．

彼らと再会した「私」は，彼らの歌う，日本軍政時代に起源をもつ「郷土防衛義勇軍」の「行進歌」に「沈痛な皮肉と哀傷」を感じながら，「パニマン」の後を追っていきたい衝動を抱えて，その場に立ちつくしている．そのとき，「ムルデカ」は美しい観念ではない．帝国主義支配の残滓とイデオロギー，そして，解放運動の主導権争いといった容易には解かれない矛盾に満ちたインドネシアにおいて，「ムルデカ」は決して無邪気な熱狂ではない．この物語のなかで，「黒ダイヤ」の瞳の「パニマン」が発した言葉は，たった一言，「スサ（soesah）」という，苦しさや難渋する状態をあらわすインドネシア語だけである．

この「スサ」という嘆息こそ，「黒ダイヤ」という沖縄の戦後小説の核心である．

岡本恵徳は，生前最後に書いた，太田良博の著作集に寄せた書評のなかで，小説「黒ダイヤ」に再び触れ，「題材として沖縄にふれていないにせよ，沖縄の敗戦直後の精神的気運をまぎれもなく反映するものだったといえる」と述べている[10]．この小説が書かれた時期，沖縄は占領政策の破綻から，沖縄議会や各政党の活動も活発であった．「人民戦線」が結成されるのは，「黒ダイヤ」が発表された翌月のことである．太田良博は書いている．「その頃，沖縄の住民は幕舎生活をしており，どこを向いてもススキの原野がひろがる荒涼たる風景だった．アメリカの植民地的地位におかれた将来には希望がもてなかった」．その「荒涼たる風景」のなかで，太田は「パニマン」を思い出している．しかも，「パニマン」の「黒ダイヤ」の瞳とは対照的な，「スサ」という嘆息を記しているのである．

　「スサ」と彼は軽い嘆息を吐いた．
　たったそれ丈だった．彼は何も云わなかった．その目の色は何か云いたいように光っていたが短かくそう呟いて彼は何も語らなかった．

「別人のようになっ」て痩せこけた「パニマン」の形相とは不釣り合いに，彼の嘆息はあっさりとして，短かった．「パニマン」は日本の将校であった「私」に多くを語らなかった．というより，「パニマン」には「私」に語るこ

とはもう何もなかったのだ．彼らの歌う「行進歌」は，「パニマン」たちが手にしていた武器が日本軍のものであったのと同様，矛盾であり，「皮肉」である．しかし，インドネシアは，その矛盾と「皮肉」の泥水のなかから出発したのだった．

小説「黒ダイヤ」のなかのインドネシアは，矛盾に満ち，混沌として先の見えない過渡期を問い返す思考の媒介である．「パニマン」の「スサ」の嘆息は軽く短い．そして，大切なことは，彼は再び，「潮のように流れていく群衆の中に消えていった」ということである．

2 群島知事選挙後の政治の再編

「黒ダイヤ」が発表された1949年末，ハーグ円卓会議でインドネシアはオランダからの無条件独立を得た．しかし，それは単純にインドネシアの勝利ではなく，民族解放運動のなかの分裂により，左派勢力のイニシアティブを抑制できると判断したオランダとアメリカの冷戦的な妥協が反映されたものでもあった．一方，沖縄は，東アジアの冷戦体制を決定づける朝鮮戦争のなかで，米軍による占領の長期化の危機に直面していた．そして，沖縄内部の政治組織も再編されていった．

1950年11月4日，首里城跡にあった琉球大学校庭で，沖縄群島知事就任式典がおこなわれた．11月15日，ニューヨーク・タイムス紙は珍しく写真入りで沖縄での式典の様子を伝えている．その見出しは「初めて選挙で選ばれた沖縄知事 Governor」とある[11]．平良辰雄は，軍政長官のマクルーアーに向かって立っているのだが，マクルーアーはというと，ニューヨーク・タイムスの説明では，宣誓を英語で説明している人物の方を見ている．かつて，米軍政府は，沖縄民政府の知事は「Chiji」であって，英語の正式名称としては「Governor」を用いないこととしていた．だが，平良辰雄には今や「Governor」という文字が当てられている．米軍は，一応，四群島に分割されたとはいえ，沖縄住民の要求に応えて「民主的」な選挙をやったのだ．平良辰雄は「初めて選挙で選ばれた知事 First Elected Governor」だという訳だ．もちろん，それは，米軍にとっては，朝鮮戦争の最中に「民主的」選挙をやり，講和会議よりも前の段

終章 「荒涼たる風景」のなかの問い 269

写真13 沖縄群島知事就任式．1950年11月4日．平良辰雄（中央）とマクルーアー軍政長官．（沖縄県公文書館所蔵占領初期沖縄関係写真資料陸軍25［0000013358/05-41-2］）

階では，アメリカが「民主的統治」をおこなっているという既成事実のアピールである．マクルーアーは言う．

> これまで沖縄住民はその政府の指導者を自らの意志で選ぶ機会をもたなかった．沖縄住民が自治政府の最初の責任を行使する能力があることを認めることで私が米国を代表するのは破格の光栄である．圧迫，隷属及び機会をほとんど与えられぬまゝの数百年後の今日諸君は民主社会の大きな価値ある市民の権利と特権をもつ個人として浮び出て来た．真の民主的社会はみなこれらの権利を自動的に即ち簡易にして努力を要しない方法で獲得したのでは決してない．デモクラシーに通ずる道は易々たる道では決してない．デモクラシーは全体の福祉のためには個人の利益をかえりみずに努

力する全住民によって達成される[12].

　繰り返しになるが，沖縄戦が一応の終結をみて間もない 1945 年 8 月，仮沖縄人諮詢会で沖縄の住民代表たちは「指導者を自らの意志で選ぶ機会」を要求した．それに応じることのなかった米軍政府は，「人民戦線」の後，朝鮮戦争の勃発した後，琉球諸島を四群島に分割して群島知事選挙をおこなった．就任式の席上，マクルーアーは，平良辰雄に対し，行政と政治の長として負うべき責任として「不断の監視は自由の代償である」と付け加えるのを忘れなかった．
　シーツ施政以来始まっていた沖縄の政治の再編は，群島知事選挙以後，さらに加速した．それは，政党の再編と沖縄の帰属問題をめぐる動きを中心としたものであった．
　沖縄現代史研究では，日本復帰を最初に唱道したのは仲吉良光であるとよく指摘されるが，全体として，政治運動としての復帰運動の成立過程は，依然として解明が十分とは言えない．しかし，たとえば，鳥山淳は，復帰運動を地域共同体の問題を重視して考察し，新たな分析視角を提供している[13]．また，群島知事選挙は，平良辰雄の力量と松岡政保の力量，そして，沖縄人民党の力量が，復興の配分をめぐって争われたという側面もある．
　1950 年 10 月 28 日，松岡政保の支持者を中心として，沖縄共和党が結成された．沖縄民主同盟は沖縄共和党に吸収された．また，10 月 31 日，平良辰雄の支持者を中心として社会大衆党が結成された．これによって，沖縄の政党は，沖縄共和党，社会大衆党，沖縄人民党，社会党の四つの政党に再編された．
　そのうち，社会大衆党は「復帰政党」として知られている．しかし，結成当初は明確に「日本復帰」を打ち出していたわけではなかった[14]．社会大衆党の形成過程については，米軍情報サマリーで確認できる範囲では，1950 年 8 月 15 日，群島知事選挙の最中，沖縄青年同盟は沖縄民政府関係者を含めた平良支持者を中心に会合が開かれ，その場で新党結成が議論されたことにさかのぼることができる[15]．その際，名称として考えられていたのは，「社会民主党 Social Democratic Party」であったと記録されている．結成は，10 月 31 日のことであった．ここで正式に名称が「社会大衆党とされ．米軍政府は，英訳として，"People's Socialist Party" とあって，また，文字通りの翻訳をすれば，

終章 「荒涼たる風景」のなかの問い　　271

"Socialist Party for the Masses" となるとも記録している[16].

　社会大衆党の結党宣言は，現在のところ主な作成者は特定できないが，群島知事選挙後でもあり，「琉球」がひとつのまとまりとなっているところには，知事公選の実現が十分でなかったことの問題意識が反映されている．実際に，「公選や琉球における自治への躍進」「政治が民衆のためのものであり，民衆のものであることの自覚と責任」「政治に参与し得る方途」「住民の生活権の確立を政治的に解決する」「ヒューマニズムを規定」「新琉球建設」などが示され，綱領には「農民，漁民，中小商工業者並に一般勤労階層の結合体として，民主主義に依る社会政策を実践し国際主義に基く新琉球の建設を期す」としている．また，「自由経済の好餌により，或はまた支離滅裂なる一方的経済政策により，農民，漁民，中小商工業者並に一般勤労層を悲境に陥れる如き政治は断固これを排撃し，且つまた復興事業への政治ボス，官僚ボスの介入を全面的に拒否する」と述べている[17]．これは，沖縄人民党や沖縄民主同盟の結成綱領や政策にみられた政治意識との近似性がある．また，瀬長亀次郎にしても，社会大衆党の結成直後，人民党と社会大衆党の目的や政策は類似しており，協力関係を築きたいとのコメントを残している[18]．

　換言すれば，社会大衆党自体は，平良辰雄や沖縄民政府関係の有力者を中心にしつつも，実際には，それ以上に多様な層を巻き込んで形成され，1949年5月の「人民戦線」の結成を分解以来，その意思の一部は，政治的な凝集を意図して社会大衆党の結成に合流したと考えられるだろう．社会大衆党は，11月30日段階で党員785人であったものが，12月31日には，1757人，さらに，日本復帰を決議する翌1951年4月には3091人となり，急速に勢力拡大した[19]．

3　朝鮮戦争と沖縄

　1950年12月，琉球列島米国民政府布告第1号が公布され，琉球列島米国民政府が設立されることが明らかにされた．これは，米極東軍総司令官が直接琉球民政長官を兼任し，従来の軍政長官が民政副長官となる統治機構の再編であった．この再編は，米国陸軍歴史編纂所『琉球列島の軍政』のなかでアーノ

ルド・フィッシュが指摘したように，名目的な軍政から民政への置換に過ぎず，実質的には軍政が継続されるものであった．

こうしたなか，1951年1月から3月にかけて，沖縄では，帰属論が論議された．仲宗根源和を中心に，共和党は「琉球独立論」を打ち出し，独立論と移民論を結合された議論を展開した[20]．また，日本復帰論が提出されたが，それは，文化的な日本との一体感を強調するものから，「平和憲法下への復帰」に至る振幅の幅をもつものであった[21]．こうしたなか，唯一，池宮城秀意が新聞紙上で「国連信託統治」論を展開している[22]．

政党の動きとしては，1951年3月18日，社会大衆党と人民党は，それぞれ臨時党大会を開催して日本復帰運動の推進を決議した．さらに，翌3月19日，沖縄群島議会は，17対3（共和党3議員が反対票）で日本復帰要請決議をおこなった．そして，4月29日，日本復帰促進期成会が結成され，即時復帰嘆願署名が開始された．これに連動して，7月12日，瀬長亀次郎は『世論週報』誌上で論文「日本人民と結合せよ」を発表した．それは，近代沖縄が日本資本主義の一部として成長した歴史に基づき，その解放は全面講和の実現と平和を希求する日本人民との結合によって果たされる，という内容を含んでいた[23]．

8月28日，群島知事および群島議会は，吉田茂首相およびジョン・F・ダレスに対し，日本復帰希求を打電した．また，日本復帰期成会は，72.1%の住民による即時復帰嘆願署名を対日講和条約参加国全権に送付している．そうした請願は聞き入れられることはなかった．1951年9月8日，対日講和条約は調印され，翌52年4月28日，発効した．その第3条は，沖縄戦以後の米軍による占領の既成事実を追認するものであった．

帰属論にはさまざまに幅がありながら，なぜ「日本復帰」へと収斂していったのだろうか．国場幸太郎は，群島知事選挙とほぼ同じくして日程に上ってきた対日講和条約をめぐる問題，すなわち占領の長期化であるとしている．しかし，国場は，占領の長期化の要因や背景が何であったのかについての説明は省いている．それは，朝鮮戦争の経過を抜きに説明することはできないものである．

群島知事および群島議会議員選挙がおこなわれた翌々日の1950年9月15日，マッカーサーは仁川上陸作戦を開始した．9月28日，マッカーサー率いる国

連朝鮮軍は，激しい市街戦の末，ソウルを制圧し，10月9日，国連軍は韓国軍に続いて38度線を突破し，北進した．10月20日，国連軍は平壌を占領した．国連軍と韓国軍はさらに中国国境へと北上を開始した．このとき，彭徳懐率いる中国人民志願軍（援朝抗米義勇軍）はすでに鴨緑江を渡り始めていた．群島知事就任式の翌々日，11月6日，マッカーサーは国連に情勢報告し，中国の参戦を公に認めた．中国人民志願軍は国連軍への攻勢を強め，11月24日には，東海岸の清津から西側の安州に至る付近で激しい戦闘が続いた．

こうした朝鮮戦争の経過は連日かなりの紙面を割いて報道されていた．1950年11月24日，「対日講和七原則」が『うるま新報』紙上で報道された．AFP電およびAP電は，「ソ連が米国側に手交した覚書で説明を要求した」点に関し，米国側の回答をタス通信が公表した内容であると伝え，『うるま新報』紙上では，その第3項「領土」に関する，以下の四点のみが報道された．

一．日本は朝鮮の独立を承認する
二．日本を国際連合に加盟させる
三．日本は米国が国連信託統治制度の下で琉球および小笠原諸島の統治に当ることを承諾する
四．日本は台湾，澎湖島，南樺太および千島列島の統治に関して米英ソ華の決定を承諾する．講和条約発効後一年以内に決定がなかった場合は国連総会がこれを決定する[24]

同時に，ワシントン発のAP電として，この発表は「モスクワでソ連側が先に米提案を発表したため余儀なくされたもので，ワシントンの当局者は米国および他の諸国が長い間秘密に取扱うていたものをソ連があえて発表したのは不吉な兆候であるとみている」という記事を掲載している[25]．

冷戦のなかの沖縄という認識は，翌11月27日の『うるま新報』社説に明白である．

この頃講和問題が米国の提案をめぐって再び脚光を浴びているが果たしてどうなるかについては恐らく何人にも確たる見とおしはつかめないであろ

う．共産主（義）陣営と西欧民主主義陣（営）の外交戦の内幕というものはとても吾々局の者には憶測をさえ許さぬものがある．ただ外国陣営とも相手方が次に打って来る手さえ予想し得ないで，ひたすら暗中模索に時を失っているというだけは，過去の経緯から推察し得る．

この時に吾々が講和問題に付随する諸問題に余り心をとらわれるということは，当面の復興問題についてマイナスになることを一応考えるべきであろう．吾々として現在の客観情勢から推量し得ることは，米国はソ連との間に平和協定が成立しない間は，琉球を決して放棄しないということである[26]．

米国が「琉球を決して放棄しない」ということの核心部分には何があるのか．この社説が書かれた1週間後の11月30日，トルーマン大統領は，記者会見のなかで，米国は朝鮮での原爆使用を含めたすべての軍事力を行使する可能性を示唆した．沖縄では，1950年12月2日の『うるま新報』でトルーマン大統領の発言が報道されている．この発言について，目立った論説はないが，12月18日の記事では，12月16日のトルーマン大統領による国家非常事態宣言が大きく報じられている．

戦争勃発以来，沖縄の米軍基地は，福岡の板付基地と並んで，B-29の出撃基地となっていた．B-29爆撃機は，朝鮮戦争が始まった6月から10月末までのあいだに，全体で86万6914ガロンのナパーム弾を投下した[27]．

同時に，嘉手納基地は，朝鮮戦争において，アメリカの原爆投下計画のなかに組み込まれた．1951年3月から4月にかけて，すなわち，マッカーサーが解任され，沖縄では社会大衆党や人民党が日本復帰運動推進へと動き，群島議会で日本復帰要請決議が賛成多数で可決される時期，沖縄は核兵器の発進基地として使用される寸前にまで至った．

ブルース・カミングスの研究によれば，1951年3月末，米極東空軍司令官ジョージ・E・ストレイトメイヤー〔George E. Stratemeyer〕は，ホイト・ヴァンデンバーグ米空軍参謀総長に宛て，嘉手納基地の核兵器搭載ピットが使用可能であることを報告している．この時期の原子爆弾は重量のあるものであった

ため，部品を分けた状態で嘉手納基地に運び込まれ，時間をかけて組立をしなければならないものであった．ウランやプルトニウムといった核物質が入れられたカプセルを装着し，最終組立が終了する．カミングスは，この組立が最終的に完了し，使用準備可能な段階までになっていたかどうかは，この報告からは明らかではないとしている[28]．しかし，4月6日，トルーマン大統領は，中国東北部の基地から米軍に対抗する爆撃機が発進するか，あるいは新たな部隊の参戦がある場合には，核による報復をおこなうというJCSの要請を承認し，核物質の管理を原子力委員会の管轄から軍事管理へと移した[29]．

　実際，この命令は実行されることはなかった．しかし，沖縄は原爆投下の実験とも呼び得るような爆撃の出撃基地になった．1951年9月から10月にかけて，つまり，対日講和条約が締結される時期，米軍の核兵器使用能力を確固としたものとするための軍事作戦「ハドソン湾作戦 Operation Hudson Harbor」がおこなわれた．「ハドソン湾作戦」は，嘉手納から飛び立ったB-29爆撃機が北朝鮮上空で，TNT（トリニトロトルエン）の重爆弾を原子爆弾の模擬型爆弾として投下するというものであった[30]．

　朝鮮戦争は，1953年7月27日をもって休戦協定が発効した．しかし，沖縄はその年の4月3日，琉球列島米国民政府布告第109号「土地収用令」が公布された．「暗黒の50年代」と呼ばれる時代が始まった．新たな強制土地接収が始まり，また，米軍に敵対すると見なされれば，すべて反共主義のターゲットにされた．そのような厳しい条件のなかで，土地闘争が野火のように全島に拡がっていくのは，講和条約発効から3年後のことである．

1) 太田良博「黒ダイヤ」（『月刊タイムス』1949年3月号）．沖縄文学全集編集委員会編『沖縄文学全集　第7巻　小説2』（国書刊行会，1990年），及び，太田良博『太田良博著作集1　黒ダイヤ』（ボーダーインク，2006年）に再録．
2) 太田良博（おおた・りょうはく）．1918年那覇市生まれ．早稲田大学中退．沖縄民政府，沖縄タイムス，琉球放送，琉球大学図書館，琉球新報等に勤務．2002年死去．その間に，詩，小説，評論などを発表．
3) 岡本恵徳「戦後沖縄文学の諸相」『沖縄文学の地平』（三一書房，1981年），231ページ．
4) 太田良博「わが沖縄　その原点とプロセス」（『琉球新報』1974年9月5・6日）．後に，「『黒ダイヤ』——取材ノートを中心に——」と改題し，『太田良博著作集1　黒ダイヤ』に再録．
5) 新川明「戦後沖縄文学批判ノート」（『琉大文学』第7号，1954年）．

6) 同上.
7) 太田良博「見抜かれていた作品の本質」(『新沖縄文学』35 号, 1977 年).
8) 新川, 前掲論文.
9) 太田, 前掲論文.
10) 岡本恵徳「〈書評〉太田良博『黒ダイヤ』」(『沖縄タイムス』2006 年 8 月 12 日). この書評は, 岡本の生前最後の文章となり, 亡くなった直後に新聞掲載となった. 岡本恵徳『「沖縄」に生きる思想——岡本恵徳批評集——』(未来社, 2007 年) に再録.
11) *New York Times*, 15 November, 1950.
12) 『うるま新報』1950 年 11 月 5 日.
13) たとえば, 鳥山淳『復興の行方と沖縄群島知事選挙』(『一橋論叢』第 124 号, 2001 年 2 月) を参照.
14) 「社会大衆党結成届」『1950 年 11 月 20 日以降琉球社大党に関する件』(沖縄県公文書館琉球政府文書 [文書番号 R00000473B]. 以下, 『社大党綴』と略す).
15) Intelligence Summary, 1-31 October 1950, pp.1-4.
16) Intelligence Summary, 1-31 October 1950, pp.5-6.
17) 「社会大衆党結成届」『社大党綴』.
18) Intelligence Summary, 1-30 November 1950, p. 7.
19) 「1950 年 11 月分会計報告」「1950 年 12 月分会計報告」「1951 年 4 月分会計報告」『社大党綴』.
20) 共和党の「琉球独立論」については, 『琉球経済』1950 年号を参照.
21) 新崎盛暉『戦後沖縄史』第 2 章を参照.
22) 『うるま新報』1951 年 2 月 6 日〜 9 日.
23) 『世論週報』1951 年 7 月号参照.
24) 『うるま新報』1950 年 11 月 26 日.
25) 同上.
26) 『うるま新報』1950 年 11 月 27 日.
27) New York Times, 31 July, 2 August and 1 September, 1950.
28) Cumings, *The Origins of the Korean War*, Vol. II, p.750.
29) Cumings, *The Origins of the Korean War*, Vol. II, pp.750-751; Roger Dingman, "Atomic Diplomacy during the Korean War," International Security, Vol. 13, No.3 (Winter 1988-1989).
30) Cumings, *The Origins of the Korean War*, Vol. II, p.752. また, Bruce Cumings, "Spring Thaw for Korea's Cold War?" Bulletin of the Atomic Scientists, Vol.48, No.3 (April 1992).

参 考 文 献
Ⅰ 公文書

【未刊行公文書】
〔日本語〕
沖縄県公文書館所蔵琉球政府文書
　　「陳情書，1946年10月～1949年5月」〔R00000490B〕
　　「1948年1月以降沖縄人民党に関する書類綴」〔R00000475〕
　　「沖縄民主同盟に関する書類，1948年1月～」〔R00000476B〕
　　「沖縄民政府当時の文書　5—3　No.3」〔R00000481A〕
　　「1948年1月以降政党に関する書類綴」〔R00000477B〕
　　「1950年11月20日以降琉球社大党に関する件」〔R00000473B〕

〔英語〕
United Kingdom, Public Record Office.
　　Foreign Office 371 File. 1948-1951.
United States. National Archives and Records Administration at College Park, Maryland.
　　Record Group 59: General Records of the Department of State. Central Decimal File, 1945-1949.
　　740.00119 Control (Japan) file.
　　795.00 file.
　　890.0146 file.
　　Record Group 59: General Records of the Department of State. Central Decimal File, 1950-
　　794C.00 file.
　　Record Group 59: General Records of the Department of State. Executive File.
　　Records of Policy Planning Staff.
　　Office Files of Philip C. Jessup.
　　Record Group 84: Records of Foreign Service Posts of the Department of State.
　　Record Group 218: Records of the United States Joint Chiefs of Staff.
　　Geographic Files, 1948-50.
　　Record Group 260: Records of the United States Civil Administration in the Ryukyu Islands
　　HCRI-LN
　　Record Group 273: Records of the National Security Council
　　Policy Papers.
　　Record Group 319: Records of the Army Staff.

"P" file, 1946-1951, Intelligence Summary-Ryukyus Command.

Entry 1077, History of the 526th Military Intelligence Corps Detachment.

Reports and Messages, 1946-1951.

Record Group 335: Records of the Office of the Secretary of the Army.

Under Secretary of the Army (Draper/Voorhees), Project Decimal File, 1947-1950.

Record Group 407: Records of the Adjutant General

Pacific Theater: World War II Operations Reports 1940-1948.

Record Group 554: Records of the Far East Command, the Supreme Commander for the Allied Powers, and the United Nations Command, 1945-1957.

General Correspondence, 1949-1951.

Reports and Studies, Ryukyus Civil Affairs Section.

MacArthur Memorial Archives, Norfolk, Virginia

Record Group 6: Records of Headquarters, Far East Command (FECOM), 1947-1951

【刊行公文書・資料集】

〔日本語〕

新崎盛暉編『ドキュメント沖縄闘争』亜紀書房, 1969年.

沖縄県沖縄史料編集所編『沖縄県史料　戦後1　沖縄諮詢会記録』沖縄県教育委員会, 1986年.

沖縄県立図書館史料編集室編『沖縄県史料　戦後2　沖縄民政府記録1』沖縄県教育委員会, 1988年.

―――『沖縄県史料　戦後3　沖縄民政府記録2』沖縄県教育委員会, 1990年.

―――『沖縄県史　資料編1　民事ハンドブック』沖縄県教育委員会, 1995年.

―――『沖縄県史　資料編2　琉球列島の沖縄人・他』沖縄県教育委員会, 1996年.

外務省『日本外交年表並主要文書　1840～1945』下巻, 原書房, 1966年.

加藤哲郎他編『戦後初期沖縄解放運動資料集』第1巻, 不二出版, 2005年.

月刊沖縄社編『アメリカの沖縄統治関係法規総覧IV』月刊沖縄社, 1983年.

中野好夫編『戦後資料沖縄』社会評論社, 1968年.

南方同胞援護会編『沖縄問題基本資料集』南方同胞援護会, 1968年.

那覇市企画部文化振興課編『那覇市史　資料篇第3巻8　市民の戦時・戦後体験記2（戦後・海外篇）』那覇市役所, 1981年.

―――『那覇市史　資料篇第3巻1　戦後の都市計画』那覇市役所, 1987年.

那覇市市民文化部歴史資料室編『那覇市史　資料篇　第3巻5　戦後の社会・文化2』那覇市, 2005年.

琉球政府文教局編『琉球史料　第2集　政治篇2』琉球政府, 1955年.

―――『琉球史料　第4集　社会編1』琉球政府, 1959年.

―――『琉球史料　第5集　社会編2』琉球政府, 1959年.

〔英語〕

沖縄県文化振興会編『沖縄県史　資料編9　Military Government Activities Reports　現代1（原文編）』沖縄県教育委員会，2000年．

Appleman, Roy E., et. al., *Okinawa: The Last Battle*. Washington D.C.: Center of Military History, U.S. Army, reprinted edition, 1991〔original edition, 1947〕．

Fisch, Arnold G., *Military Government in the Ryukyu Islands, 1945-1950*. Washington, D.C.: Center of Military History, U.S. Army, 1988.〔財団法人沖縄県文化振興会公文書管理部史料編集室編『沖縄県史　資料編14　琉球列島の軍政　1945-1950　現代2　和訳編』宮里政玄訳，沖縄県教育委員会，2002年〕

U.S.Department of State. *Foreign Relations of the United States*. Washington D.C.: Government Printing Office.
   1947, Volume I.
   1948, Volume I, VI.
   1949, Volume VII, IX.

II　単行本

〔日本語〕

新崎盛暉『戦後沖縄史』日本評論社，1976年．
新崎盛暉・中野好夫『沖縄戦後史』岩波書店，1976年．
新崎盛暉編『沖縄現代史の証言』上下巻，沖縄タイムス社，1982年．
池宮城秀意『激流―ジャーナリストのみた沖縄，戦前・戦後―』那覇出版社，1979年．
────『反骨のジャーナリスト―池宮城秀意セレクション―』ニライ社，1996年．
稲嶺一郎『稲嶺一郎回顧録　世界を舞台に』沖縄タイムス社，1988年．
上原正稔『沖縄戦アメリカ軍戦時記録―第10軍G2レポート―』三一書房，1986年．
浦崎康華『逆流の中で―近代沖縄社会運動史―』沖縄タイムス社，1977年．
大城将保『沖縄戦』高文研，1995年．
大田昌秀『総史沖縄戦』岩波書店，1982年．
太田良博『太田良博著作集4　黒ダイヤ』ボーダーインク，2006年．
岡本恵徳『沖縄文学の地平』三一書房，1981年．
────『「沖縄」に生きる思想―岡本恵徳批評集―』未来社，2007年．
沖縄朝日新聞社編『沖縄大観』日本通信社，1953年（復刻版，月刊沖縄社，1986年）．
沖縄市企画部平和文化振興課編『沖縄市史資料集5　インヌミから―50年目の証言―』那覇出版社，1995年．
沖縄人民党史編集刊行委員会編『沖縄人民党の歴史』沖縄人民党史編集刊行委員会，1984年．
沖縄タイムス社編『沖縄の証言』上下巻，沖縄タイムス社，1971年．
────『沖縄大百科事典』上中下巻，沖縄タイムス社，1983年．
────『私の戦後史　第1集』沖縄タイムス社，1980年．

親泊康晴『心　水の如く』沖縄タイムス社，2002年．
鹿野政直『戦後沖縄の思想像』朝日新聞社，1987年．
川平成雄『沖縄　空白の一年　1945～1946』吉川弘文館，2011年．
我部政明『日米関係のなかの沖縄』三一書房，1996年．
―――『戦後日米関係と安全保障』吉川弘文館，2007年．
嘉陽安春『沖縄民政府――一つの時代の軌跡―』久米書房，1986年．
菅　英輝『米ソ冷戦とアメリカのアジア政策』ミネルヴァ書房，1992年．
木畑洋一『帝国のたそがれ―冷戦下のイギリスとアジア―』東京大学出版会，1996年．
金　元栄『朝鮮人軍夫の沖縄日記』岩橋晴美訳，三一書房，1992年．
月刊沖縄社編『激動の沖縄百年・新聞，雑誌，教科書復刻版　人民文化』月刊沖縄社，1981年．
河野康子『沖縄返還をめぐる政治と外交―日米関係史の文脈―』東京大学出版会，1994年．
国場幸太郎『沖縄の歩み』牧書店，1973年．
島清『ウルマ新報発行の経緯―沖縄文化史のために―』私家版，1968年．
進藤榮一『分割された領土―もう一つの戦後史―』岩波書店，2002年．
政策大学院大学政策研究院COEオーラル・政策研究プロジェクト編『上原信夫オーラルヒストリー』政策大学院大学政策研究院COEオーラル・政策研究プロジェクト，2005年．
瀬長亀次郎『瀬長亀次郎回想録』新日本出版社，1991年．
平良辰雄『平良辰雄回顧録・戦後の政界裏面史』南報社，1963年．
平良　浩『父・平良辰雄を語る』父・平良辰雄を語る刊行会，1972年．
平良好利『戦後沖縄と米軍基地―「受容」と「拒絶」のはざまで，1945～1972―』法政大学出版会，2012年．
照屋栄一編『沖縄行政機構変遷史』照屋栄一，1984年．
當間重剛『當間重剛回想録』當間重剛回想録刊行会，1969年．
鳥山　淳『沖縄／基地社会の起源と相克，1945～1956』勁草書房，2013年．
仲宗根源和『沖縄から琉球へ―米軍政混乱期の政治事件史―』月刊沖縄社，1977年（初版，1955年）．
中野　聡『フィリピン独立問題史―独立法問題をめぐる米比関係史の研究―』龍渓書舎，1997年．
仲村兼信『沖縄警察とともに』仲村兼信，1983年．
那覇市総務部女性室編『なは・女のあしあと―那覇女性史（戦後編）―』琉球新報社，2001年．
日外アソシエーツ編『近代日本社会運動史人物大事典』第1～4巻，日外アソシエーツ，1997年．
福地曠昭『哀号・朝鮮人の沖縄戦』月刊沖縄社，1986年．
真久田巧『戦後沖縄の新聞人』沖縄タイムス社，2000年．
又吉盛清『日本植民地下の台湾と沖縄』沖縄あき書房，1990年．

―――『日清戦争100年―台湾支配と日本人―』同時代社, 1994年.
松岡政保『波乱と激動の回想―米国の沖縄統治25年―』上原謹三郎, 1972年.
松田賀孝『戦後沖縄社会経済史』東京大学出版会, 1981年.
丸川哲史『台湾ナショナリズム―東アジア近代のアポリア―』講談社, 2010年
みなと・城岳中等学校同窓会編『消えた学校―証言でつづるみなと・城岳中等学校史―』み
　　　なと・城岳中等学校同窓会, 1998年.
宮城悦二郎『占領者の眼―アメリカ人は〈沖縄〉をどう見たか―』那覇出版社, 1982年.
―――『占領27年・為政者たちの証言』ひるぎ社, 1993年.
宮里一夫『見果てぬ夢―宮里栄輝とその時代―』ボーダーインク, 1995年.
宮里政玄『アメリカの沖縄統治』岩波書店, 1966年.
―――『アメリカの対外政策決定過程』三一書房, 1981年.
―――『アメリカの沖縄政策』ニライ社, 1986年.
―――『日米関係と沖縄』岩波書店, 2004年.
宮里政玄編『戦後沖縄の政治と法　1945―1972』東京大学出版会, 1975年.
森口　豁『ヤマト嫌い―沖縄言論人・池宮城秀意の反骨―』講談社, 1995年.
盛根良一編『特別行政区域みなと村のあゆみ〈資料編〉―1947. 5〜1950. 7―』盛根良一,
　　　1982年.
山極　晃『米中関係の歴史的展開―1941年〜1970年―』研文出版, 1997年.
山城善光『山原の火』沖縄タイムス社, 1975年.
与那国暹『戦後沖縄の社会変動と近代化―米軍支配と大衆運動のダイナミズム―』沖縄タイ
　　　ムス社, 2001年.
藍　博洲『幌馬車の歌』草風館, 2006年.
横地　剛『南天の虹―二二八事件を版画に刻んだ男の生涯―』藍天文芸出版社, 2001年.
琉球銀行調査部編『戦後沖縄経済史』琉球銀行, 1984年.
琉球政府編『沖縄県史　第8巻各論編7　沖縄戦通史』琉球政府, 1971年.

〔英語〕

Chatterjee, Partha. *The Politics of the Governed: Reflections on Popular Politics in Most of the World*. New York: Columbia University Press, 2004.
Chen, Kuan-Hsing. *Asia as Method: Towards De-Imperialization*. Durham, NC: Duke University Press, 2010.〔陳光興『脱帝国―方法としてのアジア―』丸川哲史訳, 以文社, 2011年〕
Cumings, Bruce. ed.. *Child of Conflict: The Korean-American Relationship, 1943-1953*. Seattle, WA: University of Washington Press, 1983.
Cumings, Bruce. *The Origins of the Korean War Volume II: The Roaring of the Cataract, 1947-1950*. Princeton, New Jersey: Princeton University Press, 1990.
Eldridge, Robert D. *The Origins of the Bilateral Okinawa Problem: Okinawa in Postwar U.S. - Japan Relations, 1945-1952*. New York: Garland Publishing Inc., 2001.〔ロバート・D・

エルドリッヂ『沖縄問題の起源—戦後日米関係における沖縄，1945-1952』名古屋大学出版会，2003 年〕

Hayashi, Brian Masaru. *Democratizing the Enemy: The Japanese American Internment*. Princeton, N.J.: Princeton University Press, 2004.

Hogan, Michael J. ed. *The Ambiguous Legacy: U.S. Foreign Relations in the "American Century*. New York: Cambridge University Press, 1999.

Kaviraj, Sudipta, and Sunil Khilnani. ed.. *Civil Society: History and Possibilities*. Cambridge: Cambridge University Press, 2001.

Kerkvleit, Benedict J.. *The Huk Rebellion: A Study of Peasant Revolt in the Philippines*. Lanham, MD: Rowan & Littlefield, 1977.

Schaller, Michael. *The American Occupation of Japan: The Origins of the Cold War in Asia*. New York: Oxford University Press, 1985.〔マイケル・シャラー『アジアにおける冷戦の起源—アメリカの対日政策—』木鐸社，1996 年〕

Schonberger, Howard B.. *Aftermath of War: Americans and the Remaking of Japan, 1945-1952*. Kent, OH: The Kent State University Press, 1989.〔ハワード・B・ショーンバーガー『占領　1945-1952—戦後日本をつくりあげた 8 人のアメリカ人—』宮崎章訳，時事通信社，1994 年〕

Ⅲ　雑誌記事

〔日本語〕

新川　明「戦後沖縄文学批判ノート—新世代の希む者—」『琉大文学』第 7 号，1954 年 11 月．

新崎盛暉「沖縄戦後史序説」法政大学沖縄文化研究所『沖縄文化研究』第 4 号，1977 年．

―――――「私が生きた沖縄史，そして世界史⑧」季刊『けーし風』82 号，2014 年 3 月．

秋元律郎「那覇市の都市計画とその構造」山本英治・高橋明善編『沖縄の都市と農村』東京大学出版会，1995 年，153 〜 178 ページ．

伊藤裕子「戦後アメリカの対フィリピン軍事政策と日本要因，1945 年〜 1951 年」池端雪浦・リディア・N・ユー・ホセ編『近現代日本・フィリピン関係史』岩波書店，2004 年，327 〜 366 ページ．

江上能義「沖縄議会総辞職事件と稲嶺一郎の琉球視察報告書」琉球大学法文学部『政策科学・国際関係論集』第 3 号，2000 年．

大湾喜三郎「民政府の発想？」『新沖縄文学』50 号，1981 年 12 月．

我部政明「アメリカの基地網建設と『戦後』軍事戦略構想」『沖縄戦と米国の沖縄占領に関する総合研究』（平成 14 年度〜平成 17 年度科学研究費補助金《基盤研究（A）》研究成果報告書，課題番号 14202010，研究代表者・我部政男，2006 年 3 月）．

我部政男「占領初期沖縄における政軍関係」日本政治学会編年報政治学『近代化過程における政軍関係』岩波書店，1989 年．

―――――「日本の近代化と沖縄」『岩波講座　近代日本と植民地 1　植民地帝国日本』岩波書

店，1992年．
金 得 中「麗順事件と民間人虐殺」徐勝編『東アジアの冷戦と国家テロリズム―米日中心の地域秩序の廃絶をめざして―』御茶ノ水書房，2004年，21～29ページ．
黒柳保則「占領初期の奄美群島における政治と政党」愛知大学大学院『愛知論叢』第63号，1997年9月．
─────「アメリカ軍政下の宮古群島における『革新』政党の軌跡」愛知大学国際問題研究所編『国際問題研究所紀要』第111号，1999年9月．
国場幸太郎「沖縄の日本復帰運動と革新政党―民族意識形成の問題に寄せて―」『思想』第452号，1962年2月．
─────「沖縄とアメリカ帝国主義」『経済評論』1962年1月号．
─────「回想・私の沖縄経験から」東京大学経友会『経友』1994年10月．
─────「沖縄の人びとの歩み―戦世から占領下のくらしと抵抗―」森宣雄・鳥山淳編『島ぐるみ闘争はどう準備されたか』不二出版，2013年．
杉井 明「沖縄に戻れなかったフィリピン人たち―米軍統治下沖縄における沖比国際結婚家族へのまなざし―」宮城学院大学付属キリスト教文化研究所編『沖縄研究―仙台から発信する沖縄学―』宮城学院大学，2010年．
ジョハンナ・ズルエタ「移動の交差する場所―沖縄における『フィリピン・ウチナーンチュ』の『帰還』移動―」吉原和男編『現代における人の国際移動―アジアの中の日本―』慶應大学出版会，2012年．
平良好利「沖縄米軍基地の形成と土地問題 1945-1952―耕作地の配分問題を中心に―」『沖縄戦と米国の沖縄占領に関する総合的研究』平成14年度～平成17年度科学研究費補助金《基盤研究（A）》研究成果報告書（課題番号14202010：研究代表者・我部政男），2006年3月，137～152ページ．
渡口武彦「苦い経験」『新沖縄文学』50号，1981年12月．
戸邉秀明「史料紹介 戦後沖縄における政治活動の出発―比嘉春潮文庫資料『沖縄の現状報告』の意義と射程―」『民衆史研究』第60号，2000年．
鳥山 淳「揺らぐ『日本人』―敗戦から日本復帰運動の始動までを中心に―」沖縄関係学研究会編『沖縄関係学研究論集』第3号，1997年．
─────「軍用地と軍作業から見る戦後初期の沖縄社会―1940年代後半の『基地問題』―」『浦添市立図書館紀要』第12号，2001年3月．
─────「復興の行方と群島知事選挙」『一橋論叢』第125巻2号，2001年．
─────「1950年代初頭の沖縄における米軍基地建設のインパクト」『沖縄大学地域研究所所報』No.31，2004年．
─────「米軍政下の沖縄における人民党の軌跡―1947～56年―」『戦後初期沖縄解放運動資料集』第1巻，不二出版，2005年．
宮城悦二郎「初期軍政（1945～1946）―ワトキンズ・コレクションより―」『琉球大学法文学部紀要 地域・社会科学系篇』創刊号，1996年．

宮里政玄「米国の沖縄統治政策, 1948〜1953」『沖縄戦と米国の沖縄占領に関する総合研究』(平成14年度〜平成17年度科学研究費補助金《基盤研究 (A)》研究成果報告書, 課題番号14202010, 研究代表者・我部政男, 2006年3月).

白 永 瑞「連動する東アジア, 問題としての朝鮮半島」『世界』2012年6月.

――――「『核心現場』で見いだす東アジアの共生の道」MATアジア現代思想計画那覇事務局『沖縄／アジア現代思想』第1巻, 2015年7月.

若林千代「占領初期沖縄における米軍基地化と『自治』, 1945〜1946年」日本国際政治学会編『国際政治』第120号, 1999年.

――――「第二次世界大戦後の沖縄における政治組織の形成, 1945年〜1951年―沖縄人民党を中心にして―」法政大学沖縄文化研究所『沖縄文化研究』第28号, 2001年.

――――「ジープと砂塵―占領初期沖縄社会の『変容』と『変位』―」法政大学沖縄文化研究所編『沖縄文化研究』第29号, 2003年.

――――「『みなと村』の構造―戦後沖縄における『占領』の縮図―」『沖縄戦と米国の沖縄占領に関する総合研究』平成14年度〜平成17年度科学研究費補助金《基盤研究 (A)》研究成果報告書 (課題番号14202010：研究代表者・我部政男).

――――「沖縄現代史の展望と方法をめぐって―国際関係研究における一つの理解の試み―」沖縄大学地域研究所『地域研究』第1号, 2005年.

――――「沖縄と東アジア冷戦体制の形成―1948年を中心にして―」津田塾大学国際関係研究所『総合研究』第4号, 2006年.

――――「戦後沖縄における政治空間とその構造をめぐって―朝鮮戦争前夜, 1948〜1950―」『季刊軍縮地球市民』第10号, 2007年.

――――「戦後沖縄における米軍の情報活動―米軍第526軍情報部隊の部隊史記録を中心にして―」津田塾大学国際関係研究所編『IICS Monograph Series』No.9, 2008年3月.

――――「沖縄現代史のなかで朝鮮戦争を再考する」『沖縄法政学会会報』第22号, 2010年.

――――「立法院発足前の琉球, 1945〜1952」沖縄県議会事務局編『沖縄県議会史　第2巻　通史編2』沖縄県議会, 2013年.

李 圭 泰「植民地支配から分断国家へ―朝鮮総督府の『八・一五』政策を中心に―」『季刊戦争責任研究』第34号, 2001年.

〔英語〕

Cumings, Bruce. "Spring Thaw for Korea's Cold War?" *Bulletine of the Atomic Scientists*, Vol. 48, No. 3, April 1992, pp. 14-23.

Dingman, Roger. "Diplomacy during the Korean War." *International Security*, Vol.13, No.3 (Winter, 1988-1989).

Gibney, Gibney. "Forgotten Island," *Time*, 54, 28 November 1949, pp.20-21.

"The Okinawa Junk Heap: After Four Years of Neglect U.S. Tries to Clean up a Shameful Mess," *Life*, 19 December 1949.

Zulueta, Johanna O.. "Living as Migrants in a Place That Was Once 'Home': The Nisei, the U.S. Bases, and Okinawan Society." *Philippine Society* (Ateneo de Manila University), June 2012.

Ⅳ 未刊行学位論文および報告書

〔日本語〕

『沖縄戦と米国の沖縄占領に関する総合研究』平成14年度~平成17年度科学研究費補助金《基盤研究（A）》研究成果報告書（課題番号14202010：研究代表者・我部政男）．

山下靖子「ハワイの『沖縄系移民』と沖縄帰属問題・返還問題」津田塾大学大学院国際関係学研究科博士後期課程終了論文，2005年．

〔英語〕

Cumings, Bruce. "Korea: Forgotten Nuclear Threats," Policy Forum 05-03A, January 11, 2005, Nautilus Institute for Security and Sustainability. [http:nautilus.org/napsnet/napsnet-policy-forum/0503a_cumings-html/]

Foltos, Lester J.. "The Bulwark of Freedom: American Security Policy for East Asia, 1945-1950." Ph.D.dissertation, University of Illinois at Urbana Champaign, 1980.

Kaneshiro, Edith M.. "'Our Home will be the Five Continents': Okinawan Migration to Hawaii, California, and the Philippines, 1890-1941," Ph. D. dissertation, University of California, Berkeley, 1999.

Ⅴ 新聞その他

〔日本語〕

朝日新聞（東京）

うるま新報（沖縄）〔『縮刷版　ウルマ新報（うるま新報）』全6巻，不二出版，1999年〕

沖縄タイムス（沖縄）

自由沖縄（東京，川崎，福岡）

琉球弘報（沖縄）

琉球新報（沖縄）

〔英語〕

The Christian Science Monitor. Boston.

Hokubei Mainichi, California.

New York Times. New York.

Nippon Times. Tokyo.

The Pacific Stars and Stripes.

Washington Post. Washington, D.C..

VI 個人文書

比嘉春潮文庫,沖縄県立図書館.
Chiang Kai-Shek Diaries, Hoover Archives, Stanford University, Palo Alto, California.
Edward Freimuth Collection, 沖縄県公文書館.
Paul Skuse Papers, Hoover Archives, Stanford University, Palo Alto, California.
Tracy S. Voorhees Papers, Rutgers University, New Brunswick, New Jersey.
James T. Watkins, IV Papers, Hoover Archives, Stanford University, Palo Alto, California.

VII インターネット・ウェブ掲載記事

McHaughton, James C.. "Nisei Linguists and New Perspectives on the Pacific War: Intelligence, Race, Continuity." Center of Military History, U.S. Army. [2003年10月3日取得. http://www.army.mil/cmh/topics/apam/Nisei/htm]

Olson, John E.. "The History of the Philippine Scouts," Philippine Scouts Heritage Society. [2002年取得. http://philippine-scouts.org/History/history.html]

あとがき

　まず，本書を岡本恵徳先生と屋嘉比収さんに捧げたい．沖縄近現代史研究の領域ではもちろんのこと，共同作業のなかで，また，困難に直面したときの身の処し方を含め，厳しく温かく励ましてくださった．お二人との対話によって，私は，思想が立ち現れてくる現場としての現代史ということを教えられた．現在という時間を歴史のなかで洗い，その全過程を捉え直すという根気のいる作業をお二人は繰り返しておられたと思う．岡本先生と屋嘉比さんを続けて見送って，この数年，お二人のことを思わない日は一日もなかった．しかし，本書を読んで頂くことは叶わなかった．心からのお詫びと，たくさんの思想の問いと精神の糧を下さったことに感謝を申し上げたい．

　本書は，2008年に津田塾大学に提出した博士論文を元にしているが，それ以前と以後に関連して発表した主だった論文は以下の通りである（書誌は参考文献を参照）．

「占領初期沖縄における米軍基地化と『自治』，1945～1946年」1999年．
「第二次世界大戦後の沖縄における政治組織の形成，1945年～1951年——沖縄人民党を中心にして——」2001年．
「ジープと砂塵——占領初期沖縄社会の『変容』と『変位』——」2003年．
「『みなと村』の構造——戦後沖縄における『占領』の縮図——」2005年．
「沖縄現代史の展望と方法をめぐって——国際関係研究における一つの理解の試み——」2005年．
「沖縄と東アジア冷戦体制の形成——1948年を中心にして——」2006年．
「戦後沖縄における政治空間とその構造をめぐって——朝鮮戦争前夜，1948～1950——」2007年．
「戦後沖縄における米軍の情報活動——米軍第526軍情報部隊の部隊史記録を中心にして——」2008年．
「沖縄現代史のなかで朝鮮戦争を再考する」2010年．

「立法院発足前の琉球，1945〜1952」2013年.

上記に加えて，占領初期の女性と政治に焦点を当てた小論が『沖縄県史』の女性史編に掲載される予定である．

　私は，1988年から89年にかけて，津田塾大学からの単位交換学生として沖縄大学で学んだ．初めて生活した沖縄は，当時，日本復帰から15年を経て，軍用地強制使用の公開審理や海邦国体での日の丸焼却事件に象徴されるように，復帰後の日本との関係から生じる矛盾がさまざまな形で表出していた．同時に，沖縄の生活文化に根ざした地域の取り組みも活発になっていた．学生として生活するなかで，社会が直面するさまざまな歴史的な課題の断片に触れ，そして，周囲の多くの方々に日々に教えられて，次第に沖縄現代史に関心をもつようになった．
　もちろん，故郷で暮らした時間の倍以上の時間をかけても，他郷の歴史と心情のすべてを理解できるという考えはまったくない．寄る辺ない者の立場としては，ここで暮らすことができているということそのものに深い感謝があるのと同時に，自己の限界を日々に思い知らされるようなことの繰り返しである．こうした他郷暮らしの日々に，私のなかで内部と外部の抜き差しならない関係の境界は一瞬ごと変転し続けているのだが，ただ，少なくとも，今の私は，「自分は何をわかっているか」というより，「自分は何がわかっていないのか」ということについては，30年前よりも少しは自覚できるようになったと思う．
　一つの学びを形にして世に問うのに，単に出版が遅れたというだけでなく，全体として30年近くも前に与えられた問いを30年近くかけて考えるという，文字通り亀のような歩みだった．そのため，多くの方々にご心配をおかけした．
　本書を執筆するにあたって，新崎盛暉先生に深く感謝を申し上げたい．まず，沖縄大学で学ぶ機会を与えて下さったこと，また，先生の常に変わることのない民衆運動から問い直す沖縄現代史への強い意志と，動体視力とも言うべき洞察に触れながら，私は多くのことを学んだと思う．感謝の言葉も見つからない．国場幸太郎さんとその論考を最初に紹介してくださったのも新崎先生だったと記憶している．そして，苦しい時期に支えとなったのは，私が先生を訪ねるた

び，新崎恵子さんがかけてくださるいつも変わらない温かい励ましの言葉だった．感謝を記したい．

　我部政男先生にも心からの感謝を申し上げたい．沖縄大学での出会いから始まり，とくに大学院時代，当時東京でまとまって沖縄近現代史を学ぶ講座がないなかで，山梨学院大学におられた先生の存在は大きいものだった．本書で扱った占領初期の政治組織に関する原資料についても，先生の導きによって初めて触れることになった．

　お二人の先生方に共通するのは，沖縄近現代史，あるいは沖縄と近現代日本との関係について，史資料を読み込み，あるがままの現実から問題を丹念に拾い上げると同時に，抽出した問題を徹底して政治過程のなかに戻して切開し，考察するという方法である．戦争，占領，そして，復帰にもまれた先生方は，そうした考察の態度を厳しく自分に課してこられたのだと理解している．そして，それは近年の沖縄研究にもっとも欠けているものなのではないかと思っている．私は多くを先生方から学んだはずであるが，繰り返し考えてもその水準には到底およばない．本書の不足はすべて私の責任である．

　また，仲程昌徳先生にも感謝を申し上げたい．沖縄近現代史研究において，文学の重さは，現代史叙述の困難ということとも関連して，学んでいけばいくほどに自覚されるところだった．岡本恵徳先生との出会いとともに，仲程先生との対話を抜きに，私の歴史への考えが育つところはなかっただろうと思う．そして，先生の考察から，「沖縄」が単に島々の内側にとどまるものではなく，世界規模に広がる越境的な人びとの感情記憶としてあるのだということを学んだ．仲程先生を紹介してくださったのは，法政大学沖縄文化研究所におられた比嘉実先生だった．亡くなられた比嘉先生への感謝もここに記しておきたい．

　そして，津田塾大学大学院国際関係研究科の先生方と先輩方から本当に多くのことを学んだ．百瀬宏先生，林哲先生，小倉充夫先生，高崎宗司先生，ダグラス・ラミス先生には感謝を申し上げる．とくに，林哲先生には，感謝の言葉もみつからないほどである．東アジア近現代国際関係史の基礎を教えてくださっただけではない．学部生だった頃，先生が講義を担当されていた「日本近代史」の授業のなかで，「日本人が本当にアジアを理解したいと望むのであれば，沖縄を理解しなければならない」と言われた．私は，先生のこの言葉の意味を

当時はまったくわからなかった．今も十分理解できているとは思われない．また，生涯かけても理解できるかどうかわからない．しかし，この言葉を日々に忘れたことはない．心から感謝を申し上げたい．

　沖縄大学の教職員とスタッフにも心から感謝申し上げる．桜井国俊先生，加藤彰彦先生，そして仲地博先生の三人の学長の下で働いてきたが，スタッフの自主性を認めて全体の発展を促すという大学の自由な空気のなかで，守られて仕事をすることができていると思う．また，沖縄大学地域研究所のスタッフにも深く感謝申し上げる．

　今，沖縄は現代史の大きな転換点に立っていると言われる．私もその通りだと思っている．それは，辺野古新基地建設をめぐる問題によってだけでなく，世界的な構造変動のなかで，21世紀という時代に，物質的にも精神的にも，沖縄がどのような「場所」として，何を根拠として定立し得るのか，そうした問いが，意識的か無意識的かは別として，島じまの日常のなかに感じられるからである．同時に，本書にまとめたように，70年前の焦土から再生する過程を掘り下げてみて思うことは，ある一貫した沖縄の選択の仕方があるということである．それは，表面的には決して洗練されたものではないが，内面から自発的に生まれてくるものである．もちろん，その内面から出てくるエネルギーは，厳しい歴史の刻印としてある「いのち」の問いと無関係ではない．本書を閉じるにあたって，日本の読者にもっとも伝えたいことは，沖縄を自分の外部にある「問題」として捉えるのではなく，そうした沖縄の内面から自立に向かうありようから，日本の近代の内実を問い直すやり方を学ぶことができるのではないかということである．日本は変わらなければならない．

　上に記した先生方先輩方に加えて，とくに本書の執筆にあたって史資料の調査や研究発表の機会を与えていただいた関係諸機関，また，本書に関連する調査や報告等にかかわりお世話になった方々のお名前を感謝をこめて記したい．

　宮城保，源河美津子，仲本和彦，ジョン・テイラー，宮城晴美．
　沖縄県立図書館，沖縄県公文書館，那覇市歴史資料室，沖縄大学図書館，琉球大学図書館，法政大学沖縄文化研究所，津田塾大学図書館，早稲田大学図書

館，東京大学図書館，国立国会図書館，外務省外交史料館，米国国立公文書記録管理局メリーランド分館，米国議会図書館，ラトガース大学図書館，コロンビア大学バトラー図書館，スタンフォード大学フーバー研究所アーカイブ，カリフォルニア大学バンクロフト図書館．

沖縄対外問題研究会，沖縄法政学会，沖縄県議会事務局，西原町史編纂委員会，沖縄市史編集委員会，沖縄県教育庁，沖縄大学地域研究所，法政大学沖縄文化研究所，同時代史学会，宮城学院女子大学付属キリスト教文化研究所，近現代東アジア研究会，沖縄関係学研究会，漢城大学戦争平和研究所，東京外国語大学海外事情研究所，竹内好研究会，亜際書院（Inter-Asia School）およびMATアジア現代思想計画．

宮里政玄，新川明，由井晶子，川満信一，比屋根照夫，高嶺朝一，安里英子，秋山勝，仲里効，高良勉，佐喜眞道夫，比嘉豊光，長元朝浩，伊佐眞一，田里修，崎山多美，田仲康博，宮城公子，我部政明，波平恒男，島袋純，吉川秀樹，上間かな恵，新城郁夫，岡本由希子，豊見山愛，阿部小涼，大里知子，宮平真弥，鳥山淳，渡真利哲，呉世宗，渡真利哲，与儀武秀，城間有，仲田晃子，親川裕子，我部聖，上原こずえ，渡辺昭夫，浅野豊美，平良好利，浅井良夫，今林直樹，長谷川直子，今泉裕美子，小野沢あかね，小林知子，金美恵，村上尚子，山下靖子，水谷明子，西智子，新城和博，ウェスリー・上運天，ジム・ストックトン，浦野真理子，高祖岩三郎，宮城大蔵，知念幸野，又吉京子，孫薇，李静和，中野敏男，坂元ひろ子，鵜飼哲，本橋哲也，岩崎稔，佐藤泉，東琢磨，戸邉秀明，石原俊，鈴木英果，濱治佳，金貴玉，宋連玉，趙慶喜，鄭根埴，鄭永信，権赫泰，尹明淑，庵逧由香，藤井たけし，和田春樹，ブルース・カミングス，汪暉，曹喜昖，ジョハンナ・ズルエタ，秋林こずえ，丸川哲史，鈴木将久，佐藤賢，桜井大造，崔真碩，胡冬竹，白楽晴，板垣雄三，崔元植，張頌仁，孫歌，陳光興，白永瑞，池上善彦，陳清僑，羅永生，余攸英，張志強，江湄，賀照田，王中忱，呉重慶，高士明，鄭波，王曉明，郭春林，周展安，程凱，白元淡，金杭，白池雲，李南周，李政勲，魏月萍，柯思仁，王智明，ヒルマー・ファリド，吉見俊哉，押川淳，マーク・ウィンチェスター，高橋進之介，趙剛，王京，林家瑄，蘇淑芬，陳筱茵，胡清雅，陳韵，張婧，田氷，蘇穎欣，上野さやか，西村愛里，吉里さよ，室伏長子，馬場正，若林みちる．

最後に，有志舎・永滝稔さんに心から感謝を申し上げたい．永滝さんの現代史研究への深い理解によって，私は本書を完成させることが許された．執筆中，二度にわたって那覇まで足を運んでいただいた．歴史書への熱い思いと出版編集のお仕事に敬意と，そして余りにも長すぎる忍耐に感謝を記して筆を擱きたいと思う．

　2015 年 7 月

　　　　　　　　　　　　　　　　　　　　　　那覇にて　　若 林 千 代

本書は，以下の科学研究費補助金による助成を受けた．
＊ 2000 年度〜 2001 年度科学研究費補助金奨励研究（A）「米軍占領初期の沖縄の政治変動とその東アジア国際関係史における特徴に関する分析」（研究代表者・若林千代）
＊平成 14 年度〜平成 17 年度科学研究費補助金基盤研究（A）「沖縄戦と米国の沖縄占領に関する総合研究」（研究代表者・我部政男）
＊平成 26 年度〜平成 28 年度科学研究費補助金基盤研究（B）「戦後日本におけるアジア主義の再検討」（研究代表者・鈴木将久）

索　引

〈事　項〉

ア　行

ウルマ新報（うるま新報）　49, 51, 55, 57, 65, 74-75, 81, 84, 135-137, 140, 150, 189, 221, 223, 228-229, 236-239, 245-246, 248, 250-252, 262, 273-274, 276

英連邦会議（キャンベラ会議）　154, 159-160, 162-163, 208

沖縄議会（民政議会）　79, 127, 180, 195-199, 201, 204-205, 209, 227, 230, 232-237, 243, 246, 249, 251-252

沖縄建設懇談会　122, 125-128, 132, 149

沖縄諮詢会　36, 38, 40-49, 51, 54-85, 92, 120, 128, 135, 138, 150, 198, 209, 228, 254-255, 270

沖縄人民党　121-122, 132, 134-148, 150-151, 178-180, 185, 194, 198, 230-232, 237, 240, 245-246, 250-252, 254, 256, 259-263, 270-272, 274

沖縄人連盟　120, 122-125, 132, 148-149

沖縄民主同盟　121, 128-134, 138, 145, 149, 151, 180, 194, 198, 230, 232, 235, 240, 246, 256-257, 259, 270-271

沖縄民政府　40-41, 51-52, 70-71, 76-80, 87, 97-98, 100, 102-104, 118-119, 120, 125-129, 132-135, 141, 159, 176-179, 182, 185, 188, 193-195, 197-198, 200, 205-206, 209, 212, 223, 226-227, 231-237, 240-245, 247, 249-250, 254-256, 258, 262-263, 268, 270-271, 275

カ　行

カイロ宣言（会談）　29, 49
九・三〇事件　266

共和党　193, 270, 276

群島政府　197, 227, 253-254, 256, 271, 274

群島知事（群島知事選挙）　128, 186-187, 193, 209, 227, 229, 235, 245, 251, 253-261, 268, 270, 272-273, 276

月刊タイムス　265

原爆（原子爆弾／核兵器）　261, 274-275

工務部　38, 44, 57, 79-80, 102, 134, 227-228, 233, 235-236, 245, 252

国場組（国場幸太郎の項も参照）　105-106

国務省　20, 27-28, 30-31, 50, 58, 70, 116, 153, 155-156, 161-163, 165-166, 168-173, 183-184, 188, 199, 201-203, 207-209, 210, 213-219, 221, 224, 248

サ　行

済州島四三事件　155, 168, 171, 194

島ぐるみ闘争（土地闘争）　3, 21, 61, 227, 231, 244, 275

社会党　230, 237, 240, 242, 246, 248

社会大衆党　227, 255-256, 259, 270-272, 274, 276

『自由沖縄』　128, 133-134, 149

食糧配給停止（問題／事件）　111-114, 133-134, 146, 155, 174-180, 193, 198, 206, 229-233, 241

人民戦線　14, 21, 198-201, 205, 229-246, 248-250, 252, 256, 259, 261, 267, 270-271

人民大会　199, 229, 238-240, 243-244, 246

人民文化　229, 235, 244-245, 249-253, 259, 261, 263-264

タ　行

第七艦隊　212

対日講和条約　47, 77, 79, 145, 156, 160, 162-164, 166, 169-170, 173, 202, 208, 210-211, 219, 254, 257, 268, 272-275
対日講和七原則　273
朝鮮戦争　2, 17, 95, 186, 190, 194, 212, 230, 248, 258-261, 268, 269-275
朝鮮総督府　50-51, 55
「天皇メッセージ」　156, 181
トルーマン・ドクトリン　121, 137-138

ナ行

那覇港湾自由労働組合　111, 113-115, 119, 243
那覇港湾作業隊　97-105, 111, 118
二・二八事件　155, 159, 212, 224
日本復帰促進期成会　272
ニミッツ布告　25, 31, 33-34, 58-59, 62, 64, 66, 71, 75, 77, 114
ノールド調査団　204

ハ行

ハドソン湾作戦　274-275
フィリピン・スカウト　102, 106-111, 200
フクバラハップ（抗日人民軍／フク叛乱）　164-165, 177
米連邦議会　121, 162, 201, 208, 221
ポツダム宣言（ポツダム会議）　30-31, 34-35, 42, 127, 136, 141-142, 169

マ行

マスランド文書　28, 30
みなと村　93-94, 97-106, 109-111, 113-115, 117-118, 216-217

ヤ行

麗順事件　155, 171-172, 185, 194

ラ行

陸軍省　32, 159, 161, 169-174, 188, 193-194, 201-203, 207-209, 211, 217-218, 221
『琉球列島の軍政』　4-5, 9-10, 22, 87, 116, 177, 209, 222, 230

臨時琉球諮詢委員会　209, 227, 253-254

ワ行

「忘れられた島」　186-189, 221

アルファベット

CIA　米国中央情報局　152, 154, 159, 162, 174-176, 180-182, 212, 224
CIC　対敵諜報部隊　31, 36-40, 53-54, 113, 134, 137-138, 177-178, 196, 198, 227, 230-233, 238-239, 241, 245-246, 248-253, 255-257, 259-262
CINCFE　米極東軍司令官　185, 221, 223
FECOM　米極東軍　16, 191, 200-201, 232
GHQ／SCAP　連合国最高司令官総司令部　15-16, 71
G-2　陸軍参謀本部情報部門　52, 177, 189, 192, 198-199
ISCOM　島嶼司令部　52
JCS　米統合参謀本部　28, 30
KORYU　朝鮮・琉球局　191
MISLS　陸軍情報語学学校　32, 192, 222
NSC　国家安全保障会議　152-153, 155, 163, 166, 168-171, 173-174, 191, 202, 209-211, 213-215, 225, 241
OSS　戦略事務局　33, 152
PHIL-RYCOM　フィリピン・琉球軍　177, 191
PPS　国務省政策立案室　153, 156-157, 163-166, 168-169, 174, 181, 183-185
RMGS　琉球軍政課　191, 193, 196, 198-199, 202, 232-233, 236, 241, 246
RYCOM　米琉球軍　177, 180, 185, 189, 191, 200, 203, 220, 232
SWNCC　国務・陸・海軍三省調整委員会　29-30, 45, 70
UNTCOK　国連臨時朝鮮委員団　191, 222
USAMGIK　在朝鮮米陸軍司令部軍政庁　50, 189, 191-192, 222
USCAR　琉球列島米国民政府　2, 5, 8, 222, 262

〈人　名〉

ア　行

安谷屋正量　44
アチソン，D　188, 202, 211, 213, 215-216, 218
アーノルド，V・A　50
阿波連之智　134, 140, 150
新垣幸吉　139
新垣弓太郎　250, 263
アリソン，J・M　165-166, 183-184, 214
イーグルス，W・W　193, 196-197, 203-204, 247
池宮城秀意　140, 229, 238, 245, 248, 250, 261
糸数昌保　44, 79, 82
稲嶺一郎　196-197, 204, 223, 247-248, 250, 263
伊波普猷　122, 124
ヴァンデンバーグ，H・S　218, 220, 274
ウェスト，R　202
上地栄　251, 259, 261
ウェッカリング，J　191-193, 195-197, 202, 209, 228, 232-233, 236, 246-248, 250
上原信雄（夫）　128, 149
ウォーカー，G　225
ヴォーリーズ，T・S　188, 203, 207
浦崎康華　84, 134-135, 138-141, 150, 231, 238
オヴァートン，D・W　199-200, 224
大宜見朝計　44, 112
大宜味朝徳　128-129, 134, 242, 246
太田良博　265-267, 275-276
大濱信泉　122
オーモンド，E・M　193
大湾喜三郎　179, 185
親泊康晴　250, 263
オリバー，D・L　224

カ　行

ガスコイン，A　163
兼次佐一　134, 139, 141, 147

嘉陽安春　205, 223, 236
カーン，H　161
漢那憲和　255, 264
ギブニー，F　188
キリノ，E　165
グリーン，J・P　193-195, 196, 198, 205, 233-237, 246-247
クレイグ，W　99, 104, 126
桑江朝幸　129
ケナン，G・F　156-159, 161-164, 166-167, 171, 174-176, 181-183, 202, 211, 216, 241
護得久朝章　44, 82
国場幸太郎　2-3, 6-7, 21, 272
国場幸太郎（国場組）　97, 99, 100, 102-106, 114, 119, 180, 185, 217
コリンズ，J・L　206, 215, 218

サ　行

サルツマン，C・E　169-170
ジェサップ，P・C　202, 215-217
志喜屋幸信　44, 49, 56-57, 62, 66, 71, 74-75, 77-78, 103, 112, 127, 159, 182, 188, 197-198, 205, 227-278, 234-235, 241
シーツ，J・R　21, 86-92, 95, 204, 210, 214, 216-217, 220, 225-226, 231, 253, 259, 270
シーボルド，W　156, 181
島清　135, 156, 181
島庄寛　184
蒋介石　29, 212-213, 217-218
謝花昇　250, 263
シャーマン，F・P　218
ジョンソン，L　210, 220, 221
ジョンソン，U・A　199
スキュース，P　64, 246
スティムソン，H・L　28
スティルウェル，J・W　27, 35
ストレイトメイヤー，G・E　274
瀬長亀次郎　128, 134-136, 138-141, 147, 150, 195, 199, 227-228, 233, 236-237, 239, 242-

243, 245-246, 248-249, 251, 254-257, 259-261, 264, 271, 274

タ 行

平良辰雄　39-40, 54, 56, 58, 74, 128-129, 186-188, 193, 221, 227, 251, 253-259, 261, 264, 268-271
高良一　246
ダレス，J・F　166
知花高直　44
チャーチル，W　29, 35, 137
デニング，M・E　163, 208
寺崎英成　156
桃原茂太　128, 255
當間重剛　39-40, 54, 77-78
当山（當山）正堅　44, 71, 73-74, 79-80, 112
ドッジ，J・M　174
トルーマン，H・S　30, 51, 121, 137, 162, 174, 208, 212, 274
ドレイパー，W・H　157, 159, 161-163, 165, 169-171, 182, 207

ナ 行

永丘（饒平名）智太郎　122
仲里誠吉　245, 250, 254, 261, 263
仲宗根源和　36, 38-39, 44, 53-55, 60, 69-70, 73-75, 78-79, 83, 128-129, 132, 134, 145-146, 195, 199, 223, 227-228, 233, 236, 243, 255, 257, 272
仲村兼信　44, 55, 58, 63-66, 82, 135, 138, 246
ニミッツ，C・W　33, 53
ノールド，G・J　206

ハ 行

バックナー，S・B　27
バタワース，W・W　161, 163, 169, 184, 202, 207-208
比嘉永元　44, 73, 83
比嘉秀平　80, 227-228, 233, 235, 253-255
比嘉春潮　122, 149
東恩納寬敷　239
ビショップ，M　171-172, 199
ビートラー，R・S　254

比屋根安定　122
平田嗣一　44
ブラッドリー，O　218-219, 221
ヘイドン（ヘイデン），F・L　99, 104, 111
ベニンホフ，M　50
ホッジ，J・R　50, 189

マ 行

前上門昇　44, 55, 66, 73, 79, 81-82
マクルーアー，R　257-258, 268-270
マーシャル，G・C　30, 158, 164-165
又吉康和　44, 49, 55, 57, 68, 70-75, 77-78, 83-84, 105, 115, 135, 227, 255
松岡政保　38-39, 44, 53-55, 57, 62-66, 79-80, 102-103, 105, 134, 193, 199, 227-228, 233, 236, 245, 251, 254-258, 270
マッカーサー，D　30, 34, 53, 58, 75, 95, 108, 123, 127, 148, 157-163, 167, 171, 189, 193, 209-210, 213, 215-216, 219, 233, 272-274
マードック，G・P　54-55, 73, 79
ミード，A・E　220
宮里栄輝　124-126, 129, 134, 149
ムーレー，C・I　41

ヤ 行

屋部憲　139, 147
山城篤男　44, 255
山城善光　124-125, 127-129, 132, 134, 149, 157

ラ 行

ラスク，D　215, 217
リード，R・W・E　207
ルース，H　188, 221
ルーズベルト，F・D　28-29
ロイヤル，K　161, 165, 173-174
ロヴェット，R・A　157, 162, 165, 174
ロハス，M　164-165

ワ 行

湧川清栄　184
ワトキンス，J・T　45, 54, 62-63, 65-66, 69-80, 86-87, 116, 228

若林　千代（わかばやし　ちよ）
1966 年　広島県生まれ．
津田塾大学学芸学部国際関係学科在学中，単位交換派遣学生として沖縄大学で学ぶ．
津田塾大学大学院国際関係学研究科博士後期課程修了．博士（国際関係学）．
現在，沖縄大学法経学部教授．季刊『けーし風』編集委員．

主要論文：「立法院発足前の琉球，1945〜1952」沖縄県議会事務局編『沖縄県議会史　第 2 巻　通史編 2』沖縄県議会，2013 年
「沖縄現代史のなかで朝鮮戦争を再考する」『沖縄法政学会会報』第 22 号，2010 年
「沖縄と東アジア冷戦体制の形成──1948 年を中心にして──」津田塾大学国際関係研究所『総合研究』第 4 号，2006 年
「闇を解き放つとき──木版画・上野誠『原爆の長崎』掌版シリーズに寄せて──」『現代思想』2003 年 8 月号

フロンティア現代史

ジープと砂塵　米軍占領下沖縄の政治社会と東アジア冷戦　1945—1950

2015 年 11 月 30 日　第 1 刷発行

著　者	若林　千代
発行者	永滝　稔
発行所	有限会社　有　志　舎

〒101-0051　東京都千代田区神田神保町 3 丁目 10 番，宝栄ビル 403
電話　03（3511）6085　　FAX　03（3511）8484
http://www.www18.ocn.ne.jp/~yushisha
振替口座　00110-2-666491

DTP	言海書房
装　幀	伊勢功治
印　刷	株式会社シナノ
製　本	株式会社シナノ

©Chiyo Wakabayashi 2015. Printed in Japan
ISBN978-4-903426-99-0

「フロンティア現代史」刊行にあたって

　21世紀に入った今日，「戦後」日本の再検討が始まっています．冷戦構造のなかで見えにくかった暴力や抑圧の実像，経済的利得にのみ注目してきたがために生じてしまった社会的な不公正，皮相な現実主義のもとにある人々のこころ，今こそ，それらの歴史的構造を明らかにし，再考しながら，真に平和で多様性に富んだ社会を創造することが求められているのではないでしょうか．

　このような戦後再考の機運のなかで，戦後史を中心とする現代史研究にも，これまでの研究方法や成果を真摯に受け止めながらも，同時にそれを乗り越えようとする，新しい成果が現れてきました．

　そのような時をとらえ，小社ではここに「フロンティア現代史」シリーズを刊行致します．本シリーズは，魅力的なテーマを揃え，現代史研究の最前線ともいえる研究成果を広く一般に伝えることを目標としています．

　本シリーズ1冊1冊が，新しい時代の創造を目指していく読者の皆さんのお役に立つことができれば，これにすぎる喜びはありません．

　2006年3月

有　志　舎

刊行書目一覧

＊核兵器と日米関係　　　　　　　　　　　黒　崎　　輝
　　──アメリカの核不拡散外交と日本の選択1960-1976──
＊占領期・占領空間と戦争の記憶　　　　　長　　志珠絵
＊日本占領とジェンダー　　　　　　　　　平　井　和　子
　　──米軍・売買春と日本女性たち──
＊ジープと砂塵　　　　　　　　　　　　　若　林　千　代
　　──米軍占領下沖縄の政治社会と東アジア冷戦1945-1950──

　在日朝鮮人と「祖国」　　　　　　　　　小　林　知　子

以下続刊

（＊は既刊，書名は仮題も含みます）